一生ものの資格

19人の行政書士の輝く姿

伊藤塾・法学館
編

日本評論社

【あいさつ】伊藤塾長メッセージ

なぜ今行政書士が必要なのか？憲法と理念高き行政書士

——伊藤 真

一　はじめに——本書の紹介

こんにちは。伊藤塾塾長の伊藤真です。本書を手に取ってくださり、ありがとうございます。本書を手に取ってくださった理由には読者お一人お一人、さまざまなものがあることと思います。

なかには、行政書士のことをすでにご存知で「行政書士でどうすれば活躍できるのだろうか？」と感じて手に取ってくださった方もいらっしゃることでしょう。一方で、行政書士という資格は聴いたことがあるけれども、実際の仕事内容を知らなかったため、興味を持ってくださった方もいることでしょう。また、もっと根本的な部分、つまり、自分の生き方を変えたいという気持ちで本書を開いてくださった方もいらっしゃるかもしれません。

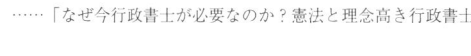

おそらく本書を読み終えたとき、どのような理由であれ、それぞれにとっての解決の糸口が見つかるのではないか、私はそう思っています。

本書では一九名の行政書士のご協力をいただき、それぞれの歩んできた仕事、業務スタンスなどについて語っていただきました。一つひとつ、全く同じ話はありません。それぞれが異なる人間であり、これまで育った環境も、経歴も、性格もすべて異なるのですから、至極当然のことでしょう。ただ、このように多くの先生方がご協力してくださった結果、さまざまな疑問点に答えることができるような本に仕上がったと自負しております。

本書から、これからのあなたの人生のヒントとなるべきものを一つでもえていただければ、幸いです。

◆◆◆ 二　自己紹介

最近では、日本国憲法の問題や国会議員選挙における一人一票の問題で、私のことを知ってくださった読者の方も多いかもしれません。また、その際、私のことを「弁護士」として認識されている方もいらっしゃることでしょう。

ただ、私はこのような活動ばかりではなく、長年にわたり、法律系の資格試験の受験指導に携わってきました。この受験指導もまた私の使命の一つであり、現在でも、一九九五年に立ち上げた法律系資格の受験指導校「伊藤塾」の塾長として、日々教壇に立っております。ですから、資格受験業界ではむしろ、私のことは、「弁護士」としてよりも「伊藤塾」の塾長として認識されています。

ところで、伊藤塾は、当初「伊藤真の司法試験塾」としてスタートしました。その後、公務員試験、司法書士試験、そして行政書士試験へと試験・資格の拡大をしてきました。

これには、より多くの方に「憲法」を広めたい、より多様な高い志をもつ法律家・行政官を育てていきたいという私の想いが込められています。「社会の幸せの総量を増やす」という理念のもとで、社会に貢献する行政官・法律家を一人でも多く育てていきたいと考え、資格の枠を広げてきました。

おかげさまで、行政書士にいたっては二〇一三年二月二二日に、行政書士試験に合格した塾生（伊藤塾では受講生の方を塾生と呼びます）によるOB・OG会を立ち上げることができました。会の名称を「秋桜（コスモス）会」といいます。名称を公募したところ一番多かった名称であり、また、行政書士の徽章がコスモスであること、そして伊藤塾の本校が東京都渋谷区桜丘町の、「さくら通り」という春になると桜並木でとても美しい坂沿いにあることから、この名称にしました。

募集をしてからたった三カ月あまりで会員数は四〇〇名近くに達し、二〇一四年には七〇〇名を超え、合格後も伊藤塾に愛着を持ってくださっているOB・OGの方の思いに胸を熱くするとともに、なんとしてもこの会をより発展させていかなければならない、皆さまのご期待に応えていかなければならないと身が引き締まりました。

◆◆◆ 三　経済的効率だけを判断基準にしていいのだろうか？

ところで、昨今の日本社会は耳を疑いたくなるようなニュースで溢れています。

特に政治にいたっては、憤りを感じるようなことが多くあります。

私が力を入れている一人一票の問題もその一つです。また、日本国憲法に関してでは、自民党の日本国憲法改正草案には驚くほどの問題が含まれています。ここで詳しく述べることは避けますが、立憲主義の否定は断じて許せません。原発の問題も然りです。東日本大震災の際、あれだけ多くの人の生命を危険にさらし、いまだもって復旧もできていないなかで、再稼動へ、技術の輸出へというその動きに「一人ひとりを大切にする」という憲法の理念はどこにいってしまったのかと感じます。

そして、その際、お決まりの如く出てくる言葉が、なかば脅しとも聞こえるかのような、経済への影響、特に中小企業がほとんどの日本国内の一般市民に対して「中小企業が潰れてしまう」、「生活が苦しくなる」といった表現です。

一方において、経済というものを盾に取られたときに、憲法改悪や原発に「やむをえないか」と妥協してしまう側、つまり、私たち市民側にも大きな問題があると思います。

原発の再稼動を考えるに当たり、福島の現状を自分の目で見に行った方、自分の耳で聴きに行った方、どれほどいるのでしょう。マスコミの編集というフィルターを通さず、現場まで行った上で、再稼動を認めようと考えた方がどれだけいるのでしょう。

いつの間に、私たち市民の多くは、経済的効率性というものでだけで物事を判断するようになってしまったのでしょうか。想像力を持たず、一方で実体験もせずに、物事を判断するようになってしまったのでしょうか。

私は、長きにわたって教壇に立ち、憲法の持つ個人の尊重という価値の重要性を語り続けてきました。私に共鳴する講師たちもまた同じです。伊藤塾は全体として、そう語り続けてきました。合格・不合格という試験結果にかかわらず、伊藤塾で学んだ方々の多くは、伊藤塾の理念に賛同してくださります。

希望はあります。それは、読者のあなたです。本書を手に取ってくださったということは、自分の言葉で今は表現することができなくても、どこかでこの社会に違和感を覚えているからでしょう。「このままでいいのかな?」と考えたとき、それは自分自身の人生だけでなく、どこか社会に対しても感じたはずです。

だからこそ、あなたが本書を手に取ってくださったことに私はとても素晴らしい価値があると思うのです。本書を読んでくださり、法律というものを少しでも身近に感じていただき、憲法や法律というものを学んでいただければ、その過程で、経済的効率以外の判断基準を見出していくことができると思います。

そして、また勉強の過程を通して、法的な思考力を身につけることもできることと思います。

それらは、あなた自身の人生の助けになるばかりでなく、そういった判断基準を持つ人、思考ができる人がより多く増えることにより、社会を動かす力にさえなりうるものです。

ここに私は、希望を感じています。

◆◆◆ 四　経済的効率以外の判断基準を持ち、思考力を身につけるために

憲法や法律を学ぶことにより、経済的効率以外の判断基準を見出すことができると話しましたが、もう少し深く考えてみましょう。

憲法は、個人の尊重を一三条前段で「すべて国民は、個人として尊重される」と規定しています。非常にシンプルなのでウッカリ深く考えずに先に進んでしまいそうな文章ですが、これにはとても重要な意味があります。

この「個人の尊重」とは、いわゆる全体主義に対する言葉です。国のために個人を犠牲にするのではなく、個人のために国家は存在するという考え方です。

そもそも人類の歴史において、国家とは構成員の合意に基づいて成立するものであり（社会契約）、そうして作られた国家は人びとの生命・自由・財産に関する権利をより保障することを目的とするものと解釈されています。

つまり、まず国家ありきではなく、まず個人ありきだったわけです。そして、国家の目的は、この個人一人ひとりの権利・自由をより保障していくことにあるのです。

ところで、個人とは、まさしく一人ひとりの人を指しますが、一人ひとりの人間は違っていて当たり前です。

ですから、このことを前提にすれば、個人の尊重とは、一人ひとりはみな違うが、一人ひとりはみな同じように尊重されなければならないという意味になります。

これを端的に表現する言葉が幸福追求権というものです。一三条後段は「生命、自由及び幸福追求に対する国民の権利については、公共の福祉に反しない限り、立法その他の国政の上で、最大の尊重を必要とする」としています。幸福ではないのです。幸福追求なのです。すなわち、この言葉には、何を幸福と感じるかは一人ひとり異なるものであるということが前提にあるのです。そして、幸福をどう捉えるかは一人ひとり異なるけれども、憲法は、一人ひとりが自分の思い描く幸福を追求することを権利として保障しましょうと言っているのです。

私たちは一人ひとり、自分らしく生きることができる。これを憲法は個人の尊重として保障しているのです。ところで、「あれはダメ」、「これはダメ」という世の中で、自分らしく生きること、自分の思うように人格的に成長していくことはできません。

だからこそ、私たちは基本的に自由なのです。

つまり、個人の尊重という価値観を中心にして、私たちの自由や権利は観念できるのです。個人の尊重が日本国憲法のなかでとりわけ重要な価値を持つと話しましたが、その理由はここにあるのです。

では、憲法の保障する自由、権利とは何でしょうか。

もちろん、ここには経済的な自由も含みます。私たちは、やりたい職業を自由に選ぶことができ、選んだ職業を自由に遂行できます。

なお、話は横道にそれますが、行政書士の業務である許認可申請について、ここで触れておきたいと思います。そもそも職業選択の自由は憲法二二条一項で保障されているのですから、やりたい職業は自由にできるはずです。では、許認可をえなければならない仕組みとは何でしょうか。

実は基本的人権というものも絶対に制約されないものではないと考えられています。ある人にとっての自由は別の人にとってはその権利の侵害になることもありえます。例えば、「外科医はカッコいいな！よし今日から外科医になろう」ということが許されたらどうでしょうか。その人に何の技術もないことを知らない人間がうっかりその病院にいってしまったら…ゾッとします。ある者にとっての「外科医」という職業の選択の自由は、それを貫くと、他者の生命や健康などに大きな影響を与えてしまいます。

このように人権同士がぶつかり合う場面ではどうしても我慢しなければならないことがあるのです。これを憲法では「公共の福祉」といいます。

行政書士の許認可とはまさしくこの「公共の福祉」を指すのです。

ただ、そうは言っても許認可はその職業を行いたい者の職業選択の自由の制限であることに変わりなく、もし本来許認可を得ることができるはずの者が、行政側の不手際や自分の知識不足で許認可を得ることができなかったとすれば、その者にとっての職業選択の自由が不当に制約されたことになりかねません。

だからこそ、行政書士という業務が価値を持つのです。

さて、話を元に戻しましょう。

経済的自由はもちろん認められます。ただ、人が成長をするためには経済力だけがあれば良いわけではありません。むしろ、さまざまな情報に接し、勉強をし、自分なりの価値観をもって、初めて人は人格的に成長できます。

ですから、こういった精神的な自由はとても大切になります。

さらには、何よりも生命や身体がむやみに侵害されてはならないことは当然のことです。

そして、これらの権利や自由は、互いにぶつかり合う場面においてのみ、公共の福祉というものでバランスを取り合うようにしているわけです。

こうしてみると、私たち一人ひとりが自分らしく生き、そして、お互いに尊重されるためには、経済的効率だけでは到底足りず、むしろ、それ以外の権利や自由があって初めて達成できるものであるということがおわかりになるでしょう。

こうした勉強は、本来であれば初等中等教育の過程で行うべきものかもしれません。ですが、残念ながら少なくともこれまでの日本の教育では重視されてきませんでした。なお、多くの日本人がいまだに統治の客体としての意識を持ち、主体的に物事を判断することができない原因の一つはここにあろうと思います。

そして、少なくとも現在の日本でこうした経済的効率以外の重要な価値をしっかりと学ぶことができるのは、法律系の資格試験以外にはほとんど見当たりません。

「どこかおかしい世の中だ」と感じている方には、ぜひ一度法律系の資格試験を勉強していただきたいと思います。そして、この資格試験のなかで最も基礎が充実しており、またその後の汎用性の高いものこそ、行政書士試験だと思います。

もし、本書を読み、もう一歩、踏み込んで、判断基準だけではなく、法的な思考力の身につけ方についても知ってみたいと思った方は、拙著『勉強法の王道』（日本経済新聞出版社）をも読んでくだされぱと思います。この本では、判断基準のほか、法的思考力に着目した具体的な勉強方法について書いてあります。

◆◆◆ 五　法律家とは何か

さて、それではそろそろ本題に入っていきたいと思いますが、最後に、私が思う「法律家」とは何かをお伝えしておきたいと思います。

実はその答えのヒントはここまでのなかで述べています。

「法律家とは、その仕事の中核に、依頼者の、市民の基本的人権を擁護することを置く者」

多義的な定義があるところですが、少なくとも私はそう思います。

行政書士は、例えば許認可の手続過程で、依頼者の基本的人権を擁護します。だからこそ、行政書士は法律家だと思うのです。

このことを頭に入れて、本書の一人ひとりの先生方の考え方、行動を読みながら、考えていっていただきたいと思います。

さあ、それでは、多様なジャンルで活躍する行政書士の世界を垣間見て、その先にあるあなたの姿をしっかりとイメージしてきてください。

一生ものの資格

——19人の行政書士の輝く姿［目次］

第1部 人のために働く行政書士って？——憲法の理念の実現に向けて

第2部 市民からこんなに必要とされています。——市民と行政との架け橋として

第3部 自分を活かせる。一生働ける。——行政書士の職域は無限大。多方面で活躍

［特別寄稿］

東日本大震災の被災地・宮城県を訪れて

伊藤塾行政書士試験科講師一同

◆◆◆ 一　はじめに

二〇一三年三月一五日（金）から一六日（土）にかけて、伊藤塾では行政書士試験科の講師を中心として宮城県被災地見学研修を行いました。

主な行程は次のとおりです。

三月一五日　南三陸町志津川見学→大川小学校見学→女川町（女川町立病院を中心とする）見学→仮設住宅被災者との懇談

三月一六日　石巻市内見学→宮城県行政書士会の行政書士と懇談

正直に言えば、この研修を受けるにあたり、現在復興途中にある土地に、ボランティアでも何もなく、伺い、さまざまな場所を見て回り、人のお話を聴くということに、抵抗感はありました。現地の方々に「この人たちは何をしに来たのだろう?」と不快な思いをさせてしまうのではないかと危惧をしておりました。

また、この気持ちはこの報告書を書いている今現在でも完全に払拭されたわけではありません。むしろ、この報告書を発表すること、そしてこれからの諸活動のなかで表現していくことによって初めて、今回の研修は活かされていくものだろうと感じている次第です。

地震の 震源・規模	平成23年3月11日14時46分発生 発生場所：北緯38度06.2分　東経142度51.6分 深さ24km 規模：9.0(モーメントマグニチュード) 最大震度：７以上、 気象庁ホームページより
津波の痕跡 調査結果	東北地域を中心に、痕跡高が10mを超える地域が南北に約530kmに渡り、20mを超える地域も約200kmと非常に大きな痕跡高が広範囲に渡って記録されている。局所的には、最高40.1mの観測最大の遡上高が大船渡市綾里湾で記録されており、これは明治三陸津波の記録を上回る日本で記録された最大値である（東北地方太平洋沖地震津波合同調査グループHPより)。

			宮城県	合　計
人的被害	死者	人	9,536	15,882
	行方不明者	人	1,302	2,668
	負傷者	人	4,144	6,142
建物被害	全壊	戸	85,259	128,901
	半壊	戸	152,875	269,661
	全焼	戸	135	297
	半焼	戸		
	床上浸水	戸		5,111
	床下浸水	戸	15,036	17,778
	一部破損	戸	224,050	738,571
	非住家被害	戸	28,930	59,155
道路損壊		箇所	390	4,200
橋梁被害		箇所	12	116
山崖崩れ		箇所	51	208
堤防決壊		箇所	45	45
鉄 軌 道		箇所	26	29

（警察庁発表　2013.3.11）

◆◆◆ 二　各地研修報告

①　南三陸町志津川見学

一五日午前九時に仙台に到着したのち、最初に向かった目的地が「南三陸町志津川」でした。総合防災庁舎における遠藤未希さんの話はあまりに有名であり、ある程度の覚悟をもって臨みました。

総合防災庁舎は未だその無残な姿を残しており、目の前に広がる海に比べてそれは防災の司令塔としてあまりに小さく、無力さを感じるものでありました。

また、「何もない」。

それまであったはずの街が、建物が、何もない。これが総合防災庁舎の敷地に立ち、周囲を見渡した時の感想です。

すでに、瓦礫の片づけはある程度進んでおり、少なくとも周囲を見渡したとき、そこに人の営みがあったことがうかがえる様子はそれ程ありませんでした。

そして、事前に津波が来る以前の街の姿をインター

ネットで確認していったこともあり、まるで街の再開発のために工事をしている現場に行ったかのような感じがしました。

② 大川小学校見学

研修以前に、仮設住宅の方との懇談と並び最も今回の行程のなかで「おそれ」を感じていたことが、大川小学校の見学でした。

北上川に沿ってバスが進むにつれ、緊張感が高まりました。そして、小学校が見えた途端、「あぁ、あそこだ」と呟いてしまいました。

遠目に見えるその姿からして被害の甚大さが伝わります。

周囲は小学校を除き、すべて撤去され、復興作業を行うトラックの連なりが砂埃を舞い上げ、時折視界が悪くなりすらします。

献花を終え、校舎、グラウンドの様子を見るため、一歩歩くごとに、そこに痛ましい光景が広がります。ここにはたしかに学校があった。楽しい時間が存在し

た。子どもたちの笑顔があった。その痕跡が随所に垣間見られ、その痕跡が津波によって無残に傷つき残っています。校庭を歩きながら、「ここに集まり、不安、恐怖に怯えていたのだろう。必死に逃げるためにここを走った子もいるだろう」と感じます。

　小学校の校庭の先にはすぐに山があります。

　ここに登ることができた子は助かることができたそうです。

　急な斜面で、大人でも登るのに難儀しそうです。当日は雪だったわけですから、斜面も滑ったことでしょう。

　必死に枯草にしがみつきながら登ったことでしょう。斜面の下にも献花があります。まざまざと今自分の立つこの場所で約二年前に亡くなった子がいたのだということを実感しました。

　斜面途中に看板が見えました。そこに記載されていた文字が、「津波到達点」。二階建ての学校の高さをゆうに越す位置にその看板はありました。

　津波の高さ、大きさを改めて実感し、防ぐことはで

きない、ただ逃げるしかないことを肌で理解しました。

③　女川町（女川町立病院を中心とする）見学

大川小学校を後にし、車中、雄勝の被災状況を見ながら、女川町に向かいました。女川町は、三方向を石巻市に囲まれ、一方が海に面している町で、その町の形から、またそれまでの被災地の様子からして被害の大きさは予想することができました。

女川町では、瓦礫の撤去作業の進捗は見て取れるもののいまだ横倒しになった建物が複数ありました。

車窓からそういった光景を見ながら、高台にある女川町立病院に向かいます。

ここは高台にあるにもかかわらず、一階部分を津波に襲われました。坂の下では所々に花束を見ることができ、ここにも亡くなった方がいたのだということを感じ、三月一一日も津波に迫られながらこの坂を必死に登っていく人もいたであろうことを想像しました。

病院の入り口にある柱には津波到達地点が表示され、振り返り駐車場から見下ろす景色、先ほど通り過ぎた建物、道を走るトラックの小ささから津波の高さに戦慄しました。

④ 仮設住宅被災者との懇談

まるで長屋のような仮設住宅の敷地内にある狭い集会場で、竹浦という地域にお住まいであった仮設住宅被災者の方々三名との懇談が行われました。

Aさん：竹浦では、人口の約九％が、建物・家屋は八〇％以上が被害にあいました。

以前のチリ地震津波の時にも被害にあったため、防潮堤を築いていましたが、今回の津波は想像を絶する大きさで、避難した神社ではその足元まで水が押し寄せてきました。

チリ地震津波の時は床下浸水で済んだこともあり、高を括っていたところがあります。

Bさん（Aさんの妻　桃浦出身でチリ地震津波の時にも甚大な被害にあわれていた）：チリ地震津波の時と同じだなと感じました。

神社に避難したときには、泣いたり騒いだりしている人はいませんでした。防災無線も突然プツと切れて「ああ、役場もダメなんだなあ」と感じました。

その後の避難先でも、泣いたり騒いだりしている人はいませんでした。

夫を亡くした女性（Cさんのご親戚）の夫を探す姿は一生忘れられません。

それでも、全体的に割と落ち着いている感じでした。

Cさん（Aさん夫婦のご友人）：最初の地震では地底に落ちていくのではないかと感じましたが、家は無事でした。

車で、いつも避難している叔母の家に向かいましたが、水が来たので、とにかく上の避難所の学校へ逃げました。

夫が当日志津川に仕事で行くと話しており、志津川の情報は、避難所の夜暗いなか、ラジオで遺体の情報が流れるばかりでした。

再会できたときはただ涙が出るばかりでした。夫は急遽志津川から仙台に仕事が変更になったそうです。とにかく生きていくことが先決でした。

家を確認しに行くとただ基礎があるのみで、唖然としました。地獄でした。

自衛隊のヘリの活動は、まるで映画を見ているようでした。

秋田の方へ避難しましたが、避難先でも一日二度浸水にあいました。見たくない水を毎日見続け、怖くて、体に異変が生じました。


このように最初に各々の震災当日のお話などを伺いましたが、そこからは三名の方々は尽きることなく話をされました。

お話をしたくないだろう、どのように話題を振ろうという気持ちで臨んでいたので、これには少し驚きました。

お話をまとめますと、次のとおりです。
・「マスクをしてリュックを背負って長靴で」が日常の姿でした。周りは瓦礫だらけです。風が吹くと埃が舞うのでマスクを欠かすこともできません。秋田に避難した人（竹浦地区の方は秋田に集団避難をしていた）は、こんな景色を見なくても良いんだなと思っていました。
・避難所の生活は、病気や感染症が広まり、集団避難を余儀なくされました。一方で、人の情けを感じました。日本中、世界中からボランティアが来てくれました。行政の復旧作業だけではこんなにも早く片付かなかったはずです。

・これまでは、自衛隊の提供する風呂をテレビで見ていて、あんなのとても入れないと思っていましたが、有り難かったです。米軍にもお世話になりました。
・今振り返ると、こんなに多くの人が死なないで済んだはずだと思います。スマトラ沖のときにもジャーナリストや学者が行っていたにもかかわらず、情報は回っていませんでした。もっと警告を発するべきじゃなかったか？地震についてはその可能性について情報の発信がありましたが、津波については情報はありませんでした。
・皆が地震で「この程度か？　良かった」と思いました。海側に住んでましたから、地震後の津波のことを考えることができましたが、少し内陸の人は津波のことを思いもしなかったのではないかと思います。
・学者の先生方には反省をして欲しいです。「想定外」とは言って欲しくありません。
・被災地に足を運んでいただきたい。現地に来て、地元の人間に話を聴くことなどをぜひやって欲しいです。「何もない状況」については、話を聴かないと想像ができません。
・生きているうちには、大災害は必ず起こります。備えは常にしなければいけません。
・もうこんなことはたくさんです。次に起きたら立ち上がれないと思います。次に起きたら、一人生き残るのは嫌だからみんなで一緒に死のうねと話すこともあります。
・一年目は頑張れましたが、復興が遅れると気が滅入ります。頑張っても前に進めません。お年寄りはもう待つことができません。
・(仮設住宅にいると）自分のいるべきところにいない。心もとない。足がついていない。
・(法律相談について)たしかにチラシは入ります。行く人は行きます。が、自分の課題が何かさえわからない人は、法律相談には行きません。昔は、民生委員など、相談相手がいましたが。震災でコミュニティが崩壊しました。コミュニティは再生しなければいけません。

・（報道について）自分たちには局部的な情報しかありませんから、他の被災地の情報を知るうえで貴重で有り難いと思いました。一方で、（首都圏の）帰宅困難者のことを聴いても、そんなに大変でもないだろうと思っていました。

・（報道について）作っている人の思惑どおりに仕上げているエピソードが結構ありました。例えば、頑張っているなど。中越地震で被害にあった地域に視察に行ったとき、NHKも同行しました。何か所かでマスコミお断りと言われます。その理由は、中越地震の当時、報道のせいで、誤解が生じ、住民トラブルが起こったからだそうです。今ではそれがわかります。取材・報道を受けても、テレビ側によって内容が変えられることがあります。時として怖く思います。

・（法律家を目指す方へ）現地・現場へ足を運び、感じてもらいたいです。地域の人とコミュニケーションを取ってもらいたいと思います。

被災地の方全員が、「見に来てほしい。話を聴いてほしい」と思っているわけではないだろうと考えます。しかし一方で、そうして欲しいと思っている人がいることもまた事実です。伺う前には、ボランティアでもなく、心のケアをするでもない私たちを「この人たちは何をしに来たんだろう？」と思われるのではないか危惧していました。この悩みは少し払拭されました。

また、震災は終わっていないのだということを強く感じました。復興という表現をすれば、いかにも震災は終わったかのように感じられます。しかしまだ、「被災地」なのです。過去のことではなく、現在進行なのです。このことをまざまざと実感しました。

⑤　石巻市内見学

二日目の午前中に石巻市内を見学しました。

車内で、「初日は被災現場の生々しい現状を見たので、二日目は徐々に復興を始めた街を見てほしい」という説明を受けていたので、どの程度復興が進んでいるのか、少し明るい気持ちをもって臨みましたが、その気持ちはすぐに否定されることとなりました。

車窓から見る海際の瓦礫の山のつらなり、たしかに一つひとつの山は木材、車などの分別がなされているものの、それは山というよりも、丘という形容をしたほうがよいかもしれません。震災から二年経ち、瓦礫処理の進捗状況について報道されることがありましたが、たしかに進んだのでしょうが、進んだといっても、二年経ってもこの状況なのかという気持ちになります。

途中、日和大橋という石巻河口の橋をバスが通過します。この橋は高さ約一八ｍあるそうですが、津波はこの橋を超え、街を襲ったとのこと。二日間を通し、自分の想像力のなさを痛感するとともに、想像を絶する災害は現場に来なければわからないということを改めて思いました。

また、門脇小学校には、多くの方が車で避難してきたそうですが、ここにまで津波は襲来し、ここで火事が発生。津波は校舎の一階までだったそうですが、校舎全体が焼け焦げています。この後の行政書士との懇談のなかで、三日ほど燃えていたという話を伺いました。

⑥ 宮城県行政書士会の行政書士との懇談

宮城県行政書士会の三名の先生と懇談をしました。一人の先生は、仙台市に事務所があり、今回はS先生とC先生の仲介的な役割を担われ、話は主にS先生、C先生のお二人から伺いました。初日の仮設住宅の方々と同様に、両先生とも最初から最後まで熱心にお話をしてくださいました。

C先生：自宅が丘の上でしたから、直接波を見てはいません。知り合いの人から「オシメをください」という話を聴いて、日和山に登ってみて、「すべてない」と感じました。

兄の家が心配で、水のなかを数時間歩いていきましたが、兄を見つけることはできませんでした。石巻も情報が何もない状況でした。兄を探しに、遺体安置場を回りましたが、辛かったです。子どもたちはきれいな顔をしていました。

結局、兄が見つかったのは夏で、兄の妻はまだ見つかっていません。

事務所がなくなったわけではありませんが、人も来れない状況であったので仕事をすぐに開始することはできませんでした。

S先生：私の自宅・事務所は、工業港から一〇〇m～一五〇mくらいの場所にありました。家は津波で持っていかれました。

当日は、仙台市内のパーティーに出席していたのですが、パーティーは途中で中止になり、石巻に戻ることになりました。石巻に戻ろうにも、仙台駅は人でいっぱいです。バスもダメ。タクシーもダメ。やむをえず、雪のなかを歩きました。途中、トラックをヒッチハイクし、石巻の途中まで送ってもらいました。青葉中学に家族は避難していましたが、道が冠水していて進めず、最初、私は蛇田中学に避難しました。避難先では寒くて一睡もできませんでした。門脇小学校は結局三昼夜くらい火事だったと記憶しています。

消防が三陸をあがってくる光景は映画のようでした。最初に来てくれた消防は長岡でした。中越地震の時、長岡の支援をしていました。

避難先のテレビで、石巻の上空の映像が映し出され、自宅あたりを見ましたがそこには水がありました。トラックでラジオを聴いていたときは、石巻発の情報がありませんでした。発信できない状況なのだと想像していました。

当日出かけていた下の子どもの行方が最初わかりませんでした。そこで、上の子とのびるという所まで探しに行ったのですが、途中で津波情報があったので引き返さざるをえませんでした。下の子は、結局、七日目にひょっこり帰ってきました。途中で避難することができていたそうです。

自宅の裏の子は、母親と祖母を失いました。その子は泳いで二人を探しに行きましたが、家は一〇〇mくらい流されていたそうです。家で母親を、玄関あたりで祖母の遺体を確認したそうです。自宅のことを尋ねましたが明確な答えはもらえませんでした。結局、自宅は、基礎と土台以外はなくなっていました。

避難所では、新聞だけがわずかな情報源でした。ただ、自宅にいた方のほうが、物資等が届かず、大変だったかもしれません。

C先生：私も、自宅にいてもテレビも見られないので情報がなかったのですが、車のラジオのことはすっかり抜けていました。後になって考えれば、車があるのだからそこからラジオを聴けばよかったのですが、当時は、すっかりそのことが抜けていました。

S先生：避難所での給食は一日（避難所の側の菓子屋が差し入れてくれた）どら焼き一個ということもありました。朝半分食べて夜に残りの半分を食べるのです。でも、その恩は忘れられません。それ以来、普段からその店を使うようになりました。

寒風のなか、食事や水を得るため、子どもも年寄りも列を作り、文句を言わずに並んでいました。炊出しも「係り」を決めて順番に行いました。食事についてはそのうち、自衛隊が作ってくれるようになりました。

避難所では病気が流行り始めましたが、医師の助言などで、土足を上履きに変えるなどをすると、衛生的になり、病気も減っていきました。

地震に備えて、備蓄もしていましたが、家ごと流されましたから、何もなくなってしまいました。

四月に親せきの家へ、その後、仮設住宅に入りました。コピー機も流されましたが、業者に格安で売ってもらい、この業者には事務所に移転する際も無償で搬入・設置をしてもらいました。パソコンももらうことができ、四月から仕事を始めることができました。

仙台に行って仕事をするかとも思いましたが、半年後には今の事務所で復活できました。わたしは運が良いのです。

沿岸部の人も割と早く仕事復帰ができたと思います。

沿岸部、気仙沼では無料相談にも行きました。ひどい状況でした。ただ、無我夢中だったのだと思います。秋になってようやく気持ちが落ち着きだしたのか、その時になって、気仙沼までの途中、涙が出て止まりませんでした。

行政はすぐに対応を始めました。法務局の対応も早かったです。戸籍等もデータだったので問題はありませんでした。

C先生：「なんでやってくれないんだ」という声が多く、車関係の手続は無料相談で行いました。一日に一三〇件くらいあったと記憶しています。手続の費用も、宮城県行政書士会で負担しました。後になって、日行連に申請して、ようやく負担してもらえました。

この活動は半年以上、翌年の二月くらいまで続きました。

車関係の手続は行政も柔軟に対応したのに対して、農地関係は、ゆるやかにするようにという指針が農水省から出ていたようなのですが、相も変わらずでした。家がなくなっているわけですから、農地転用の案件は多いです。しかし、宅地開発は復興計画で行うからということで、個人が家を建てたくても、農地転用条件を満たさないため、なかなか進みません。

結果的に、農地価格は下落しているのに、宅地のほうは、数が少ないために高騰してしまっています。

このようなお話を伺ったのち、先生方のこの復興にかける熱い思いを聴くことができました。

復興はまだ足場にあり、行政書士としてさまざまなことを働きかけなければならない。例えば、自分たちは被災地については市街化区域と市街化調整区域の線引きを外して欲しいという活動を今行っている。さまざまな士業が一緒になって復興のモデルケース・パッケージを作っていきたい。そして、将来、日本で、世界で起こりえる災害の復興に役立てていきたい。そのような思いを聴くことができました。

さらには、多くの被害を受けたにもかかわらず「今回の震災が日本で良かった」という話さえ聴けました。その真意。ここには、被災した人間としての意地と自分に課された使命に向き合おうとする決意を感じました。他の国では到底できない。日本だから、自分たちだから、復興できるんだ。そして、この活動を大成していくことこそが、将来の世界中で起こりえる災害のモデルケースとなる。そう信じて活動していると感じました。

無料相談でも、待っているだけではだめだということで、仮設住宅にまで出向いて活動されているそうです。事業系の相談は早くから来てもらえていたが、最近では相続の相談が増えてきており、相続関係などはなかなか相談者の方から足を運べないのが実情だそうです。初日の仮設住宅の方の話と全く同じことを指摘され、さらに行動に移されていることに、改めて、行政書士が街の法律家であることを実感しました。

三　総括

今回の研修会では、一言で書き表すことができないほどに多くのことを感じました。

これは、現地に行き、現地を見たからこそ、感じることができたものです。想像を絶する災害であったため、映像や写真だけでは感じることができないものを多く感じました。

おそらくこの思いは、この先々いろいろな場面で、より一層活きてくるものと考えていますが、現時点における法律系資格の受験指導を行う者としての意識について述べておきたいと思います。

①　生存権・社会権について

仮設住宅で暮らす方々の生活を目の当たりにして、憲法二五条のうたう生存権とは果たして何かを考えさせられました。

いまだもって帰りたい場所に帰ることが許されず、窮屈な思いをし、多大な不便をしなければならない状況で生活をせざるをえない方々がいます。「次に起きたらもう耐えられない。次に起きたときは自分だけ生き残るのではなく、みんなで死にたいね」という話が仮設住宅の集会所で出ることもあるそうです。これが健康で文化的な最低限度の生活といえるのでしょうか。

また、震災の直後には、ボランティアの活動が大きくクローズアップされました。一見美しくみえる光景かもしれません。

しかし、その背景には立法や行政の怠慢があることを理解しました。復興を考えたとき、大切なことは、避難されている個々の人たちがどのような生活を望んでいるかであると思います。個々人の生活を考えずに、ただスローガン的に「復興なくして日本の再生はありえない」のような表現を掲げていくことは間違っていると思います。

さらに、「絆」を国家が強要するかのような風潮さえみられます。たしかにボランティアの方々の活動は実際、素晴らしかったものと思いますが、それを国家が強要することに強く不安を感じました。国民のいわゆる正義感や善意といったものを逆手にとって、社会権の保障を義務づけられた国家が、自らの義務を果たさずに、むしろ国民にその義務を負わせる、それがあたかも当たり前のことのように感じさせる流れには危機感を感じます。

ボランティアにできる直接的・物理的支援の必要性が減少してきている現状だからこそ、その分、立法や行政の生存権保障の義務不履行を認識することができました。

② 報道について

仮設住宅の方々との懇談で、「被災地の報道」についてどう感じられているかという話題を出しました。お話を受けて、報道の果たした役割の大きさを知ることができるとともに、一方で、報道は報道の作り手の意向で内容がいくらでも変わってしまうという意見も聴くことができました。報道、情報の受け手側はこのようなことをしっかりと理解しておかなければなりません。

③ 行政書士の業務について

改めて、行政書士の業務と個人の尊重の結びつきを感じることができた研修でした。以下、今回の研修を受けて、行政書士業務を説明する際の講義原稿の一部分を特別に公開いたします。

さあ、段々わかってきましたね。行政書士の業務にある中核が。ものすごく簡単に言うならば、市民一人ひとりが自分らしく生きる、自分らしく幸せになれるように、市民の手助けをしていく、これが行政書士の仕事の中核にあるのです。

少しわたしの出会った行政書士の話をしましょう。先日、伊藤塾の行政書士試験対策の講師陣で、石巻市で頑張っている行政書士の先生にお会いしてお話をしてきました。東日本大震災から二年以上経ちました。実際に現場に行ったことはありますか？　私たちが行ったときには、まだ「何もない」場所がいくつもありました。そこに街があったのですよ。復興は始まったばかりと言われたりもしますが、むしろ、震災はまだ終わっていないという表現のほうが正しいのかもしれない。そう思うくらいです。仮設住宅の方のことを考えてみてください。自分の家に帰ることができない。これをもって震災が終わったと言っていいのでしょうか。若い人ならば多少は待てるかもしれませんが、時間が残されていない、こう言ってしまっては失礼かもしれませんが、お年寄りの方は待つことはできないのです。

このような状況で頑張っている行政書士の話です。

お一人の方は、お兄さんとお兄さんの妻を亡くされました。亡くされたといってもいまだお兄さんの妻は行方がわからないそうです。自分自身の事務所は高台にあったので直接的な被害を免れましたが、その分、街の人たちに尽くしてきました。それは法律的な問題ばかりでなく、さまざまな物資も含めてです。

もう一人の方は、自宅・事務所が流され、仮設住宅に移りました。パソコンもコピー機ももちろん書類もすべて流されました。それでも、仮設住宅で仕事を始めました。コピー機は格安で業者に売ってもらい、この業者はその後事務所に移転する際にも無料で搬入設置作業をしてくれたそうです。パソコンも譲ってもらい、仕事を始めました。狭い仮設住宅です。書類も一から準備し直し、その書類も整理できるスペースもなく、本当に不便であった話をしてくださいました。でも、仮設住宅にいながらすぐに業務を始めたのです。行政書士という仕事ですから石巻にいなければできないわけではありません。一度は別の場所でとも頭をよぎったそうですが、やはり地域のために、地域の人たちのためにと、自らが「被災者」でありながら、仕事を始めたのです。今では、事務所を見つけることができ、そこでお仕事をされていますが、「自分は運がよかった」と話されます。皆さん、どう思いますか？　自分なら「運がよかった」と思えるでしょうか。わたしには自信がありません。

そして、お二人とも、この大震災からの復興をこれからの日本・世界で起こりえる災害のモデルケースとして構築したいと語ってくださいました。多くの被害を受けたにもかかわらず「今回の震災が日本で良かった」という話さえするのです。その真意。ここには、被災した人間としての意地と自分に課された使命に向き合おうとする決意を感じます。他の国では到底できない。日本だから、自分たちだから、復興できるんだ。そして、この活動を大成していくことこそが、将来の世界中で起こりえる災害のモデルケースとなる。そう信じて活動しているのです。

彼らに限らず、宮城県行政書士会では、無料の相談で、行政と連携をし、数え切れないくらいの自動車の廃車手続などを行いました。また、今では法律相談を仮設住宅まで出向いて行っています。これは仮設住宅の方に聴いた話ですが、無料相談のチラシはたしかに来る。だが、本当に課題を抱えている人はその課題が何かわからないので、法律相談に自らは行かないそうなのです。だからこそ、自分たちが出向く。自分たちが出向き、仮設住宅被災者の方々と話をするなかで、そこから法律的な悩みを聴き取り出す。こういう活動をしているのです。

いかがでしょうか。いかに行政書士が人に寄り添う仕事をしているか。一人ひとりに寄り添い、その方々が自分らしく生きることができるようになるために尽力をしているか、理解できるのではないでしょうか。

わたしは、こういう仕事、行政書士を社会へ送り出す、法律家を社会へ送り出す、人に寄り添える人間を社会へ送り出す、仕事をしていますが、このことに誇りを感じています。

そして、うれしく思う理由ですが、それは、動機はなんであれ、皆さんが目指している試験の先にはこういった世界があるのです。皆さんがこの試験に合格した先に、より多くの幸せの構築があるのです。このことをうれしく思うのです。

伊藤塾には伊藤塾長の提唱する「ゴールからの発想」という最短最速で合格するための基本的考え方があります。勘違いしないでいただきたいのは、最短最速で合格ができれば良いと思っているわけではありません。法律系の資格試験は、合格後が大切なのです。合格後に自分自身の幸せだけでなく、より多くの人の幸せのために活躍することができるか、これが大切なのです。だからこそ、合格までの道のりは最短最速であって欲しい。そのためのゴールからの発想なのです。

合格だけを考えるのであれば、合格が至上命題ならば、被災地にまで足を運び、いろいろな方との交流を持つ必要はありません。私たちがなぜ被災地まで足を運び、行政書士の方々と仮設住宅の方々とお話をしてきたか、そこにはわたしたちの仕事が、真のエリート、社会貢献をするために選ばれ、その能力をいかんなく発揮すべく訓練された者、こういう意味でのエリートを育てることにあると考えているからなのです。実際に、被災者の方々のなかには、自分たちの経験を聴いて欲しい。そういう人間に法律家になって欲しいと話してくれる人がたくさんいます。自ら被災者でありながら、被災者のために地域で奮闘する行政書士の先生方も、スキル以上に人間力が必要であることを熱く訴えかけてきます。

合格後、自らが活躍する姿を心に描いてください。そこにある依頼者の、市民の笑顔を思い描いてください。それが皆さんの未来の姿です。そして、その姿、その笑顔は、今の皆さんに対して大きな力を貸してくれるはずです。実現できない目標はありません。やればできます。必ずできます。

④　未来に向けて

③でも述べましたが、各地でいただいたこれから法律家を目指す人々へのメッセージには、受験生を励ます言葉が多々含まれています。これらのいただいたメッセージは、しっかりと受験生に伝えていきたいと思っています。

そして、被災し、家族を亡くし、また、家を事務所をなくし、それでも前を向いている行政書士の先生方の姿と志、これもまた行政書士の受験生には伝えていかなければならないものと思います。

第1部 人のために働く行政書士って？——憲法の理念の実現に向けて

良き師との出会い、そして本当の思いやりを知って私は変われました。

小島　信治（こじま・のぶはる）氏

行政書士法人相続まちかど相談室
〒330-0803 埼玉県さいたま市大宮区高鼻町1-36-1 第一大矢部ビル2階
TEL:048-642-5901
FAX:048-647-1419

◆◆◆　一　はじめに

私は長い間自分も家族も社会も幸せにできませんでした。失敗の繰り返しでした。これまでの私のちょっぴり情けない生き方を正直にお話しすることによって、皆さんの目指す行政書士試験合格、行政書士独立開業のご参考としていただければたいへん嬉しく思います。

かっこつけずに気持ちに素直にお伝えしたいと思っておりますので、不適切な表現や何度も同じことをお話しするかもしれませんがご了承ください。

私は大学へ入学したときから一六年間、資格試験の勉強ばかりしていました。まさに資格ジプシーという呼び名がぴったりで次から次へとさまざまな資格試験の勉強をしていました。その結果、合格した資格はほんのわずかで、受験もせずに自己満足で終わった試験もたくさんあります。

資格を目指した理由は、校内暴力がひどい高校に入学し、気持ちの優しい同級生たちが次々と学校をやめていく現実にショックを受けたのがきっかけです。不良行為をする人、暴力で相手を威圧する人が、真面目で優しい人の人格を傷つけ居場所をなくす。こんな状況はおかしいと思いました。そして正義を実現する最強の資格は検察官だと考え、大学に入学後すぐ司法試験の受験指導校に通い始めました。

その学校で講師をされていた、現在（株）法学館／伊藤塾の伊藤真先生に憧れるようになり、検察官から弁護士へと目標が変わっていきました。伊藤先生の憲法、人権に対する熱い思いが、高校生の時に感じた私の氷の感情を溶かしてくれたのかもしれません。その後、何度挑戦しても司法試験に受からない自分への言い訳として取得したのが行政書士でした。

◆◆◆ 二　明確な目標を持つこと

私が受験した二四年前とは比較にならないほど現在の行政書士試験は難関試験となりましたから、合格するためには「何をしたくて自分は行政書士を目指すのか」、「他資格ではなく、行政書士を目指すのはこういう理由だ」という動機付けが必要かと思います。

また、合格後に開業を考えた場合、より一層しっかりとした動機付けや明確な目標が必要です。明確な目標を持たずに現実逃避的に開業すると、自分自身も大変ですが、特に家庭を持っている方、これから結婚される方は相手となる方も含めて家族全員を不幸にしてしまいます。

①　受験期間・開業後の目安

何年もダラダラと受験勉強をすると惰性に陥ると考えています。私の経験では資格試験の勉強期間の限度は大体三年です。この期間は人によって差異はあると思いますが、モチベーションの維持は決して容易ではないので、ある程度で見切りをつけることも大切です。

これは開業者も同じです。石の上にも三年ということわざがあるように、三年間は多くの人は必死でがんばるのですが、初心がぶれてきて廃業していくのは四年目以降です。ですから、三年くらいである程度の成果を出せるような姿勢で臨むべきでしょう。

② 二兎を追うものは一兎をも得ず

受験生時代の私は誰にも負けないくらい勉強をしました。仕事をしながらできるかぎりの時間を作って勉強をしていました。しかし私はやっと捻出した貴重な勉強時間を複数の資格試験の勉強にあてるということをずっと続けてしまいました。これではいくら努力しても一つの資格試験に合格できる勉強量に達しません。

これは開業者でも注意すべき点だと思います。開業し、「何でもやる」ということは不可能です。私は相続専門で開業していますが、もし、交通事故や外国人業務も一緒にやっていこうということになっていたとすれば、それこそどれもモノにはならなかったと思います。

複数のことを同時に打ち込んでいくことは難しく、将来的にやりたいことがいくつかあったとしても、まずは一つに絞り、ある程度できたら次に行くと考えたほうが賢明です。最初から何でもやろうという気持ちはわかりますが、やめたほうがよいでしょう。

◆◆◆ 三　良き指導者、良き仲間を持つこと

良き指導者、良き仲間を持つことは、受験においても、実務においても、成功するための大切な要素です。また、その上で、こちら側のしっかり学ぼうとする態度も大切です。

私は長年資格試験の勉強をしていましたが、一度も先生に質問をしたことがありませんでした。また、受験仲間も一人も作れませんでした。今振り返ると、自分のことで精一杯になっていたのだと思います。先生の言うことを素直に聞き、分からないことを質問し、励ましあう仲間を作る。このように心がけないと合格は難しいと今ではよくわかります。

さらに、開業した後も、よき指導者とよき仲間は大切です。そうでないと、相談や問い合わせもできず、また愚痴も言えないで孤立してしまいます。

◆◆◆ 四　私が開業をするまで

民間企業（出版商社）退職後、無職（失業保険受給）、フリーター（文房具店店員）を経て国税専門官という公務員試験に受かり税務署の職員になりました。この間、司法試験、税理士、不動産鑑定士、公務員試験（国家Ⅰ種、裁判所事務官Ⅰ種）、司法書士、社会保険労務士、中小企業診断士、行政書士、宅建、ＦＰ等数え上げたらキリがないほど勉強しました。

税務署での仕事は今まで自分がしてきた机上の勉強のすべてを実務で活かすことができました。そのなかで最も役に立ったことは老若男女、さまざまな職種の人たちと面談した経験です。借金に苦しむ方、障害を持っている方、日給月給で働いている方、自営業者、風俗業界関係者、芸能業界関係者、中小企業社長、詐欺師、暴力団員、資産家、銀行頭取、大学教授等。この方達との面談経験が今の行政書士業務にも大変役に立っています。

税務署の仕事はやりがいもあり、上司、同僚にも恵まれ、希望の部署にも配属されました。しかしその税務署の職場を私は誰にも相談せずに辞めてしまいました。突然の退職に妻は大きなショックを受けました。そしてその時、妻の体には赤ちゃんが宿っていました。おそらく、相当不安な思いをさせたのだろうと思います。

さらに家を買ったばかりで、全財産を頭金で使い、ローンがまだ三〇〇〇万円ほど残っていました。退職金はわずか二〇〇万円でしたので、退職後四カ月でお金が全くなくなりました。売れるものはすべて売り払い、保険も解約しました。増え続ける借金、とにかくこの状況を抜け出すために頑張るしかありませんでした。

その上、新人行政書士の多くがそうであるように、行政書士がどんな業務をするのか全くわかりませんでした。書籍を買いあさり、数少ないホームページを参考にし、先輩行政書士が行っている研修会に参加しました。当時は開業一、二年目の先輩や経営コンサルタントが神様のように見えました。その人たちの考え方や業務方法に全く疑問を抱くことなく鵜呑みにしていました。皆さんも先輩だから、ネットで有名だから、本の執筆をしているから、そういった理由だけで振り回されないようにしてください。

さて、開業準備中のとき、先輩行政書士から紹介された会社へ行きました。提携関係を結べば月三〇万円もらえるという話でした。ところが気合を入れて行ったところ、そこで働く人達の様子がおかしいことに気づきました。実は悪徳商法の会社だったのです。

この会社から逃げ帰り、「このままじゃだめだ、自分の生き方を変えなければ」と本気で思いました。それまで自分のことを、人を見る目があり、能力もそこそこで、真面目で誠実な人間だと思っていました。でも本当は人間的に未熟で、身勝手で思いやりも足りない人間だということに、このとき三七歳でようやく気づいたのです。

資格試験を勉強している人は、自分が一生懸命努力しているのを言い訳にして、支えてくれている周囲の人たちに甘えすぎてしまう危険性があります。そこで、「自分は身近で大切な人に迷惑をかけていないか」ということを一度冷静に考えてみるべきでしょう。私はここから新しい一歩を踏み出しはじめました。

五　人生を変えた出会い

私の人生の転機は、黒田行政書士の研修会に行ったのが始まりです。

そもそも私は相続税の調査、徴収、延納・物納担当として税理士をはじめ、弁護士や司法書士を指導していました。そのため、「僕は税理士に指導していた相続のプロだ。その僕に行政書士が何を教えようというんだ？」と思ってしまうほど自惚れていました。

行政書士の相続業務を知りたいというのもあったのですが、とにかくどれくらいの力なのか見てやろうという気持ちもあり、黒田先生の研修会に参加してみました。そこで、教えてもらった内容に驚きました。「行政書士なんか…」と馬鹿にしていた私は、黒田先生の業務方法、業務に対する姿勢、そしてその人柄に完全に負けてしまいました。一言一言が心に残り、この人にはかなわないと思いました。そして、その後仕事を手伝わせてもらうようになり、そのうちに一緒にやりましょうとなって、共同事務所となりました。

これは結局、先ほどのよき指導者を持てというところに繋がります。以前勤めていた民間企業の職場の上司に、仕事を一緒にやって面白いと感じたら、その人は小島さんより相当上だよ、と言われたことがあります。正にそのとおりで、黒田先生と仕事をするとすごく面白く、力の差を感じました。国税専門官だった頃は、沢山の仕事を短期間で決着させなければならず、一人にかける時間が少なく、いつも不完全燃焼でした。それに対して、黒田先生の業務に対する姿勢は徹底的に全部に対処するという方法で、行政書士業務に対してとてもやりがいを感じました。

後から行政書士の仕事はどういうものかというのをお話しますが、私は行政書士の仕事は面白く、やりがいがある上に、非常に社会の役に立つと思っています。

よく、弁護士、司法書士、行政書士の順で難易度が高いとされますし、社会的に役に立つのもその順番かなと思ってしまうかもしれません。

あくまで私見ですが、あらゆる法律実務家のなかで行政書士が一番、日常の市民生活を送る上で頼りになる資格者であると思っています。それは何より当事者の話し合いを紛争に発展させないで解決できる資格者だからです。

◆◆◆ 六　行政書士業務は自分を成長させてくれるのか

行政書士は人間関係を調整していくのが仕事ですから、生半可な人間だと依頼者や当事者に信頼されません。勉強ができて知識があっても、行政書士業務はできません。知識だけでは全く歯が立たないのです。知識が少なくてもその行政書士が当事者全員に信用されるだけの人間力を持っていれば、業務は遂行できるのです。これは難しいことですが、行政書士は自分が成長すると業務が遂行できる、業務を遂行すると自分が成長できる、そういう良い資格です。

研修を受ければ単なる手続の部分の業務はできるようになりますが、行政書士業務に一番必要な人間性の向上は研修だけでは身につけることは難しいと思います。良き指導者のもと、正しい方法で数多くの業務をこなすのが理想です。

しかし、良き指導者に出会える幸運な人は少ないでしょうから、皆さんの場合は、真面目で誠実な仕事をする良き仲間と付き合うようにしてください。仲間を選ばないと自分の意に反する人生を歩むことになりますので、気をつけてください。

良き指導者、良き仲間というのは、自分に大切なことを気づかせてくれます。小さな大切なことに気づかせてくれる人との出会いで人生は大きく変わりますので、心に留めておいてください。

私自身は良き指導者と良き仲間に巡り合えたおかげで、開業した当時と今とでは別人のようだと妻から言われます。それくらい人から受ける影響は大きいのです。

私自身も、当初、行政書士の仕事がわかりませんでした。家系図を作るのが行政書士の仕事だと思って、一番最初の宣伝広告は「家系図を作りませんか」という新聞折り込みチラシでした。このとき一件でも家系図の作成をしていたら、今の私はなかったと思います。

七　行政書士の仕事

① 弁護士と行政書士

まず、弁護士と比べるのが一番わかりやすいと思います。

依頼者の利益のために働くのが弁護士です。依頼者に代わって相手方と交渉、裁判をしてくれます。とにかく自分の主張を通してくれるという面で、弁護士ほど頼りになる資格者はいないと思います。

それに対して、行政書士は全当事者のために働きます。例えば、「相続手続をお願いできませんか」、と相談に来た依頼者がいるとします。私たちの仕事は書類の作成およびそのための相談、調査、資料収集です。依頼者に代わって相手方と交渉するようなことではありません。そこで、「紛争にならない書類をつくりますので、他の相続人全員の方にも私の事務所に依頼してもらいましょう」となります。

ですから全当事者が依頼者です。「皆さんが話し合って納得できる書類を作りましょう。そのために皆さん全員の相談に応じますよ」というのが私たちの姿勢です。当事者の間に立って紛争を起こさせないように話し合いの助言をし、そして今後もこの件で紛争が起こらないような法律書類を作ります。紛争予防のための契約書を作成するための専門家、当事者の話し合いの助言、調整役こそが行政書士業務です。あくまで話し合いや意思決定は当事者自身がするものですので、くれぐれも特定の人の代理人のような振る舞いをしないように注意してください。

民事関係の事案について、初めから実力のある行政書士へ依頼すれば、おそらく九割以上は紛争に発展することなく、速やかに話し合いがまとまると思います。

②　司法書士と行政書士

司法書士の業務も簡易裁判所における訴訟代理業務、過払い金請求、成年後見業務など、徐々に変化しています。しかし、依然として司法書士の仕事の中心は登記業務です。

依頼者が司法書士のところに「不動産の名義を変更してください」と訪れます。話し合いはついているということなのでしょう。司法書士は依頼者の話に基づき、その不動産を取得した証拠となる契約書を作成します。例えば依頼者が「土地の七割は自分が取得し、三割は弟が取得するという登記をしてください」とお願いするとします。司法書士はその内容の登記申請をするために、依頼者の望む内容の契約書を作り、依頼者へ渡します。そして依頼者がその書面を弟に示し、了解をえます。仮に弟が嫌だと言っても、司法書士が当事者の間に入ることはありません。これは司法書士の場合、登記が主要業務で、契約書は登記するための付属書類（添付書類）だからです。

これに対し、行政書士の主要業務は契約書本体の作成です。主要業務ですから、最も大切な当事者間での話し合いの部分について、助言も調整もしなかったばかりに、紛争に発展させることのないように気を付けてください。当事者全員が自分の意思で納得した書類を作ってあげるのが行政書士の仕事です。

③　事務所運営

事務所運営で大切なことは報酬を真剣に考えることです。相続業務の場合、司法書士は戸籍調査を含めて三カ月あれば登記まで完了できます。報酬は三〇万円くらいでしょう。行政書士は一年近くかかる業務も多く、年間一〇数件しか対応できませんので、一〇〇万円の報酬でも少し苦しいくらいです。報酬を真剣に考えている先生方は事務所を軌道に乗せているので、見習うべきでしょう。

④ 感謝とトラブル

人に感謝をされたい。けれどトラブルにはあいたくない。このように思うのは当然です。弁護士は依頼者の利益のために働くのが仕事ですので、依頼者からの感謝は◎です。ただし、相手方は利益を奪われるので相手方から感謝されることはありません（×）。それどころか逆恨みの危険性もありますので当然トラブルは多くなります。大変な仕事です。

ところが行政書士は、その立ち位置が公平ですので、依頼者からの感謝は◎ですし、また、相手方からの感謝も〇になります。もちろん、双方の合意までは平坦な道のりではありません。公平ならば、本来、依頼者も相手方もともに〇のはずなのですが、やはり最初に相談に来てくれた依頼者が最も困っていることが多いため◎にしました。

八　生活が成り立つのか

私は現在行政書士法人の社員ですが、個人事務所の時の収入に基づいてお話ししたいと思います。

開業して四カ月で収入は合計六万円でした。最悪の数字ですが、珍しいことではないでしょう。その一年後には年収一三〇万円くらいになりました。その後、四〇〇万円になり、七〇〇万円、四年四カ月後には年収八〇〇万円になりました。これは売上ではなく経費などを引いた収入額です。

できれば開業一年目の売上目標は一〇〇万円以上としてください。売り上げがないとやる気がなくなります。売上を出すには頭のなかでどうしようかと考えているのではなく、人が集まるところへ顔を出して営業してください。仕事を得る段階では法律知識、業務知識など必要ありません。試験に一番で合格しようが、ギリギリの合格であろうが全く関係ないのです。人に感じ良く接し、自分の顔を売るのが一番の営業です。

また、年の売上が一二〇〇万円くらいになるように頑張ってください。そうすれば経費を引いて収入が八〇〇万円くらいになりますので、ご自分の家庭を守っていけます。私たちは「先生」と呼ばれる職業でもあるわけですし、お金に追われるような生活からは早く脱していただきたいと思います。

一方で、逆説のように聴こえるかもしれませんが、決して焦らないことです。普通、会社に入社した場合、三年から五年くらいではまだまだ新人です。一〇年経ってやっと重要な立場で仕事を任せてもらえるのが普通です。試験に合格し、四年五年で大先生になって、お金をガンガン儲けるなどということは通常はありえませんし、これを目指すと大失敗します。

加えて、「甘い話には乗らないこと」です。特に開業準備中、登録をしてから開業するまでが本当に危険です。そこで知り合う人が人生を変えますので、気をつけてください。人との付き合い方には十分に注意してください。

◆◆◆ 九　開業を志す方へ

短期間で結果を出している人には共通点があります。以下の三点です。パソコンが得意とか、法律知識が豊富とかではありません。また、資格コンサルタントが提唱する「儲かる仕組み構築」を考えるのはこの先の話です。

①　交際力のある人、人付き合いの上手な人

感じが良く、配慮があり、「あの人がいると本当に助かるな」と思われる人です。営業や接客業を経験されている方は自然とこのような対応ができます。どうしたら相手に喜んでもらえるか、相手のためになるかをよく知っていますから、このような方は有利です。

②　決断力、行動力のある人

秀才タイプの人は即断、即決が苦手です。私ども経営者は日々決断の連続です。決断、行動の早さが事務所経営の明暗をわけると言っても過言ではありません。

ただ、ここでも大切なのは人を見る目です。人を見る目がないと、とんでもない方向に決断してしまうことがありますので、注意してください。

③　適正報酬を得る人

例えば、一枚の契約書を作成してあげることによって、当事者が一億円の財産を紛争にもならず円満に五〇〇〇万円ずつ手に入れることができたとします。商品は見た目一枚の紙ですが、当事者にとってどれだけ価値のあるものでしょう。私たちの商品は単に紙一枚ではありません。当事者全員が受ける利益（紛争にならず、時間を浪費せず、財産を手に入れる）、行政書士自身の今までの経験・ノウハウ、この事案に費やした時間、そしてその後起こるかもしれないリスク、これらすべてを考慮して報酬を決めてください。

適正な報酬をいただくからこそ、自分の意識も「いい加減な仕事はできない」となり、一生懸命に取り組む。きれいごとではなく、人間はそういうものだと思います。

◆◆◆ 一〇 幸せになるための五つのキーワード

私はずっと親に甘えて、妻に甘えてきました。やっとそのことに気づき反省して、新しい第一歩を踏み出し一一年が経ちました。まだまだ未熟者ですが、今私が考える行政書士として幸せになるキーワードを五つ挙げてみました。

① よき指導者と相談相手を持つこと

できれば良き指導者を持ちたいのですが、まずは良き相談相手を見つけてください。感情的になっている依頼者たちのなかに入るというのは精神的にかなりきついものです。

相談相手、つまり愚痴を言える人を作っておかないと潰れてしまいます。それは家族ではダメだと思っています。家族が不安になってしまい、家族関係までがギクシャクしてしまう恐れもあるからです。できれば、同業者で同じ業務をしている人が良いと思います。

② ひとつのことに絞り、やり続けること

やるべき業務は一つに絞ったほうが良いと思います。私はそうした結果、三年目くらいから経験の長い先生から相続について相談を受けるようになり、五年目くらいで大体のことには対応できるようになりました。それくらいになったとき、初めて別の業務、例えば契約一般をやってみようと考えてもいいのではないかと思います。

ずっと複数のことを並行して行い、何もモノにできなかった過去の反省を込めて、これは強くお勧めいたします。

③　家族の気持ちを大切にすること

家族関係がうまく行っていないと暗い気持ちになります。当然業務にも影響がでてきます。受験勉強も一緒ですが、自分がやりたいことができるのは、家族の援助の上に成り立っていることを忘れてはいけません。特に配偶者の気持ちを大切にしてください。

いかなる状況のときも家族の気持ちを思いやれる人は、必ず良い結果を出せています。家族が笑顔でいられる関係を自ら進んで築いてください。

④　焦らない、怒らない

周りが気になっても、焦らないでください。周囲の人もそれほど順調なわけではありません。それ程遅れをとってしまったわけではありませんから、自分のやるべきことを地道に続けてください。周りに振り回されず、自分の立場がしっかりしていれば、やがては先を行く人に追いつけます。開業後すぐ結果を出した人に比べて、時間をかけて結果を出してきた人にはあまり敵がいません。

また、どんな時も冷静に対処する努力が必要です。人生はハプニングの連続です。思いもよらない不愉快な思いもたくさんします。そんな時も一時の感情で対応するときっと後悔します。どんなときでも笑顔が自分を救ってくれます。

⑤　信念

独立開業して事務所を維持するために一番大切なことは信念です。

「他人が何と言おうと自分はこうなんだ」というものをもっていないと、事務所は経営できません。どんなに正しいことをしても批判する人はいます。嫌がらせや足を引っ張る行為をする人もいます。もちろん親切で良かれと思ってアドバイスしてくれる人も多いです。しかし、最終的に自分の信念に従って決断、行動しないと成功はしません。いつも考えがぶれている経営者がいるでしょうか？　いつも自分の失敗を他人のせいにする経営者が今後成功すると思いますか？　自分の信念のもとに行動してください。そしてその責任はすべて自分にあることを忘れないでください。

◆◆◆ 一一　おわりに

私は行政書士という職業が大好きです。行政書士全員に「幸せになってほしい。成功してほしい」そう思っています。この気持ちは誰にも負けない自信があります。

行政書士になって後悔してほしくない。行政書士になって本当に幸せだったと思える人生を歩んでもらいたい。そういう思いを込めて書きました。

現在まだまだ行政書士の能力は不足している面があります。これを解消するために七年前、黒田行政書士とともに「(株) 法務研修館／黒田塾」という行政書士実務学校を立ち上げました。この学校を作った第一の理由は「業務能力の向上、信念を持った行政書士を育成すること」です。現在全国に二五〇名の修了生がおり第一線で活躍しております。こちらは順調に法務行政書士のリーダーが育っています。

今後は①法務を扱う行政書士と弁護士とが提携関係を結び、お互いに利点のある関係を築くようにすること、②学者や弁護士と連携して、行政書士業務のあるべき姿をより明確にしていくこと（業務方法の統一化）に取り組んでいきたいと思っています。

法律家として、正しい道を志す方に行政書士になっていただきたい。紛争のない社会を実現したいと思う方に、行政書士になっていただきたい。ぜひ信念を持った行政書士になってください。そうすれば自分も家族も幸せにできるはずです。行政書士が頑張れば頑張るほど紛争のない社会を実現できるのですから、社会も幸せになります。

自分も家族も社会も幸せにするために今日から笑顔で新しい第一歩を踏み出してください。皆さんのご活躍をお祈りしております。

福島で生きる。
東日本大震災、そして原子力発電所に向き合い、
自分の使命を知る。

渡邉 知則（わたなべ・とものり）氏

2015年逝去。

一　はじめに

私は、福島県郡山市で行政書士事務所を開設しています。

そもそも、法律家の道を考えておらず、大学時代は、映画制作のサークルに入り、アマチュア映画を作っていました。卒業後、就職で福島に戻りましたが、映画監督になる夢を捨てきれず、二年後に仕事をやめて上京し、警備員のアルバイトをして食べていました。その後、どうしても戻らざるを得ない事情があり、二年後にまた地元の福島県に戻りました。その時点で映画監督になる夢は挫折した形になりました。

それまで、映画監督になることしか考えていなかったので、その夢がなくなってしまってから、何をやっていいかわからなくなってしまいました。そして、職を転々とするなかで、リストラされた経験や、なかなか職場環境に馴染めないということを経験しました。年を重ねていくうちに、自分の人生というものが、自分とは関係のないものにコントロールされているような気持ちになり、自分の人生は、「自分でコントロールしたい」と思うようになっていきました。それで、自分の人生をコントロールするために商売を始めようと思いました。ただ、私は肉体労働が苦手ですし、手先も不器用で技術的な職人になるというわけにもいきません。そのため、結局何をしようか迷っていました。前職の経験を活かして起業する方が多いのですが、私は複数の職を転々としてきたものの、スキルらしいスキルを身につけていませんでしたし、人脈らしい人脈もありませんでした。そんな時たまたま、有名な「カバチタレ」という漫画を読み、そこで初めて行政書士という仕事を知りました。法律職という仕事もあるのだなと思い、そこから一直線で資格を取ろうと勉強し始めました。力がないし、スキルがないので、頭を使って仕事をするしかないなと消去法的に法律職という仕事を目指そうと思いました。

◆◆◆ 二　合格後

福島県行政書士会の新人会員講習会に間に合わせるべく、市販の開業本を読み、開業の準備を進めていきました。しかしそこで気になったのが、大抵の開業本に書いてあった、前職のスキルや人脈を活かして開業すべきだということです。前述のとおり、私はスキルも人脈もないため、開業しても失敗してしまうのかなと思いました。

しかし諸々の不安については、「開業してから考えれば良い」とも考えていました。走りながら考えればよいというのが私のモットーですので、開業しました。

そもそも何故法律家に魅力を感じたかというと、まず、人や社会の役に立ちながら収入をえられるため、やりがいが感じられる仕事だと直感的に思ったということが挙げられます。さらに、社会的弱者のために仕事ができることにも魅力に感じました。加えて、法律を知ることは、自分を守る武器になるからです。私自身がリストラされたという経験もありますが、日本はいわゆる法治国家ですので、法律を知っているということは、それだけで生きていく力になります。このような想いで今も仕事をしています。

◆◆◆ 三　幅広い行政書士の業務と開業

①　業務

許認可だけでも数千種類あるといわれています。全国で四万人を超える行政書士がいますが、業務のすべてを知っている方はまずいないでしょう。そのため、とっかかりとして、前職の経験や関連した分野から始めるのが良いという紹介をしている場合が多いのだと思います。

② 開業するために

資金があること、知識があること、スキルがあること、人脈があることの四つがあれば十分過ぎると思います。資金というのは二～三年は収入がなくても持ちこたえられる資金があることを指します。また、知識は行政書士業務に関する知識があることを指し、スキルは行政書士業務に役立つ経験を持っているかということを指します。人脈は収入とも関連しており、開業してからでも仕事の依頼があるかということに繋がります。この四つがあった上で、さらに会計、税金、戸籍、不動産および商業登記に関する知識、この辺りの分野の知識を押さえた上で開業すればすんなり業務に入れると考えます。ただ、これらは金銭的余裕と時間のゆとりのある方向けです。

私の場合は、時間も金銭的余裕もなく、開業してから考えれば良いと思い、すぐに開業しました。

◆◆◆ 四　開業する上で大切なこと

① 理念の構築

個人的には理念を持つことが行政書士にとって一番重要かと思います。行政書士の業務というものは非常に幅広いため、自分が今何をやっているのか、わからなくなることもあるかと思います。そこで、抽象的なもので構いませんので、事務所の理念というものを打ち立てると、それが屋台骨になります。仮に、今何をやっているのかわからなくなってきたとしても、理念に立ち返ればぶれないで済みます。そういう意味でも理念の構築をしていただければ良いと思います。

あくまでも私の場合ですが、どの業務から手を出していけば良いかわからなかったので、一度原点に返って、「自分はどうして行政書士になりたかったのか」、「何故法律家になりたかったのか」ということを考えました。同時に、「行政書士とは、この社会に何のために存在するのか」を考えることにしました。そこから探って、自分の理念、事務所の屋台骨を作りました。

なお、そもそも私は、「自分の人生は自分でコントロールしたい」という思いの結果として、法律職に行き着きました。したがって、理念、屋台骨を作ることが自分の進路を決めることと同義であったため、自分の進路を示した理念、屋台骨を作ることができました。

行政書士になりたかった理由に、人や社会のために働き、収入もえたいということがありました。行政書士の仕事については、よくわからなくても、書面を作成して、行政と国民のパイプ役という役割を中心に、人びとの生活をサポートするという仕事であると認識していました。加えて、私が受験時代に、非常に心の支えになった憲法第一三条の幸福追求権の理念も加味して、理念を作りました。そこで事務所の理念を「行政書士には、人様の幸せ作りをサポートし、社会におけるさまざまな繋がりをコーディネートすることで、人と人とが支え合い、ともに発展する活力ある社会の形成に寄与する使命がある。その使命を果たすため、依頼者との心の距離が近い、一番近くの法律家であるべきである」と設定しました。

これで理念、方向性は決まったので、後はどうやってこの理念を実現していくかという話に移っていきます。

② 具体的に行政書士の仕事や業務を探り、知識を習得する

まず、関心のある業務の進め方について知りたいと考え、行動しました。そもそも行政書士にはどのような業務があるのかということにも興味がありましたし、経営的な観点から集客の方法や報酬の決め方、報酬の取り方、事

務所の会計知識など、行政書士の世界について、思いつく限りのことを知りたいと考えました。

そのために実行したことが、会う、話す、経験するということです。業務に関する本を読むこと、同業の先輩と話をすること、自分のやりたい業務と同じ業務をやっている人のホームページを見てみることなどです。取り立てて特別なことをやったとは思っていません。行政書士会の会合等に積極的に参加して、繋がりを作っていくということをしました。

やはり、他の同業者の話を聞いていると、仕事の進め方や生きざま等、みんな人それぞれでとても新鮮に感じます。こうした場から繋がりが生まれ、業務の上でわからないことがあれば、専門の先生に聞くということもできるようになりました。もともと私はものを知らないものですから、初対面の人とでも開き直って話をします。飾りたくないというか、飾れないのです。そのため、話をするなかで恥をかくこともあります。それでも結果的に自分の身になれば良いと思い、積極的に人と話をするようにしています。

営業に関して言えば、勉強会に所属したり、近所の人と話したりと色々していますが、そこでいわゆる営業トークを私はあまりしません。苦手だからです。そのため、人と会って話をするなかで自分という人間を知ってもらいたいと思っています。そのなかで、「渡邉知則」という人間が信頼できる人間かどうかということを見極めてほしいのです。そういうところから始めています。

どのようなことをやるにしても、最終的に自分の決めた理念に立ち返って考えるならば、何をやってもぶれないで仕事を進められると思っています。だから、理念が一番重要だと思います。

③　業務をこなす、経験値を上げる

まずは、なんとしても一つの仕事を獲得しなければなりません。そのとき、おそらく何の経験もないと四苦八苦

すると思いますが、そこで何とか仕事を仕上げると、これはすごい経験になります。

私も福島県の行政書士会の先輩の先生に言われたのですが、「一本の実務をこなすということは、一〇〇冊の本を読むことにも勝る」ということです。まさにそのとおりでした。

行政書士の業務はたくさんあるため、一つこなしたくらいで何がわかるのだということもたしかに正論ですが、一つでも仕事をやり遂げると自信がつきます。ですので、開業したらまず、一つの仕事をやり遂げて欲しいのです。

私もまだまだ新人の部類なので、いろいろと恥ずかしい思いをしていますが、それでもとても良い経験になりました。

④　差別化、自分の形を作っていく

行政書士は、先ほど話したように全国に四万人います。福島県行政書士会の郡山支部にも一八〇名ほどの行政書士がいます。要するに商売上競合相手が大勢いるということです。どの商売でも同じだと思いますが、他の同業者との差別化を図るということも重要な戦略になると思います。

そういった上で、差別化とは何かということですが、価格の差別化、サービスの差別化があげられます。価格の差別化とは、いわゆる単価を安くするということです。私は、価格については、新人であっても下げるべきではないと思います。下手をするとダンピング競争を煽ることになり、行政書士会全体として悪くなると思います。また、価格を安くしたから仕事が来るかといえば、そういうことでもありません。

サービスでの差別化という話もありますが、これも新人には難しいです。そもそも業務内容の知識がないので、良いサービスを提供しようとしてもまずできないでしょう。

では、新人にとって何で差別化を図るかというと、私は、人間で差別化を図るしかないのではないかと思います。

イメージとしては、自分のファンを作っていくようなイメージです。行政書士の主要業務である行政手続は、定型的な仕事も多く誰がやっても同じということにもなります。そのなかで仕事を取っていくためには、依頼者から「あなただから、仕事をお願いしたい」という信頼関係を築いていくことを始めにやるべきではないかと思います。小さな仕事でも一生懸命にやるというようなことです。

そして最終的には自分のオリジナルを作り上げることです。信頼関係を築き上げ、自分自身の色を作り、自分自身のセンスにあった固定客が、最終的には付いてくるようになります。そうなってきたときに、自分の事務所としてのサービスについても差別化ができるようになると思います。

⑤　結論

ここまでやってくると、自分の関心のある業務や得意な業務がでてくると思います。そこでまた戦略を再度練り直して、「自分の事務所はここに特化していこう」というように決めていくのが良いのではないかと思います。私は、何でも仕事を受けてみて、そのなかで最終的に業務を特化していくということを考えていました。もちろん、開業当初から、特化してやりたいことに絞って仕事をこなし、その業務を掘り下げてやっていくという方法もあります。この点は、それぞれだと思います。

以上これら五段階は、便宜的に分けたものに過ぎず、実際には混合した形でやっています。

五　行政書士業務とソーシャルビジネス

①　まずは受けてみること

弁護士法や弁理士法、司法書士法など、業務の境目の問題があります。そういった事情のもと、行政書士の業務には限界があると考えている方もいらっしゃいます。しかし、自分で自分に線を引いてしまっては、それ以上先には進めません。せっかく行政書士という素晴らしい資格を取得しながら、それではもったいないです。要はやりようですから、私は限界を決めるやり方ではなく、どんな依頼であっても、まずは行政書士の資格を利用して何とかできる方法を探ります。受けた上でどうしてもできないものであれば、他の士業に回せばいいのです。行政書士を総合窓口に見立て、まず、何でも受け付け、そこから考えれば良いと考えています。

どういうきっかけで何が起こるかわかりません。明日どういうことが起こるかわからない。そういう側面も行政書士の仕事の特徴ですし、こういう感覚がとても楽しいです。

②　ソーシャルビジネス

東日本大震災が起き、行政書士が業務として行えることは何かと常に考えていました。そもそも私には、行政書士の資格を取り、社会や人の役に立った上で収入をえたいという思いがありました。自分の事務所の理念もそこから作ってきました。結局、一言でいうと何になるのか考えていたところ、偶然参加したビジネスセミナーでソーシャルビジネスという言葉を知りました。

ソーシャルビジネスとは、社会貢献を目的とする事業で、さまざまな手法があるようです。これは自分の目指している事務所の理念に合致していると思いました。私はソーシャルビジネスとは、社会貢献を目的としながら収益を上げる事業と理解し、これだと思いました。そこで、私の事務所における展望として、行政書士業務をソーシャルビジネスとして行おうと考えました。

行政書士法第一条に目的条文があり、そこに行政書士の使命について書かれており、国民の利便に資することが行政書士制度の目的であるということが書かれています。平たく言えば、国民の役に立つということです。つまり法律上、行政書士制度の使命というのは、国民の役に立つこと、広く言えば、社会貢献です。このことからも、行政書士業務をソーシャルビジネスと捉えることは普通のことであるといえます。

③　ソーシャルビジネスとして何をやるべきか

私にとっては、自分自身が生まれ育った福島の復興というのが、福島県のソーシャルな要求ですので、それに応える展開をしています。

私自身が被災しまして、二〇一一年三月一一日から夏までの間、業務を再開することができませんでした。そういったなかで、福島県の人間として何をしたいかと考えた挙句に、三つのことを考えつきました。

(1)　できる限りの除染作業を行う事業をサポートし、人が戻り、人が訪れる普通の福島県の姿に近づける。

(2)　従来の原発に代わる再生可能エネルギー等の新産業を作り上げ、新産業の事業をサポートし、従来のような原発の交付金に頼らない自立した公共団体の構造に変える。

(3)　再生可能エネルギーの先端技術や高度な放射線関連医療や農業技術等を福島県に集積し、スマートシティの構築や、環境に配慮した都市と自然が共生する先進地域として、福島県をよみがえらせる事業をサポートする。

二〇一一年の夏にこのようなことを考えていると、九月頃に福島県の今後一〇年間の行政としての総合基本方針が策定されました。私の考えていた事業とほぼ同じであったため、驚きましたが、福島県が復興するためには、これしかないということなのだと思いました。

◆◆◆ 六　東日本大震災と原発事故について

①　三月一一日

震災当日、福島県郡山市の市内の自宅兼事務所で業務をしていました。一四時四六分に外出先から戻り、事務所で仕事をしようとしたところ、揺れが始まりました。最初はまた地震かぐらいにしか思っておらず、すぐ止むかなと思っていましたが、全然止むことなく揺れていました。本棚は倒れてくるし、まずいと思いました。揺れが一旦収まり、外に出ると、隣の空き地の地面にひびが入り、また余震も次々に襲ってきました。消防の方に危険なので即刻家から退避するように言われたので、そのまま家族全員で避難所に行くことになりました。

街の中心部では、郡山市の旧庁舎がやられたため、行政からの指示が各地域に行き渡らず、行政として機能していませんでした。そのため、詳しい市内の中心部の様子がわからない、携帯も固定電話も繋がらないという状況でした。

避難所でテレビを見ていると、津波や大火災の映像が流れてきて、大変なことになっているなと感じました。地震だけでも大変なときに、原発のほうも具合が悪いというニュースが流れてきて、不安を感じ始めました。これが震災初日の状況です。

全然眠れませんでしたが、翌朝七時頃、朝から今後どうするかという話し合いを家族でしました。その最中、原発が制御できない状況にあるということをニュースで目にしましたので、私は、自分の現状を知ってもらおうと、とにかく連絡のつく人には電話をかけまくりました。そのなかの一人に、福島県の原発立地地域の楢葉町に実家がある方がいまして、ちょうどその際、実家にいらしたので話してみると、今住民の避難が始まっていて、混乱し、楢葉町から出るに出られない状態であると、さらに住民の間では、メルトダウンを起こしているという噂がささやかれているとのことでした。これが三月一二日の時点です。震災の翌日です。ご存知だと思いますが、メルトダウンを起こしたと政府や東電が認めたのはだいぶ後のことでした。しかし、少なくとも楢葉町の周辺の住民はメルトダウンを起こした可能性があるということを震災の翌日には知っていたわけです。私もテレビを見ていましたが、素人目に見てもあれだけすごい爆発が起きれば、その可能性があることぐらいはわかります。にもかかわらず、情報が一向に明らかにされない状況に腹立たしさを覚えました。そもそも私自身が反原発の立場でしたし、チェルノブイリの事故も知っているので、原発事故が起こったときには、ついにやってくれたかという思いとともに、非常に腹立たしい気持ちでいました。ただ、当時地震で自宅も失っていましたし、家族も気落ちしていましたので、原発の不安を煽るようなことを言うべきではないと思っていました。また、当時は私の車も父親の車もガソリンがなく、逃げられないなとも思っていました。もしあの時事故が拡大していれば、正直駄目かな、震災では難を逃れたが原発で死ぬのかなと思っていました。

② 避難所での生活

それから一週間近く避難所で生活し、恐怖を味わいました。夜になると物資輸送か、原発かわかりませんが、自衛隊や米軍のヘリが飛んでうるさいのです。沖縄や厚木もこんな感じなのかなとも思いました。いつ爆発するかもわからないし、逃げることができないなかで味わった恐怖の後始末はいつかつけたいと考えています。

ちょうど避難所にきて一週間くらいたったころ、日頃お世話になっている市内の先輩のベテランの行政書士の先生から携帯電話に連絡がありまして、先生が所有している家屋に「一カ月程度であれば来てもいいよ」と言っていただけて、そこでお世話になることになりました。避難所というのは、プライバシーがありません。仕切りもないですし、家族で話をするにもひそひそ話をしなければなりません。ですから、先生のご好意に甘えて、家屋に移ったときは、家族中で意味もなく笑いがこみ上げてきて、笑ったという思い出があります。

ちょうど避難所に人工透析をしているご老人がいらっしゃいました。日中は、郡山市の社会福祉協議会の方たちが面倒をみてくれていたのですが、夜間は帰ってしまうので、避難者がその方たちの面倒を見ているという状態でした。避難者が避難者を介護する形でした。一週間程度の避難所生活でしたが、考えることはさまざまありました。避難所を出てからも、他の同業者の方からたくさん差し入れをいただき、大変お世話になりました。開業してから知り合った方々からだったので、もし試験に合格するのが一年遅かったならば、うちの家族はどうなっていたのかなと今でもゾッとします。

あの震災の最中、余震が続く最中、原発事故がどうなるかもわからない最中、福島県の行政書士や福島県行政書士会の事務局の方々は、自分の職務を黙々とこなしていました。あの最中、クライアント本位で動いていて、それと同時に私たち家族を助けてくれたわけです。これは、福島県行政書士会のモラルの高さだと思って、私は誇りにしています。そのとき私は、自分の仕事どころではなかったので、先輩方を見ていることしかできませんでしたが、自分が困っている人たちを助けられる立場に早くなりたいと思いました。

開業以来、行政書士として成功するとはどういうことかとずっと考えていました。その一つの答えが見つかったような気がします。成功したといえる一つの形とは、自分の家族を支えながら、困っている他人を助けられる存在になることが、成功者といえることなのではないかなと私は思うようになりました。

③　福島県の今後と行政書士

原発立地地域はそもそも貧しい漁村でした。そこに原発が建てられ、雇用が生まれ、原発の見返りに交付金がもたらされる。そういう構造になっていました。そこが問題の核心だと思います。

現在の問題としては、放射能汚染です。福島県のイメージがマイナスになってしまったので、それを払拭しなければならない。それを乗り越えるための事業として、原発に頼らずに雇用を生み出せる再生可能エネルギーなどの新しい産業を福島に作る。原発の交付金なしでも自立できる自治体を作り上げていければ、マイナスイメージを払拭でき､福島のイメージアップにつながるのではないかと思っています。今は原発を必要とする人びともいますが、福島で原発なしに豊かに生活しているということが実証されれば、世界中から原発を一掃することにもつながるのではないかとも思います。

弁護士の戦い方は、原発の責任を追及していくという戦い方です。行政書士はどちらかというと戦う仕事ではありません。許認可や会社の設立など、何かを作り上げる仕事です。原発推進勢力に勝つために、原発でない産業を福島で起こし、サポートし、原発なしで暮らせる地域を作り上げる。それが行政書士として、原発推進勢力に対する戦い方だと思っています。

事故収束宣言も裁判と絡んでくる可能性はあります。放射能が出ているので不法行為は継続している状態です。不法行為が進行しているということは、まだ損害賠償を追及できる権利があるということです。にもかかわらず、首相が事故収束宣言を出したということは、裁判上も不法行為が終わったということになる可能性があり、とんでもない話だと当時思いました。

④ 事故を通して感じたこと

今回身にしみてわかったのが、福島県外の人が、福島県のことをわからないのと同じように、自分も例えば沖縄のことを一体どれ程わかっているのかと、非常に自信がなくなりました。それでも、やはり想像力というものは、働かせなければならないと思います。ですから、仕事上でも、依頼者の本当の真意を汲み取るときは、想像力をフルに回転させなければならないと思います。法律家は特に想像力を磨く必要があると、私は今回のことを通して思いました。

また、私は福島を再興させるとは言っていますが、元々地元にそれほど愛着があったわけではありません。個人的には海がある都会が好きで、行政書士で稼げるようになったら、事務所をそういう街に移そうかなとも考えていました。なぜここまで、福島を復興させるということにこだわるかというと、ここで福島が終わりになるということは、負けるということかなと思うからです。それで逃げ出したら、東京電力や原発推進勢力に私は負けたことになるのです。だから、なんとしても、原発なしで復興した福島を作り上げたいと思いました。

◆◆◆ 七　今後の行政書士の展望

行政書士の業務は、どちらかというと受身の業務というイメージが強いようですが、これからの行政書士は自分の事務所としてのビジョンをお客様に売っていく仕事をしても良いと思うのです。行政書士は単なる代書屋ではないのですから、自分の事務所の側から働きかける提案型のビジネスもありえると私は思います。これまで行政書士は、皆がそれぞれのやり方で、道を切り開いてきました。周りの同期の行政書士も、皆悩みながら、自分自身で、やり方を探している状況です。

今回の話について、反面教師でも構いませんので、読んでくださった方が何らかの形で役に立てていただければありがたく思います。

私は、走りながらやっていくということを信念でやっているのですが、もう一つ思っていることは、世の中何が起こるかわからないということです。悪いほうに転ぶこともあれば、良いほうに転ぶこともありうるのです。

福島県も今大変な状況にありますが、明日、一年後、一〇年後はどうなっているか誰にもわかりません。でもそのなかで、私は自分の事務所の理念の実現のため、努力しています。他の福島県の行政書士の皆さんも諦めずに頑張っています。一〇年後、私の目指す先ほどの事業が成功していれば、素晴らしい地域に福島はなっていると思います。

ただ、社会や自分の周囲が変化するというのは、自分が動いた結果です。自分が動かない限り、自分の隣の石ころひとつ動きません。これだけは、断言できます。積極的に自分が動かない限りは、何も動きません。

結果的に福島がこういう状況になって、私は逆に燃えています。このままでは済まさないという気持ちでいます。今後も、目一杯恥をかきながら、理念の実現に向けて、努力していきたいと思います。

仕事一つひとつが依頼者の人生と関係する。他者の人生のお役に立てることに生きがいを感じて

長谷川幸子（はせがわ・さちこ）氏

行政書士長谷川幸子事務所
〒231-0024 神奈川県横浜市中区吉浜町1-9 エトアール吉浜 704
TEL:045-222-4567
FAX:045-222-4568

私の伝えたいことは、「志をもって仕事をする」、「行政書士で食べていける」、「人脈こそ命」の三つです。以下の私の話を「三つのうちのどれに当たるだろうか」と考えながら読んでいただけたらと思います。

◆◆◆ 二 自己紹介

私は、一九五六年、神奈川県小田原市鴨宮で生まれました。地元の幼稚園を卒業するときに馬車での送迎からバスでの送迎に変わりました。高校は私立湘南学園高校で、大学は私立フェリス女学院です。社会人になると、職場の男性たちと夜、女性が接客してくれるお店にお酒を飲みに行ったりしました。三カ月後に職場結婚。新婚旅行は沖縄に行きました。夫が会社員を辞め、会社を作って宅地建物取引業を始めました。実家の父がお寺にお墓を建てました。長男が建設業の会社に就職しました。運悪く次男が交通事故にあいました。三男が歯医者に通っていました。実家の母は飲食店の経営をしています。先日父が他界しました。

毎年バレンタインデーには、家族一人ひとりに手紙を書いています。

さて、この自己紹介のなかに行政書士業務がいくつか含まれていますが、わかりますか。

まず、私は小田原市で生まれました。①出生届はお父様やお母様が出しにいかれると思いますが、行政書士の業務でもあります。役所に提出する書類の一つなので、頼まれた場合には行政書士が提出を代理できます。

次に、馬車での送迎からバスの送迎に変わりました。②バスの送迎には特定旅客自動車運送許可が必要です。この許可申請を行政書士はすることができます。

また、高校、大学ともに私立でした。③私立の学校の場合、学校法人の設立が必要になります。ですから、行政書士の業務が発生しています。

私は職場に入って、お酒を飲みに行くようになりました。④女の人が接客してくれるお店に行く場合、そのお店は風俗営業の許可を取っていなければなりません。接客しないお店だったら風俗営業の許可は不要ですが、女の人が席の隣に座ったりするだけでも許可が必要なので、ここでも行政書士の業務が発生しています。

そして、三カ月後に職場結婚しました。⑤このときの婚姻届も行政書士が業務としてすることができます。

新婚旅行は沖縄に行きました。⑥旅行業者に頼みましたが、旅行業の登録も行政書士の業務になります。

夫が会社員を辞めて起業し、会社を設立しました。⑦会社設立も行政書士の業務です。そして、⑧宅地建物取引業の免許の申請も行政書士の業務になります。

実家の父がお寺にお墓を建てました。⑨お寺には宗教法人の設立が関係します。これも行政書士の業務の一つです。

さて、長男が建設業の会社に就職しました。⑩建設業を行うための許可申請も行政書士業務の一つです。

次男が交通事故にあってしまいましたが、⑪示談書の作成も行政書士はできます。相手との交渉は弁護士法七二条に抵触してしまうためできませんが、契約書類の作成ということで書類の作成はできます。また、事実証明に関する書類の作成もできます。

三男が歯医者に通っていたのですが、⑫歯医者にも医療法人の設立が関係し、これを行政書士はすることができます。

実家の母の飲食店の経営も、⑬保健所の営業許可ということで、接客業務をしていなくても料理を作って出すのであれば、食品衛生法上の営業許可が必要となり、これも行政書士の業務の一つです。

先日、父が他界しました。⑭死亡届、そして⑮遺産分割協議書の作成は業務としてできます。不動産の登記は司法書士の業務なので行政書士はできませんが、相続が発生したときの戸籍の収集はできます。遺産分割協議書の作成のために相続関係説明図を作成する必要があるからです。ただし、相続人の誰かの代理人になって交渉することはできません。例えば、相続人が五人の場合、その五人の方のところに行って、遺産分割協議書の雛形ができあがりましたと説明することはできますが、一人の方の代理人になって他の相続人と交渉することはできません。

私は毎年バレンタインデーに家族一人ひとりにチョコレートを渡しています。それと同時に遺言書を書いています。毎年書きますが、毎年書かなければならないわけではありません。私の場合は、万が一のときのために毎年必ず書いています。毎年書く理由は内容が変わったりするからです。長男には不動産を相続させるが、その理由は祭祀承継をしてもらうからのような感じで書いていきます。そして、私は遺言書には付言事項を必ず書きます。どうして長男に不動産を相続させるのか、なぜ次男の取り分が多くて、三男の分が少ないのか、理由を必ず書きます。こういう理由で分配を決めたので兄弟仲良く暮らしていってくださいね。三人の事が大好きです。と必ず自分の気持ちを書くようにしています。遺言書は家族へのラブレターという位置づけで私は毎年書いています。そして、⑯行政書士は、この遺言書の作成について依頼者の相談にのることができます。

この自己紹介だけで何と一六件もの行政書士業務がありました。身近なのですが、私たちの生活そのもののなかに行政書士の仕事が溢れているのです。こんなにたくさん仕事があったら食べていけそうですよね。

◆◆◆ 三　人間の権利を守り、幸せ作りのお手伝いをする

① 行政書士法の規定

行政書士の業務について、行政書士法は次のように定めています。

第一条の二第一項　行政書士は他人の依頼を受け報酬を得て、官公署に提出する書類（その作成に代えて電磁的記録（略））、その他権利義務又は事実証明に関する書類（実地調査に基づく図面類を含む）を作成することを業とする。

第二項　行政書士は、前項の書類の作成であっても、その業務を行うことが他の法律において制限されているものについては、業務を行うことができない。

第一条の三　行政書士は、前条に規定する業務のほか、他人の依頼を受け報酬を得て、次に掲げる事務を業とすることができる。ただし、他の法律においてその業務を行うことが制限されている事項については、この限りでない。

以下、各号省略

② 私のなかの行政書士という職業の定義

人間の権利という言葉を使い、国民という言葉を使わなかったのは、外国人の権利も合わせて守っていくという意味です。例えば、外国人が日本人と結婚したけれど在留資格がないから日本に住めない。離れ離れに住まなければならないということがあります。このときに行政書士が在留資格の取得のお手伝いをして、家族が一緒に暮らせ

るようになるという幸せのお手伝いをする、私はそういう仕事をしていると思っています。私の肩書きに「法務省入国管理局申請取次」というものがありますが、申請取次になるとご本人が行かなくても、取次者だけで入管に行けます。なお、取次資格を有していなくても行政書士として書類の作成をすることはできます。ただ、申請取次の資格を有していない場合は、ご本人と一緒に出頭するという形になります。

四　人生とは、ドラマ

現在の世界の人口は約七〇億人です。その一人ひとりの人生にドラマがあり、行政書士はその一人ひとりの人生に深く関った仕事をしています。人間には幸せになる権利があります。行政書士はその権利を擁護する仕事をしています。私は、仕事の依頼を受けて、それが書類の作成だったとしても、目の前の書類を作成するだけではなく、その人やその会社の背後まで考えるようにしています。例えば、建設業の許可を取得する場合に、何のために許可をとりたいのでしょうか。建設業の許可は基本的に税込み五〇〇万円未満の工事を請け負う場合には必要ありませんが、許可を受けると銀行から融資が受けられたり、大きな契約が取れたりします。そうすると、売上が伸びて、社員たちのお給料も上がって社員は幸せになれます。そして、社員の家族もまた幸せになれます。この許可のことを「無から有への旅立ち」と私は呼んでいます。許可がないところが無で、許可を取ったら有ということです。

目の前の書類を作成したら報酬がいくらもらえるとかではなく、この目の前の書類を作成して許可がとれたら、「会社の社員さんたちが幸せになれる。社員さんのご家族の笑顔が浮かぶな」と考えるのです。

外国人の在留資格の取得でも、建設業の許可でも、相手の立場や事情を思いやって書類を作成すると、言い換えれば、志をもって仕事をすると自分も楽しくなれるのです。幸せの数がどんどん増えていきます。

五　私が開業した二〇年前にタイムスリップ

①　開業初年

初めにしたことは電話帳広告を出すことと、事務所の前に大きな看板を出すことでした。自宅で開業した理由は、当時子どもがまだ小さかったからです。私には三人の息子がいます。当時、長男が小学校一年生、次男が幼稚園年長、三男は二歳で保育園に預けていました。子どもたちを「いってらっしゃい」と言って送り出し、「お帰りなさい」と言って迎えてあげたくて自宅で開業しました。なぜ行政書士になったのかというと、バブルが崩壊して生活が苦しくなったからです。そこで、自宅でも開業できるこの行政書士という職業を選びました。電話帳に広告を出すと同時にコピー機も入れ、ワープロも業務用のものをリース契約して入れました。自宅とはいえ、二階建ての一階をすべて事務所にして、書類用のキャビネットや本棚、事務机も入れました。横浜市旭区で開業したのですが、旭区は相続が多いということで、電話帳には相続専門の広告を出しました。親に援助してもらったり、なけなしの預金を崩したりして、プロの行政書士事務所を作り上げました。背水の陣を敷きました。事務所を整えながら同時に開業のご挨拶として案内状を送付しました。このとき注意したのは、案内状を葉書にしたことです。開業のご挨拶を封書にはしませんでした。中身を見てもらわないと意味がないので、普通の葉書ですと、配達されて机の上に置かれただけで、すぐ目に入ります。封書ですと、開けないでゴミ箱に捨ててしまうという方もいらっしゃるという話を聞きまして、普通の葉書で事務所開業のご挨拶を出しました。すぐに目に入るので効果が抜群だったのです。

そして、開業して行政書士の先輩の事務所に表敬訪問しました。まずは、支部長の事務所、支部の役員の方々の事務所、神奈川会の会長の事務所にも伺いました。そこで、各分野の精鋭といわれている先生方をご紹介いただき、訪問させていただきました。これが人脈づくりの始まりです。手帳の毎日の予定が行政書士の先生方の名前でびっしりと埋まっていました。皆さん喜んで迎えてくださって、良くしてくださいました。昔は、新人が行政書士に登録すると職域を荒らされてしまうという考えを持たれる方もいて、人数が増えないほうが良いと考える方もいらっしゃいました。また、自分で培った仕事のスキル・やり方を新人には絶対に教えない、仕事のやり方を自分たちで囲ってしまうというような方もいらっしゃいましたが、私が紹介していただいた先生方は、皆さんこれから行政書士制度をもっともっと良くしていこうという方たちばかりでしたので、全部オープンにいろいろなことを教えてくださいました。このときに、訪問させていただいた先生方とは、今でもお付き合いさせていただいています。こうしていろいろな先生方と知り合いになることによって、初めてのジャンルの仕事を受けたときでも、電話一本で教えていただくことができました。もし、事務所訪問をしないで、「私、先月入会しました長谷川というのですけれども、実は建設業の許可の仕事が来たので、先生教えていただけませんか」と言っても絶対教えてもらえないでしょう。一度事務所訪問をして、ただ挨拶に行くだけで、顔や名前や声を覚えてもらっているだけで、その後お電話一本したときに、きちんと教えていただけるようになります。

なお、仕事を終えた後に報酬は入ってきますから、教えていただいた先生に一定の額のお礼をさせていただく、あるいは「そんなお金なんていらないよ」という方にはお菓子を持って行くなど、礼儀は尽くしていました。

それから、行政書士会の行事にも積極的に参加しました。会う人、会う人と名刺交換をしました。何の経験もないまま開業した私にとっての最初の営業は、困ったときに相談できる人を作るという、行政書士会内部での人脈作りでした。開業してすぐに参加した行政書士会の総会で、会場に入っていきなり書記を頼まれました。それでそのまま、監察部の部員になりました。監察部というところでは、行政書士でない人が行政書士の業務をしてしまっている場合に、「ダメです。行政書士でないのに、行政書士の仕事をしないでください」といった内容証明郵便を送ったりしていました。新人の私にとってはその内容証明作りも大変勉強になりました。

また、行政書士会の主催に限らず、任意団体のあらゆる勉強会や研修会にも参加していました。行政書士の先生方はお互い研修・研鑽をし合っていてとても頼もしく感じていました。時間の許す限り出席して知識を磨き、人脈を作っていました。いつ行けるのかと思われるかもしれませんが、大体勉強会は仕事が終わって夜にありますので、夜は夫に子どもたちを任せて、参加していました。家でも外でも子どもたちだけをほったらかしにしない、それが私の基本です。子どもたちが親なしで生活していたことは今まで一度もありません。

② 初めての仕事

看板を立て、案内状を出したりした結果、開業三カ月後に初めての仕事がきました。遺言書の作成です。正確には私が作るわけではないので、遺言書の案をご指導させていただきます。自宅兼事務所の近くに住んでいらっしゃる老夫婦でした。

遺言は、単独の意思表示を確保されるものでなければなりませんので、共同遺言は禁止されています。そこで、ご夫婦それぞれに遺言書を作ることにしました。次に遺言の方式については、ご夫婦のご希望もあり、自筆証書遺言で行うことになりました。

原案が完成するまで一〇日くらいかかりました。ご夫婦のどちらかが先に亡くなったときのことも考えなくてはなりません。遺言を執行する人も決めておく必要があります。自筆のため、全文を自分で書かなくてはなりませんので、とても時間がかかります。書き終わったところで自筆証書遺言の四つの要件をチェックしました。全文を自筆で書くこと、日付を書くこと、自分の氏名を書くこと、印鑑を押すことの四つです。ちなみに私はこれを全文・日付・名前・印鑑をローマ字にしたときの頭文字をとって「ＺＨＮＩ（ぜひにぃ）の法則」と呼んでいます。遺言書作成の教室等では自分で書きたいという方には「これを覚えていてください」とこの要件を説明しています。最終日、とても喜んでくださって請求金額より多めの報酬をいただくことができました。とてもうれしい瞬間でした。

③　建設業の新規の許可申請

次に来たこの仕事は挨拶状をお出しした税理士の方からの紹介でした。人脈作りが功を奏したということです。

建設業の許可を得るには五つの要件を備えていることが必要です。

①経営業務の管理責任者がいること、②専任技術者を営業所ごとに置いていること、③請負契約に関して誠実性を有していること、④請負契約を履行するに足る財産的基礎または金銭的信用を有していること、⑤欠格要件等に該当しないことの五つです。

私はこれを「建設業許可の五つのハードル」と呼んでいます。

私は要件についてネーミングをしながらやっているのですが、仕事は楽しみながらしたほうが良いと思います。ですからその他にも、例えば、この許可が取れたら依頼者の家はすき焼きパーティーかなとか、そうしたらわが家もすき焼きパーティーにしようかなとか、考えながらやっています。

このとき一番大変だったことが、二番目の専任技術者を営業所ごとに置くという要件です。技術者は会社の社長さんでしたが、資格をお持ちではありませんでした。資格があると合格証書一枚で要件が足りるのですが、それがない場合には一〇年間の経験でこの要件を満たす場合があります。その場合、法人の確定申告書が一〇年分必要なのですが、会社組織にしたばかりだったので個人事業主だったときの確定申告書で証明することにしました。このときの失敗談なのですが、申請のときに正本、副本二セットを必ず神奈川県庁に持参するのですが、副本に付ける確定申告書のコピーを付けなかったのです。やはり全部付けないといけなくて、外のコンビニでコピーをとって再び県庁に戻りました。

何事も手を抜かないこと、気を緩めないことです。この失敗は、その後の業務をするにあたってとても役に立ちました。

ところで、建設業の許可は建設業の業務をしていないと取れません。これに対して、宅地建物取引業は、免許を受けなければ業務を行うことはできません。運転免許も同様ですが、免許がないと仕事をしてはいけないのです。しかし、建設業は経験がないとだめなのです。そこで、その業務をやっていたという証明をするのですが、ＦＡＸで契約書のやり取りをしていると朱肉がなかったりします。

神奈川県庁では、朱肉がない契約書は認められないということで、一生懸命探したのですが、結局見つけることができず、また、他の証明方法、例えば、請求書と通帳のコピー、通帳にきちんと請求書の金額が入っていれば良いという方法などもあるのですが、いくら探してもない依頼者がいらして、最終的に県庁の職員の方に判断を委ねようということになり、契約書、見積書、預金通帳などを段ボール五つに詰め込み、車に積んで県庁の審査班に運んだことがあります。

④　大学とＰＴＡと行政書士との両立

実は行政書士になってから、業務を行う上で、法律知識の大切さを痛感し、中央大学法学部の通信教育課に通い始めました。サマースクーリングというものがありまして、スクーリング単位を取らなければいけなくて、電車を五回くらい乗り換えて、八王子のキャンパスまで通いました。教材で重たい鞄を抱えてです。もう頭より体力勝負という感じでした。でも、この体力勝負というのが後々役に立ちました。行政書士は重たい書類を抱えて、歩かなければならないし、朝早く現場に行ったり、夜もまた現場に行ったりと、そういう仕事なので非常に役に立ちました。

卒業までの六年間の家族の応援に本当に感謝しています。子どもたちを連れて、電車を乗り継いで通ったという経験もあります。夏休みは子どもを連れて役所に書類を出しに行ったり、大学に通ったりしていました。さらにこの頃に、息子三人の通う小学校のＰＴＡの会長を務めていました。当時はまだ自宅兼の事務所でしたので、学校行事もこなしながら、行政書士の業務もしていました。

産業廃棄物の収集運搬業の許可申請の依頼を受けたときには次のようなこともありました。この依頼は自宅から一時間ほどのところにある会社からだったのですが、産業廃棄物の収集運搬業の許可を取るためには、運搬車両の写真が必要になります。斜め前からと、斜め後ろからの写真を撮るのですが、うまく撮れないと何度も撮り直しをします。依頼者に頼まれて車両の写真を撮りにいきました。運搬車両は朝五時には会社を出て行ってしまうので私は朝四時に起床して、依頼者のところに行き、写真を撮りました。そして帰宅してから朝食の仕度、洗濯、子どもを送り出して掃除をして、スーツに着替えて、机に向かいました。こういうことは日常茶飯事でした。

なお、開業をするとき、私は形から入りました。背水の陣で事務所を整えた以外には、スーツを七着、一週間分とロイヤーズバッグという鞄を買いました。まずは見た目で勝負に出たわけです。行政書士としては初心者だったので、お客さんが心配して仕事をくれないのではないかと思い、堂々と振舞っていました。ただ、こうすることで気持ちも引き締まり、初心者でしたが、ベテランの気分になって、堂々と仕事ができるようになりました。最初に人脈を作っていたので、わからないことがあればすぐに聞くことができ、堂々としていても大丈夫だったのです。

自宅兼の事務所でしたが、朝からスーツに着替えて九時にはきちんと自分のデスクに座って仕事をしていました。依頼者も、自宅ではありましたが、ちゃんと応接室にお招きしていました。役所に書類を出しに行くときは、子どもたちを「いってらっしゃい」と送り出した後、すぐに出発します。すぐに出発できるように、書類は前日に必ず作成しておきます。間に合わないようなら徹夜してでも、仕上げていました。そして子どもたちが帰宅する時間までに自分も戻ります。子どもに「おかえりなさい」と言います。ちなみに産廃のときは、上下の作業着で行きます。仕事のＴＰＯに合わせて行っていました。さすがに、風営法の許可を取るときにドレスを着てはいかないですが。

ただ、登録をした初めの頃は風営の申請で所轄の警察署に行って、お店の人と間違えられたこともありました。女性というだけで、すごく目立つのです。当時の行政書士の女性率は〇・七％です。現在では女性の割合も増えつつありますが、それでもなお、男社会というか、男性の数が多いので、良いことでも目立つのですが、悪いことをしても目立つので、失敗ができないというプレッシャーがあります。

六　行政書士会での役割

子どもも成長し、業務も増えてきたので、事務所を横浜市の西区の桜木町に移しました。そして翌年に中央大学を無事に卒業することができ、本格的に事務所経営をするために、さらに桜木町から石川町に事務所を移転しました。現在の事務所です。同年、平成一二年に全国に先がけて、神奈川県行政書士会の有志で特定非営利活動法人神奈川成年後見サポートセンターを立ち上げました。そして初代の副理事長に就任しました。

①　利他の心

神奈川成年後見サポートセンターについては、準備委員会のメンバーとして神奈川県との長い事前相談を経て設立しました。なお、神奈川成年後見サポートセンターは、その後、一般社団法人コスモス成年後見サポートセンターの神奈川県支部になりました。

さて、この設立の頃は神奈川行政書士政治連盟の幹事長や、広報部の副部長なども兼任していました。ちょうど行政書士が書類作成の代理権を取得したときです。政治連盟で女性の幹事長は全国でも初めてでした。政治家の方たちのパーティーに行って名刺交換をして、法律改正の話をしました。行政書士法は議員立法なので政治家の方たちに働きかけることがとても大事だったのです。男性のスーツは同じような色合いが多く、そのなかで女性が目立ちます。そこで、政治家の方のパーティーに行くときは派手な格好をし、行政書士会が来ているというアピールをしました。このようにして顔を覚えていただき、なるべくお話ししてお願いするという活動をしてきました。人のお役に立てるということは、お客さんばかりではなくＰＴＡの会長や行政書士会の役員などでも同じです。ただ、本来の業務をおろそかにしない範囲で、とは思います。

② 官公署との橋渡し役

神奈川県行政書士会には一九の支部があります。そのなかで一番大きい支部が横浜中央支部で、私の所属している支部です。そこで、平成一六年に支部長に就任しました。官公署との橋渡し役として、警察署や区役所、市役所に行き挨拶回りをしながら、パイプを作りました。行政書士は街の身近な法律家として官庁の言いなりになるのではなく、独立して市民、県民、国民、ひいては地球人、人間全員、その方の権利を守るために書類の作成をしたり、提出したり、代理申請をしたりします。私の持論ですが、誠心誠意、社会のために仕事をしていれば、自然とお金は入ってきます。綺麗事のように聞こえるかもしれませんが、これは本当のことです。

◆◆◆　七　地域でナンバーワンの行政書士

さて、事務所を構える石川町での話です。私は許認可業務に加えて遺言の普及にも力を入れています。遺言入門講座を月に一回、横浜市で開催しています。遺言の大切さを感じたきっかけがあったからです。六年前に私の友人の夫が亡くなったのですが、相続人は配偶者である友人とその子どもの二人のはずでした。しかし、実は亡くなった夫は二度目の結婚で、前の妻との間に三人の子どもがいました。相続財産は少しばかりの預貯金と借地上に建つ建物だけだったのですが、前の妻の子どもたちが弁護士を立てて争ってきたのです。

建物はそこに住んでいる友人と子どもが当然に相続できると思っていましたが、結論を先にいうと、結局相続財産を分割するためにその建物を売って、泣く泣く田舎の実家に帰りました。

ご主人が病院に入院しているときにでも遺言書を書いて残しておいてくれれば、こんなことにはならなかったと思いました。

遺言書は家族へのラブレターだということを声を大にして遺言の普及活動に取り組んでいます。ちなみに家庭裁判所が取り扱う遺産分割事件が平成元年に八五〇〇件、平成五年に九九〇〇件、平成二〇年には一万八六〇件と年々増加しています。生命保険には簡単に入るのに、遺言書を書く人は少ないために、こういう事件が勃発してきているのだと思います。そこで、私も毎年遺言書を書いているわけですが、遺言入門講座を開くなどして、遺言の普及活動も行っています。

八　終わりに

その他にも、私は、一人一票実現国民会議のサポーターとしても活動しています。私の住んでいる神奈川六区では衆議院議員選挙では〇・五五票、参議院議員選挙では〇・二六票しかありません（二〇一二年現在）。そのため、一人一票実現国民会議のキャラクター「〇・六票君」のカードを配ったり、選挙のときには「〇・六票君」がプリントされたTシャツを着て、投票所に行っています。休日は、このTシャツを着て散歩します。

私は利他とは役に立つことだと思っています。誰かの役に立つことによって、その誰かが幸せになれる。役に立つことによって、役に立つことの積み重ねによって、幸せな自分を作ることもできると思います。私は専業主婦から、急に行政書士になりましたが、やればできるって思っています。自分で自分のことを信じて「できるぞ」と思えば何でもできると思っています。志をもって仕事をすると行政書士で食べていけます。人脈は宝物なので、人と人との関わり、出会いを大切にして自分を信じてやっていただければ、必ず成功すると信じています。

女性のライフステージに合わせ、そして自分らしさを活かし、高齢者を支える仕事に日々向き合っています。

久保　晶子（くぼ・あきこ）氏

行政書士久保晶子事務所
〒184-0001 東京都小金井市関野町2丁目3番20号
ヴァンヴェール小金井公園A
TEL:042-313-4600
FAX:042-313-4700

◆◆◆ 一　はじめに

私は二〇〇五年五月に行政書士登録をしました。法学部出身ではありませんでしたが、大学卒業後にアルバイトをしながら一年間、行政書士試験の勉強をして、二〇〇五年一月に合格しました。

私の事務所は、現在、東京都小金井市にあります。開業当時は国分寺市の実家で家族と暮らしており、その一室を事務所にしていました。一年半後、事務所経営が安定したので、ＪＲ中央線西国分寺駅前のアパートを借りて、そこへ事務所を移転しました。その後、結婚して、今は新居の自宅兼事務所で、仕事と家事・育児を両立させています。

行政書士にもいろいろなタイプがいると思いますが、私は自分のライフスタイルに合わせて細く長くやっていきたいと思っているので、現在の事務所のスタイルは自分にとって理想的だと思っています。専門分野は遺言・相続・成年後見で、成年後見に最も力を入れています。

◆◆◆ 二　開業当初

私は文学部出身で、当時は子どものいじめや犯罪などの問題が多かったので、子どもや家族に関する問題について世間の関心を広げていければと思い、在学中はそれらをテーマにした小説を書いていました。文学部では就職先としてマスコミを目指す先輩や友人が多く、私もその影響を受けて、大学三年生の頃から出版社を志望して就職活動を始めました。就職活動では、面接を通じ、まずは「売れる本」を作ることが大切だということを学びました。直接的な言い方をすれば、たとえ社会問題として重要なテーマを扱っていたとしても、本自体が売れなければ意味がない、ということです。会社は営利組織なので、今から思えばそれは当然のことですが、学生だった私はそれに違和感を覚えました。

大学四年生の夏ごろまで就職活動をしていましたが、なかなか就職先が決まらず、「一年間を就職活動のために費やしたけれど、同じ時間を使えば、もっと別のことができるのではないか」と思うようになりました。ちょうどその頃、行政書士という資格を知ったことから、思い切って行政書士試験に挑戦することにしました。法律知識ゼロの状態で試験勉強を始め、二カ月後に一回目の試験を受けました。この時はさすがに落ちてしまいましたが、その後一年間、アルバイトをしながら試験勉強を続け、翌年、二回目の試験に合格しました。

さて、無事、試験に合格したものの、行政書士事務所などでの勤務経験もなかったので、「行政書士として仕事をするためにはどうしたらよいのだろう?」、「行政書士の世界とは、どういう業界なのだろう?」とわからないことばかりでした。結局、行政書士登録をして自分の目で実際に見てみるのが一番早いのではないかという結論に至り、すぐに行動に移しました。実際、行政書士会では、本会や支部、有志の任意団体で、行政書士業務に関するさまざまな研修会が開催されているので、知識も経験もゼロの私でしたが、そこで基本的なことから勉強することができました。読者の方も、行政書士登録をされましたら、まずは本会の発行している広報誌などで研修会の情報を入手してそれに参加してみてください。また、研修会終了後には、たいてい懇親会が行われるので、こちらにもぜひ顔を出すようにしましょう。行政書士は個人事業主ではありますが、業務の種類が多岐にわたるため、同業者同士での人脈づくりや情報交換が非常に重要で、それがこの懇親会で行われます。いわゆる「飲ミュニケーション」、実はこれが「行政書士の成功の秘訣」かもしれないと、密かに思っているほどです。

開業準備費用については、人それぞれですが、一般的に、半年くらい仕事の依頼がないことを覚悟して、その間の生活費と事務所経費がまかなえる程度の貯金を準備していただければと思います。私の場合、無謀にも貯金がほぼゼロの状態で開業しましたが、その半年後、同じ大学出身の行政書士の先輩からお誘いをいただいて、約一年間、その先輩の事務所でアルバイトとしてお世話になり、苦しい赤字経営時代を何とか乗り越えることができました。また、その事務所では、事務所経営の基本はもちろんのことですが、先輩の後ろ姿から「行政書士はどうあるべきか」という最も重要なことを学ばせていただき、今でもとても感謝しています。

◆◆◆ 三　行政書士の業務と専門分野の確立

行政書士の業務の種類は多岐にわたりますが、行政書士法上、二つに大別されます。一つは官公署に提出する書類を代わりに作成して申請するという仕事で、建設業など営業許可を必要とする会社関係の方がクライアントになります。もう一つは、権利義務・事実証明に関する書類の作成で、遺言書・遺産分割協議書の作成などがあり、主に市民の方がクライアントになる民事関係の仕事です。私が専門としている成年後見業務は行政書士の法定業務ではありませんが、社会貢献活動の一環として取り組まれている分野で、私も「専門職後見人」の立場から業務に携わっています。

また、行政書士は他士業の業務と重なる分野が多いため、「業際問題」に留意する必要があります。例えば、相続の分野では、遺産分割協議書を作成することは行政書士の業務ですが、その遺産分割の内容に基づき、不動産の相続登記を申請することは司法書士の仕事になるので、行政書士がこれを行ってしまうと、司法書士法違反になってしまいます。そのほか、遺産分割協議がまとまらずに調停や裁判を行うことになったときは弁護士が、相続税の申告が必要なときは税理士が登場します。このように「相続」という一つの分野をとってみても、さまざまな士業が関わってきます。「街の法律家」である行政書士は、お客様から他士業の業務に関わる相談を受けることもありますが、そのようなときは、自分が信頼している他士業の先生をご紹介しましょう。自らその業務を行うことができなくても、良い先生をご紹介することでお客様のニーズを満たすことができるので、日ごろから他士業の先生とのネットワークを築くよう努力することも大切です。

さて、読者の方も、開業後、どのような行政書士を目指せばよいか、悩まれるかと思いますが、行政書士には大きく分けて「ジェネラリスト型」と「スペシャリスト型」の二つのタイプがあるかと思います。統計を取ったわけではありませんが、これまでさまざまな行政書士から話を聞いてきたなかでの印象としては、「ジェネラリスト型」の行政書士は比較的地方に多いかと思います。都市部に比べて行政書士の登録者数が少ないため、その地域のあらゆる依頼が集中してしまうという事情があるからでしょう。一方「スペシャリスト型」の行政書士は都市部に多く、特に東京都では、全国で約四万人登録している行政書士のうち、約五千人が都内に事務所を構えているという現状もあり、他の行政書士と差別化するために「スペシャリスト型」になっていくという傾向があると思います。

「特化」することの長所として挙げられるのは、すべての業務時間をその専門分野に注ぐことで、効率的に仕事を行うことができるため、サービス内容を向上させやすいこと、また、特に新規業務の分野ではその道の「第一人者」になれる、ということがあります。短所としては、いわゆる「運転免許証の書き換え」に関する業務などのように、時代の流れ、法律の改正などによって、専門としていた分野そのものが成り立たなくなってしまった場合に、事務所としてリスクに対応しづらい、ということがあげられます。

次に、専門分野の選び方です。自分自身と業務との相性が大切であることはもちろんのことですが、事務所経営の視点から専門分野を考えることも重要です。具体的には、まず自分の家族構成、事務所の状況（賃料、人件費等）

などを考えて、生活費、事務所経費としていくら必要になるかを計算し、年間の売上目標を立てます。業務によって依頼を受ける頻度、必要な業務時間、報酬金額の相場が異なりますので、自分の売上目標を達成させるためには、どの分野を専門とすれば事務所経営が安定し、また自分のライフスタイルに合っているのか、ということを考えます。一般的なことを申し上げれば、会社関係の業務は、比較的、同じクライアントから継続して依頼を受けやすく、事務所経営を安定させやすいという傾向があります。これは、過去に許認可申請のお手伝いをさせていただいたお客様から、その更新手続を依頼されたり、新たな事業を始めるために別の許認可申請を依頼されたりするなど、派生業務を期待することができるからです。一方、民事関係の業務は、相続などの問題が一生に何度も起こるわけではないので、そのクライアントから受ける依頼は一度きりになることが多く「スポット業務」などと言われています。ですから、民事関係の業務だけを専門として事務所経営を行う場合は、それなりに集客の工夫が必要です。

ここまで行政書士の業務について申し上げてきましたが、行政書士として成功する上でもう一つ重要なものが「自分のブランド」です。これまでの職歴、知識、経験、人脈などを活かして、自分自身を「商品」とするブランドづくりが大事だと思います。この点、社会経験の少ない若者や、長年専業主婦をされてきた女性の方は一見、不利だと思われるかもしれませんが、私は、年齢や性別などに関するメリットとデメリットは表裏一体であると感じています。私自身、開業当時二四歳で、しかも女性でしたので、先輩行政書士からは「人生経験豊富な年配者たち（クライアント）の間で渡りあっていけるのか」と心配されました。しかし、蓋を開けてみれば、私が専門とする成年後見業務のクライアントにはご高齢の方が多く、女性らしい柔らかな物腰での対応や、きめ細かなサービスが大変喜ばれ、また「孫と同じ年代だ」と親近感を持っていただくことができました。認知症の方から「男性が恐いので、成年後見人は女性がいい」と言われたこともあります。このように見方を変えて、自分の持つデメリットをメリットにし、それを活かすことが大切です。また同時に、長所を伸ばす、という発想を持っていただければと思います。

義務教育時代、先生から「苦手科目を克服しましょう」と言われたことがあるかと思いますが、個人事業主として競争社会を勝ち残っていくためには、「苦手科目」（短所）を克服して「平均」を目指すのではなく、その分、どんどん長所を伸ばして他の事務所と差別化していく努力が必要だと感じています。

◆◆◆ 四　成年後見制度

①　成年後見制度の仕組み

成年後見制度とは、認知症・精神障がい・知的障がいなどの精神上の障がいにより判断能力の不十分な方（以下「本人」といいます）の権利を擁護するため、成年後見人・保佐人・補助人（以下「成年後見人」といいます）、任意後見人が、本人に代わって、本人の「生活、療養看護および財産の管理」に関する法律行為などを行うことによって、本人を支援する制度のことをいいます。

私が担当したAさん（九〇代、女性）の事例をご紹介しましょう。Aさんは、身寄りがなく、長年、賃貸アパートで一人暮らしをされていました。しかし、認知症が進行し、預金通帳を紛失してしまったり、火の不始末で大家さんとトラブルになったりして、一人暮らしの継続が困難になってきたため、Aさんのご友人が心配されて地域の社会福祉協議会（以下、「社協」といいます）へ相談に行かれました。Aさんは、社協との間で「日常生活自立支援事業」（旧「地域福祉権利擁護事業」）の利用契約を結び、社協がAさんの預金の引出しなどの日常的金銭管理を行うようになりましたが、定期預金の解約や老人ホームへの入居契約の締結などの法律行為を行う必要が生じ、これらについては社協が提供するサービスの範囲を越えるので、Aさんに成年後見人を付けることになりました。

ここで実務上、検討しなければならないことが二つあります。一つ目は、本人のために成年後見（保佐・補助）

開始の審判の申立て（以下「成年後見申立て」といいます）を誰が行うのかという「申立人」の問題です。成年後見申立ては、本人・配偶者・四親等内の親族（両親、兄弟姉妹、甥姪、いとこなど）等、一定の者しか行うことができません（民法第七条等）。そのため、Ａさんのように身寄りがない場合や、親族がいたとしても本人と疎遠であるなどの理由から協力してもらうことができない場合に、申立人になる方がいないという問題が発生してしまいます。このような場合は、通常、首長申立て（老人福祉法第三二条等）という方法を採ります。また、二つ目の問題として、誰が本人の成年後見人になるのかという「後見人候補者」の問題があげられます。成年後見人については民法上、欠格事由の規定はありますが（民法第八四七条等）、申立人の規定のように、成年後見人になることのできる者の範囲が制限されているわけではないので、本人の身近に協力的な親族がいる場合はその親族が成年後見人となり、親族間で対立がある場合や本人に身寄りがない場合は第三者が成年後見人になるケースが一般的です。Ａさんの事例でも市長が申立人となり、成年後見人については社協から私にご依頼があり、私が後見人候補者を引き受けることになりました。そして、市長による成年後見申立てがなされ、家庭裁判所によって私がＡさんの成年後見人に選任されました。

さて、成年後見制度には、民法の規定に基づく「法定後見制度」と任意後見契約に関する法律に基づく「任意後見制度」という二つの制度があります。Ａさんの事例では、Ａさんの判断能力が低下してしまった段階で、成年後見申立てを行い、家庭裁判所が審判により成年後見人を選任しました。このような民法上の成年後見制度を「法定後見制度」と呼びます。この制度の特徴は、①成年後見人を誰にするか、②成年後見人にどのような権限を与えるか、③成年後見人の報酬金額をどうするか、といったことが、すべて家庭裁判所の「審判」により決せられる、という点です。これに対して「任意後見制度」では、本人の判断能力がしっかりしているうちに本人自身が、①任意後見人を誰にするか、②任意後見人に何を依頼するか、③任意後見人の報酬金額をどうするか、といったことを決め、公正証書によって任意後見契約を締結します。そして、将来万一、本人の判断能力が低下した場合には、任意後見受任者などが家庭裁判所に「任意後見監督人選任の審判の申立て」を行い、任意後見契約を発効させます。このように任意後見制度は、本人の自己決定が尊重されやすいよう「契約」をベースにした制度になっています。

私が担当したBさん（八〇代、女性）の事例をご紹介します。BさんもAさんと同様、身寄りがありませんでしたが、お元気で、ご自身の生活のことは一人で行うことができました。しかし、将来を心配されて社協へ相談に行かれ、そこで任意後見制度のことをご存知になりました。そして、社協から私にご依頼があり、私がBさんの任意後見人の候補者を引き受けました。Bさんと私は何度も面会を重ねて信頼関係を築いた後、一緒に公証役場へ行き、任意後見契約を締結しました。

② 成年後見制度の理念

成年後見制度の三大理念とは、①自己決定の尊重、②ノーマライゼーション、③残存能力（現有能力）の活用のことをいいます。これらの理念は後見活動を行う上で非常に大切です。先ほどのAさんの事例で、これらの理念を考えてみましょう。私が成年後見人に就任した後、Aさんは老人ホームへ入居されましたが、加齢に伴い足腰が弱くなり、自力歩行が難しい状態になってきました。そのようななか、Aさんがご友人と二泊三日の旅行へ行くことを希望されました。ここで、成年後見人として「自力歩行が難しいのに、旅行なんて危なくて行かせられるわけがない」と考えるのか、それとも「介護職員の手助けがあれば何とか自力歩行することができるのだから、車椅子を併用するなどして、ぜひ旅行へ行って楽しんでもらいたい」と考えるのか、どちらの考え方をするかによって、本人主体の後見活動になるかどうか、大きな分かれ目になります。

三大理念の一つである「自己決定の尊重」とは、本人に関することは本人自身の意向を尊重しよう、という考え方です。障がいにより本人が一人で自己決定を行うことが難しい場合は、成年後見人がわかりやすいことばで情報を提供したり、本人が意思を表明しやすい環境を整えたりするなどして、本人の自己決定を「支援」することも含まれます。また「残存能力の活用」とは、本人の「できないこと」ばかりに目を向けるのではなく「できること」に着目し、本人にできることは本人自身にしてもらい、可能な限り自立した生活を送ってもらおう、という考え方をいいます。Ａさんの事例で言えば、Ａさんが旅行に行きたいという意向をお持ちになっているのだから、成年後見人はＡさんの気持ちを尊重し、それを実現するためにどのようなサービスを手配すべきか具体的に検討します。私はＡさんの成年後見人として、自費サービスを利用して介護職員に同行を依頼し、移動中はすべて介護タクシーを利用するよう手配して、安全面を十分考慮しながら、Ａさんの希望された旅行を実施することができました。このように、障がいのある方も、適切なサービスや支援を受けることによって地域社会のなかで障がいのない方と同じように「普通（ノーマル）」の生活を送れるような社会にしよう、という考え方が「ノーマライゼーション」という理念です。人間、一度しかない人生ですから、自分の好きなことをして生きていきたいですよね。しかし、認知症などの障がいがあるために、周囲から「何もできない人」とみなされて、自分の生活や人生に関することを勝手に決められてしまうという事態が、残念ながら現実に起こっています。それに対し、たとえ障がいによりこれまでと生活状況が一変してしまったとしても、本人の気持ちに耳を傾けて、本人がもう一度、自分らしい人生を歩み出せるようお手伝いすることが、成年後見人の仕事だと私は考えています。

　なお、自己決定の尊重、ノーマライゼーション、エンパワメント（≒残存能力の活用）は、もともと福祉分野において発達した概念ですが、二〇〇〇年に民法が改正され、禁治産者制度が新しく「成年後見制度」として生まれ変わった際に、三大理念として取り入れられました。つまり、成年後見制度は民法などの「法律」をベースにしているものの、後見活動自体は非常に「福祉」的な色合いが強いため、法律の知識だけでは対応が難しい側面があります。クライアントの置かれている状況の社会的背景や、医療・介護・福祉分野の現状、対人援助の技法などを学びながら、それを後見活動に活かしていくという努力が必要です。福祉分野に関心のある方、人と接することを楽しいと感じ、人の役に立てることに喜びを感じる方にとっては、非常にやりがいのある業務だと思います。

◆◆◆ 五　行政書士による成年後見制度への取組み

⑴　専門職後見人

最高裁判所の発表している統計では、親族が成年後見人に選任されたものが全体の約五割で、残りの約五割については親族以外の第三者が選任されています（最高裁判所事務総局家庭局『成年後見関係事件の概況――平成二四年一月～一二月』参照）。第三者のなかには行政書士・司法書士・社会福祉士などの専門職後見人や、社協・NPO法人などの法人後見人、市民後見人が含まれます。なお、成年後見人は本人との関係によって一般に「親族後見人」、「専門職後見人」、「市民後見人」といった呼び方をされますが、これらは法律用語ではなく運用上の区分です。また、「市民後見人」とは、自治体や大学などが行っている「市民後見人養成講座」などを履修し、家庭裁判所により成年後見人に選任され、後見活動に携わっている市民のことをいい、平成二四年一二月末日時点で一三一人の方が活躍しています。

では、行政書士が成年後見業務に携わるためには、どのように仕事を受任していけばよいのでしょうか。行政書士会では日本行政書士会連合会が母体となり設立した一般社団法人コスモス成年後見センターをはじめとして、それぞれ地域ごとに成年後見関連法人が設立されています。まずはそちらで基礎研修を履修し、成年後見賠償責任保険へ加入してください。それを前提として、ここでは仕事の受任についてご紹介させていただきます。

私は平成一八年から二三年までの間に一七件の成年後見人等に就任しましたが、そのほとんどが地元の社協や、老人ホームなどからのご紹介でした。一般的に、ご高齢者やそのご家族などがインターネットなどを利用して直接、行政書士の事務所へご相談にいらっしゃるというケースはまだ少なく、まず身近な相談窓口である市役所や社協、本人が入院・入居している病院・老人ホームの相談員などにご相談され、それを受けたご担当者から行政書士のほうにご連絡をいただく、というケースが多いです。そのため、成年後見業務に携わる上で、医療・介護・福祉関係者とのネットワークが大切になってきます。これは仕事の受任の時に限らず、成年後見開始後も、本人の生活の見守りをしていただいたり、地域の福祉サービスについて相談に乗っていただいたりするので、日頃から協力関係を築いておくことが重要です。

私自身も、開業当初、まず地元の社協へ開業のご挨拶に伺いました。当時は、成年後見制度施行後五年が経過し、制度の普及とともに徐々に成年後見のニーズが高まり、社協としても本格的にこの分野へ力を入れ始めている頃でした。そのようななか、私は社協と協力して成年後見に関する市民向けの講演会を開催することになりました。準備のために何度も窓口へ足を運ぶなかで、ご担当者と顔見知りの関係になり、その後、私にとって最初の一件となる成年後見人の仕事をご紹介いただくことができました。

さて、成年後見人に就任しましたら、医療・介護・福祉関係者との連携はもちろんのことですが、本人の家族・親族・友人や、近隣の住民の方々、民生委員などと協力体制を築くことも重要です。成年後見人という「法定代理人」に就任すると、法律上、取消権・代理権という強力な権限が付与されるため、一見、何でもできるように錯覚しがちですが、これらは本人を保護・支援するための最後の手段であって、これらを行使するだけでは本人主体の後見活動を行うことはできません。本人の意思、自己決定を尊重するためには、本人自身のことをよく知り、理解する必要があります。しかし、専門職後見人の場合、依頼を受けてから初めて本人と面会するケースが一般的で、就任当初は、本人がそれまでどのような人生を歩んできたのかわかりません。そこで、本人自身や、本人の家族・親族・友人など本人と多くの時間を共有してきた方々と情報交換したり、相談したりしながら、本人のために最も良いことは何かを模索していきます。専門職後見人も、本人の支援者のなかの一人であるということを忘れずに、「本人の幸せのために」という共通の目標をもったパートナーとして、本人や本人の関係者と連携することが大切だと思います。

②　法人後見

これまで個人の立場で成年後見人に就任するケースをご紹介してきましたが、最後に「法人後見」というスタイルをご紹介したいと思います。法人後見とは、法人が成年後見人に就任し、その法人の社員などが後見事務担当者として実際の後見活動を行う、というものです。法人後見のメリットの一つとして「継続性」があげられます。個人後見の場合、成年後見人自身が病気になったり、万一、亡くなってしまったりすると、新たな成年後見人が選任されるまでの間、後見事務に空白期間が発生し、本人にとって不利益が生じる恐れがあります。これに対し、法人後見の場合は、担当者を交代させることで後見事務自体の停滞を防げるので、安全性・信頼性が高いといえます。また、家族による虐待や財産の横領などがある困難事例であっても、法人として対応することができ、後見事務担当者が一人で抱え込まずに済みます。このように法人後見は、本人にとっても後見事務担当者にとってもメリットがあるといえるでしょう。

私自身も「NPO法人ライフサポート東京」という法人後見を専門に行うNPO法人に所属し、後見事務担当者として仕事を行った経験があります。このNPO法人は、二〇〇五年、東京都の行政書士有志が品川区で立ち上げたもので、現在では八六件（二〇一三年六月末日現在）の成年後見人等就任実績があります。主な活動としては、実際の後見活動のほか、後見事務担当者養成のための基礎研修、現に案件を担当している後見事務担当者間でのケース会議、市民向けの無料講演会・相談会、老人ホーム等への講師派遣などの事業を行っています。また、法人内部で後見事務担当者の相談・監督体制を整備していますので、「成年後見業務に魅力を感じるけど、一人で取り組むには荷が重いなぁ」と感じられている方は、このような法人後見の後見事務担当者として後見活動を行うことを検討されてみるのもよいかと思います。

六　まとめとして

最後のまとめとして、私なりの「行政書士の展望」を申し上げたいと思います。行政書士は許認可業務を中心に発展してきたため、今後も「法律（業法）がなくならない限り、仕事がある」業界であるといわれています。それに加えて、行政書士自身が新規業務の開拓にとても熱心です。市民のニーズに敏感で、またフットワークが軽く、サービス精神が旺盛なので、時代の変化にも対応しやすい、というのが行政書士の特徴ではないかと考えています。今後、時代が移り変わっても、その時代に合わせたサービスを提供し、発展していくことが可能な士業だと思いますので、非常に将来性を感じています。最近は、私自身を含めて、遺言や相続などの民事関係を専門にする行政書士が増えており、行政書士の主たる業務として許認可関係を発展させるべきか、民事関係を発展させるべきか、という議論がなされることもありますが、私自身は「官公署に提出する書類の作成」も「権利義務・事実証明書類の作成」も、いずれも大切な行政書士業務であり、この二つを車の両輪のように発展させることが行政書士の将来につながるのではないかと思っています。

また、私自身は民事関係を専門にしているので、こちらの将来性についても一言申し上げたいと思います。最近は、高齢社会の進行や市民の権利意識の変化などによって、無料相談会でも、遺言・相続・成年後見などの相談を受けることが大変多くなり、これらの分野における市民のニーズが増加していることを肌で感じています。民事関係でご相談にいらっしゃるクライアントは、その悩みの根底に、法律の条文を当てはめるだけでは解決することのできない人間関係の問題や感情の問題を抱えています。行政書士は昔から「街の法律家」として、クライアントに寄り添い、クライアントの身近な相談相手として活躍してきました。行政書士がこれまで培ってきたクライアントへの対応の技法が発揮されることで、今後、民事関係の分野がますます発展していくのではないかと期待しています。

今回、私のほうからは成年後見という一つの分野をご紹介させていただきました。行政書士には本当にたくさんの魅力的な業務がありますので、読者の皆様も、開業されましたら、ぜひご自身に合った業務を探してみてください。

依頼者の笑顔を胸に、外国人の権利擁護に向けて今日も走る。

築山 祐子（つきやま・ゆうこ）氏

行政書士築山祐子事務所
〒106-0044 東京都港区東麻布3-6-5 麻布ビル1階
TEL:050-5838-2853
FAX:050-5838-2854

◆◆◆ 一　はじめに

私たち行政書士は、すでに日本にいる在日外国人の方々、そしてこれから新規にわが国への入国を希望している外国人の方々のために日々奔走しています。

いわゆる俗に言われる「入管業務」、「国際業務」（以下、「国際業務」と表記します）という分野です。

行政書士は、非常に業務範囲が広く、「外国人に関することも業務に含まれるのか？」と思われた方もいらっしゃるかもしれませんね。

私たちの職務範囲は、行政書士法という法律に規定されているのですが、この法律の第一条の二「行政書士は、他人の依頼を受け報酬をえて、官公署に提出する書類（一部省略）その他権利義務又は事実証明に関する書類（一部省略）を作成することを業とする」を根拠に、主に法務省管轄の入国管理局という官公署に提出する書類を作成することによって、在留資格の取得を通じ、外国人の権利を擁護しています。

この業務は法務大臣の裁量が非常に広い分野であることから、申請に対する処分の結果を予見することが難しく、非常に難易度が高い仕事といえますが、だからこそ、行政書士の腕の見せどころであり、遣り甲斐を強く感じる業務でもあります。

二〇一一年に発生した東日本大震災の影響で、一時的に来日外国人数は減少したものの、「日本政府観光局（JNTO）」の二〇一三年一月～三月の統計（暫定値）によると、訪日外国人総数は前年比約二〇％増（そのうち基本的には私たちの業務の対象とはならない観光客が前年比二五％増と最も高い伸び率になってはいるものの）、全体的には増加傾向にあります。

このような状況のなか、来日される外国人の方々は、「日本で起業をしたい」、「日本の企業で仕事をしたい」、「日本の大学に留学して勉強をしたい」、「日本人と結婚をしたい」等、さまざまな希望をお持ちです。

しかし外国人は、日本人と異なり、日本に居たいからといって当然に日本に居られるのではなく、ある程度の中長期間の在留を望む場合には、正規の「在留資格」を取得して初めて適法に日本に在留することができるのです。

これらの「在留資格」の取得には、出入国管理及び難民認定法をはじめとした日本の各種法律等の解釈・適用、そしてそれを踏まえた上で入国管理局への申請が必要となりますが、外国人の方々にとっては異国である日本の法律に関するこれらの手続は非常に煩雑でわかりにくいものです。

つまり、国際業務における行政書士とは、いわば「行政と外国人との間の橋渡し役」として、行政手続をスムーズに取り次ぎ、外国人の権利擁護を行っていく立場にあります。

ここで、私たちが外国の方々のために足繁く通う入国管理局について少しお話をさせていただきたいと思います。「入国管理局」、正式名称は「法務省入国管理局」、私は東京で開業しておりますので、東京入国管理局に行くことがほとんどです。

東京入国管理局へは、品川駅からバスが出ています。このバスに乗ると、日本人がほとんどおらず、九割は外国人の方々です。そこでは、さまざまな言語が飛び交い、世界の広さを実感します。東京ディズニーランドに行ったことのある方はおわかりになるかと思いますが、バス車内は「it's a small world」さながらの光景です。ベイブリッジを眺めながら、バスは一五分程で東京入管へ到着します。毎回、どんなに回数を重ねても、外国人の方々の人生を背負っているわけですから、申請時は非常に緊張します。

それでは、私たちが日々どんな業務を行っているのか、以下で具体的に見ていくことにしましょう。

◆◆◆ 二　具体的な国際業務とは？

入国管理局に対して行う申請といっても、その内容は多岐に渡ります。

少し専門的なお話になりますが、在留資格は大きく分けて「就労資格」、「非就労資格」、「居住資格」に分類されます。

「就労資格」は、出入国管理及び難民認定法別表第一の一、二の表に列記されている、会社経営者（「投資・経営」）や英会話学校の講師（「人文知識・国際業務」）等のいわゆる働くための在留資格であり、「非就労資格」とは同法別表第一の三、四の表に列記されている留学生（「留学」）等の在留資格、「居住資格」は同法別表第二に規定されている「日本人配偶者」等がこれにあたります。

私はほとんど就労資格の手続ばかりを手掛けていますが、最近は、「日本で起業をしたい」（前述の在留資格「投資・経営」に該当します）という方が非常に増えてきているように感じます。

そして、これらの在留資格を得るために、さまざまなアプローチ方法が存在します。

例えば、現在海外にいる配偶者を日本に呼び寄せる場合や、現在海外にいる外国人の方が、日本の企業に就職が決まり、その企業に勤めるために来日する場合に行う、「在留資格認定証明書交付申請」という手続があります。

皆さん驚かれるかもしれませんが、国際結婚の場合、入籍をしたからといって、夫婦が当然に日本で一緒に暮らすことはできず、また、日本企業に就職が内定したからといって当然に来日して中長期間滞在し、仕事ができるというわけではないのです。

このような場合、日本国内でまず、入国管理局に対し、この「在留資格認定証明書交付申請」手続を行い、「在留資格認定証明書」の交付を受けます。そして、この証明書を本国にいる外国人本人に送付し、本人が在外公館（日本大使館は「法務省」ではなく、「外務省」の管轄になります）で査証（ビザ）の発給を受け、査証の付されたパスポートを持参して来日することで、夫婦は一緒に暮らすことができ、日本企業に就職が決まった外国人は無事に業務を開始することができるのです。

もちろん外国人が無事に来日し、無事に配偶者と暮らし始めたり、日本の企業で業務を開始するのを見届けるということまでが私たちの仕事になりますが、主に、この日本国内での法務省入国管理局に対する、在留資格認定証明書の交付申請手続が私たちの大きな仕事となります。

余談ですが、よく巷では入国管理局に対する手続のことを、「ビザ申請」などという言われ方をしますが、実はこれは正確な表現ではないのです。

前述した通り、査証（ビザ）とは、在外公館で発給されるもの（外務省設置法第四条第一三号）であり、その外国人が持っている旅券（パスポート）が有効であるという「確認」およびビザに記載された条件で日本に入国することに支障がないという「推薦」の意味を持っているものです。

ですから、私たちが「法務省」入国管理局に対して行う申請は、「外務省」に対して行うものではありませんし、まして査証（ビザ）は入国管理局が発給するものでもありませんので、皆さんもプロになった暁には用語の使い方には十分にご注意いただきたいと思います。

また本題に戻りますが、今までお話した在留資格認定証明書交付申請手続は、在外外国人が新規入国する際の手続ですが、ここからは基本的にすでに日本に入国されている外国人の方を対象とする手続のお話をしたいと思います。

例えば、すでに日本で英会話講師として仕事をしている外国人の方が、もうすぐ在留期限が到来するので、その更新を希望する場合等に行う「在留期間更新許可申請」や、今まで日本の大学で学んでいたが、日本人と結婚する場合（「留学」の在留資格から「日本人配偶者」の在留資格への変更）等に行う「在留資格変更許可申請」、在日外国人夫婦に子どもが生まれた場合等に行う「在留資格取得許可申請」、留学生がアルバイトをする場合等に行う「資格外活動許可申請」、日本に居住して、ある程度の期間が経過した方等が行う「永住許可申請」、先般の法律改正でかなり要件は緩和されましたが、海外出張や母国への親族訪問等のために一旦海外へ出国して、再び日本に戻って来る方が行う「再入国許可申請」等があります。

これらの在留資格とそのアプローチ方法の組合せによって、幾通りものさまざまな手続が存在します。

前述の通り、外国人の方々にとっては異国である日本の難解な法律を理解し、法務大臣の求める要件を的確に把握し、必要な書面の取得や作成、申請を行うことは非常に骨の折れる作業です。これらの手続を日本の諸法令・諸手続に精通している行政書士が手掛けることで、スムーズに外国人の方々の権利擁護に資することができます。

また、外国人の方々のなかには非常に優秀な方も多くいらっしゃいますから、ご自身で手続をされることも多くあります。

ですが、その結果、不許可通知を受領された場合、私たちへご依頼いただくこともあります。

俗に言う「リカバリー案件」（私たちの業界では、一旦不許可となった処分を再度申請する場合等にこのような呼び方をします）といわれる業務ですが、これこそ、まさにプロの腕の見せ所どころということになります。

入国管理局に対する手続も、法に則った手続ですから、まさに受験時代に培った法律の「要件」と「効果」を的確に判断し、不足している要件に対し、入国管理局を説得しうる添付書類等で立証作業を行うことになります。

入国管理局のホームページをご覧いただければおわかりになるかと思いますが、各在留資格毎に必要な添付書類が列挙されています。

そこに列挙されている書面だけを収集し、提出することは、プロでなくともできることです。しかし、私たちは依頼人から報酬をいただいて業務を行っているのですから、各依頼人毎に必要となる、ホームページに列挙されていない書面であって、依頼人にとって利益となるのはどのような書面かを自分の頭で考え、準備することで報酬に見合った業務になるのだと思います。

◆◆◆ 三　業務を行う上で大切な心がけ

どんな業務分野でも共通することだと思いますが、間違いなく言えることは、「コンプライアンスの精神」、そして「依頼人との信頼関係構築」、「自己研鑽」そして、国際業務では特に、何よりも「依頼人を思う気持ち」が大切です。

依頼人自身で申請した案件に対するリカバリー案件では特に、依頼人は切羽詰まった状況で来所されます。在留期限もありますし、何よりも入管から不許可通知が到達した時には非常に混乱されています。不法な目的で、法の目をかいくぐろうとする方は論外ですが、正当な理由で日本での在留を希望されている依頼人のため、全力を尽くすためには、やはり相手を思う気持ち、依頼人の力になりたいという強い思いが非常に大切だと思います。

昨今は、何でもデジタル化・オートマティック化され、人間が活動する部分が段々と減ってきているといわれますが、行政書士の行うこの国際業務は、顔と顔を突き合わせて行う非常にアナログな業務であると痛感します。どんな人間関係でもそうですが、相手を思いやる気持ちというものはすべての根幹にあるのではないかと思います。

また、国際業務は、かなり個人的なことに立ち入って、書類を作成していくことになります。さまざまに異なる言語や価値観、文化、背景を背負っている依頼人と対峙して、信頼関係を構築した上で仕事を進めます。信頼関係がなければ、依頼人は真実を述べてくれないかもしれません。

真実を聞き逃しては、私たちが責任を問われる可能性があります。ひいてはコンプライアンスに反する場合もあります。

私は日々の業務のなかで、「金満主義」、つまり自分の目先の利益に走ることなく、しっかりと信頼関係を築き、一人ひとりにしっかりと向き合うことで、プロとして業務を貫徹できると考えています。

しかし残念ながら、依頼人の利益ではなく、自分の利益を第一に考えた結果、法令に反し、業務停止などの処分を受けるという行政書士の懲戒事例が多くあるのもまた事実です。

たしかに行政書士として独立すれば、事務所の経営がありますから、もちろん売上は大切です。

ですが、それだけに固執してしまっては問題があると思います。

何よりも「正当な依頼人の利益」を考えて行動すれば、自然とコンプライアンスに反する行動を起こすことはないのではないでしょうか。

そして、自己研鑽の必要性を強く感じます。

行政書士試験は試験科目と実務とでは扱う法律が乖離しています。法律を読み解く力は受験で養うことが可能です。しかし、日々の業務で使う法律は、国際業務であれば、「出入国管理及び難民認定法」、「国籍法」等の他、許認可等に至っては、各許認可毎に俗に「業法」といわれる法律が数多く存在します。例えば、建設業許可あれば、「建設業法」、宅建業許可であれば、「宅建業法」、古物商許可であれば、「古物営業法」とさまざまな業法の理解が必要になります。

法律家である以上、しっかりとした関係法律の理解が大切です。

また、実務では法律の理解だけでなく、施行規則や通達等にも精通しておく必要がありますし、国際業務であれば、語学ができるに越したことはありません。

依頼人との信頼関係構築のためにも、やはり語学（英語は必須であり、昨今は中国語、韓国語の必要性を痛感します）は勉強する必要があると思います。

また、私自身も業務を始めた頃はどうしても日本人的な物の考え方に固執してしまい、多様な価値観を受け入れることができずに苦労をしました。ですが、相手は自分とは全く価値観の異なる外国人の方々です。日々さまざまな人びととの価値観と接するうち、次第に自分の狭い視野や凝り固まった価値観を打破できるようになりました。

これも業務を行う上で非常に大切なことだと思います。

◆◆◆　四　業務を行う上で日々感じること

それは、クライアントからの「ありがとう」が明日への活力になるということです。仕事ですから、立ち直れないのではないかと思うくらい精神的に凹むこともあります。

時には困難な案件の際、書類作成に関し、パソコンの前でじっと考えこむ日もあります。ですが、冒頭でお話しした通り、そんな時は「依頼人のため」という原理原則に戻ります。依頼人は案件を自分自身で抱えきれないからこそ、プロである私たちに依頼下さるわけです。

つまり、助けを求めて事務所の扉をノックして下さっているのです。初来所から申請を経て、許可通知が届いたと依頼人に報告した際のあの嬉しそうな笑顔を見るにつけ、本当にこの仕事をしていて良かったと実感します。

また、先日はこんなことがありました。依頼人は、非常に優秀な誰もが羨む大きな企業にお勤めの方でした。その依頼人が、ふとおっしゃいました。「先生は、クライアントに感謝され、必要とされるお仕事で良いですね」と。私は企業に勤めたこともないですし、ましてそんなに優秀でもありませんので、びっくりするとともに、大変嬉しい気持ちになりました。

申請過程では、書面の作成に頭を抱え、悩み続けましたが、最終的にそのように客観的に評価いただけたことに、この仕事で本当に良かったと感じました。

行政書士は弁護士法第七二条との関係で、紛争性を帯びた業務は取り扱うことはできません。ですから、依頼人の本来の利益に沿って行動するかぎり、基本的に最終的には依頼人の笑顔が見られる仕事だと思います。依頼人の笑顔ほど、嬉しいことはありません。これで正当に報酬をいただけるのですから、有難いと思っています。

◆◆◆五　仕事獲得のために

また、私が強く皆さんにお伝えしたいことは、資格は取得しただけでは「絵に描いた餅」だということ、そして、せっかく取得した貴重な資格を有効に利用し、依頼人の笑顔に寄与するためには、やはり仕事獲得のための努力も怠ってはならないということです。

事務所のパソコンの前に座っているだけでは仕事は歩いてやって来てはくれません。

よく、「行政書士は食べられない」ということを耳にしますが、私にはそのような発言に対しては、「食べるための努力をしていない」のではないかと感じています。

私には尊敬する女性の先生がいます。彼女は二〇名近いスタッフを抱え、日々業務に向き合っていらっしゃいます。一〇年近く前、私が受験生時代に知り合いました。

私が受験生をしながら補助者をしていた時代、実務家として先生の同期が先生を訪ねていらっしゃって、楽しそうにお話していた姿を羨ましく眺めていたものでした。

そんな長い付き合いのなか、本当は、あまり積極的に外に出ていくのが好きではないという先生の性格をよく知っています。

もちろん先生の事務所のスタッフの尽力もあると思いますが、先生は「営業」のプロであり、大変なご苦労もおありかと思いますが、仕事獲得術に長けた非常に優秀な方です。実務家として、経営者として、本当に大変なことをされているんだと感じています。

その後、私も先生の後を追うように合格し、実務に出るようになりましたが、「営業＝仕事獲得」に対する姿勢には学ばされること、感心させられることばかりです。

依頼人との出会いもそうですが、自分にとってメンターとなる人との出会いもこの仕事をしていく上で非常に大切なことなのではないでしょうか。

また余談になりますが、私は行政書士試験合格までに二度試験に落ち、三度目の受験で行政書士の資格を取得しました。法学部でしたから、簡単に合格できるものだと甘く考えていたのがすべての誤りの始まりでした。自分の立ち位置を正しく見極め、日々精進すること、そして何よりも謙虚な気持ちというものが大切であると、遅ればせながら試験を通じて学びました。

これは、実務家であっても同様です。謙虚さを失ったら最後です。また、合格発表の日のことは七年経った今でも鮮明に覚えています。「ようやく自分の名前で社会に貢献できる」と。

ですから、この資格を大切に使って、依頼人の笑顔に貢献したいと思っています。

そして、この資格を十分に生かすため、仕事獲得に繋がる営業も、業務の一環として捉え、これからも努力を続けたいと思います。

よく、「どうやって営業するのですか」と質問されることがありますが、その答えは皆さんのなかにあります。「自分はどの業務分野で誰の幸福に寄与したいのか」を考えれば、おのずとアプローチ先・アプローチ方法が見えてくるはずです。自身の成功の為には、人任せにするのではなく、まず自分で考え、行動する姿勢が非常に大切です。

失敗してもいいのです。動くことが大切です。これは、前述の尊敬する先生から学びました。一番の失敗は何もしないことなのではないのでしょうか。

「資格を生かすも殺すも自分次第」ということを忘れないで欲しいと思います。

自分の保有資格への、「どうせ食べられない」といったようなネガティブな気持ちはダイレクトに資格に伝わります。自分の保有資格にプライドを持ち、「資格」を大切に、「依頼人」を大切に業務に向き合えば、資格は皆さんにちゃんとご褒美を与えてくれるはずです。自分への戒めにもなりますが、高い志を持って業務に精進していきたいと思います。

そして、周囲への感謝の気持ちを持って接することも大切だと思います。

これは一見、仕事獲得とは無縁のように感じられるかもしれませんが、私は密接に関連していると思います。私は仕事仲間、家族、友人達、諸々に感謝をする気持ちを大切にしています。

相手に対する感謝の気持ち、リスペクトする気持ちはいい循環を生み、良い出会いをもたらしてくれます。

昨今では、ホームページやフェイスブック、ブログ等から仕事を獲得する方法も増えてきており、たしかに重要な営業媒体であると思いますが、私個人的には、アナログな関係である人と人との出会いから仕事がもたらされると感じています。

「FACE TO FACE」。非常に大切なことではないでしょうか。

これは、対行政との関係でも同じことがいえると思います。

◆◆◆ 六 仕事獲得後について――行政書士業務の特殊性

行政書士は弁護士の司法修習のような研修制度がありませんから、合格後即開業ということも可能です。

補助者として現場で下積みをしていた際は別として、合格後即開業した場合には、ほぼ大半が未知なる仕事との対峙ということになります。

私はこれまで多くの受験生や合格者と接し、これが実務へ飛び立つ大きな障害になっているように感じますが、初めての仕事の際は誰しも不安に駆られます。まして、開業当初などはすべてが未知なる世界なわけです。

そんな時、やはり自分のなかでのブレない思い・価値観は必須であると感じます。

というのは、クライアントにとっては、私たちは「行政書士」である以上、「プロ」も「アマ」の区別もなく、全員が「プロ」なのです。

「登録したばかりだから…」とか、「初めての仕事だから…」などという言い訳は一切通用しません。

今でこそ、私も自分の専門分野を絞れてきましたが、それでも開業当初のように、初めてのご依頼をいただくこともままあります。

やはり不安がないと言ったらそれは嘘になります。ですが、そんな様子をクライアントに感じさせてはならないのです。

「プロ」なのですから。

そんな時、不安に打ち勝つために何が自分を支えると思いますか？

私は、「すべては依頼人の笑顔のために」という熱い思いだと思っています。

「依頼人が頼りにしてくれている。だからその笑顔に貢献しなければ」と思います。

新しいことですから、ひたすら勉強です。

受験時代は自分が怠ければ自分にだけ影響を与えますが、仕事はそれでは収まりません。私たちが十分な知識なく仕事を行なえば、最もあってはならないこと＝「依頼人に迷惑」がかかってしまうのです。これは何が何でも避けなければなりません。

ですから、仕事と向き合う際の「思い」、「気持ち」というものは非常に重要であると思います。

七　最後に

「どういう自分になりたいのか」、「どういう将来像を描いているのか」、「人生の目的は何か」、「自分の喜びは何か」、常に迷い続けますが、人間は自分の思い描いた通りに良くも悪くも進んでいくものだと私は考えています。

辛い受験時代、私はバリッと素敵なスーツを着て、事務所の応接室でクライアントの相談に乗っている姿を想像しながら勉強していました。また、志を同じくする仲間と悩みや喜びを共有できる日々を過ごしている自分を想像しながら勉強をしていました。

有難いことに、その両者は現実となりました（バリッとしたスーツは残念ながら滅多に着用しませんが…）。

春も夏も秋も冬もいつも何かを我慢しながら勉強や仕事に追われていた日々も、今では本当に貴重な経験として私のなかに残っています。

むしろあの時間があったからこそ、今の自分になり、さまざまな仕事や人びととの出会いがあったと感じています。

一見無駄なように見えることであっても、人生に無駄なことはありません。

私は非常に長い回り道をしましたが、平成一八年という年に合格したあのタイミングが私にとっての転機だったのだと感じています。

大切なことは、目標を具体的に設定し、目標に到達した際の自分を具体的にイメージし、目の前のことに全力を尽くすこと。これに尽きると思います。

せっかくの一回きりの人生ですから、私は自分を頼りにしてくれる人びとの力になりたいと思います。その手段を与えてくれた「行政書士」という資格に心から感謝しています。

『為せば成る。為さねば成らぬ何事も』、『すべては依頼人の笑顔のために』というブレない気持ちで日々更なる精進を続けていきたいと思っています。

皆さんの目標は何ですか？　具体的にイメージできますか？

一年後、三年後、五年後、一〇年後、二〇年後…はどうなっていたいと思いますか？

まず、どんな人生にしていきたいかを具体的にイメージすること、それに向かって努力をすること、そうすれば、何年後かにはきっと、その理想は現実化している可能性は高いのではないかと思います。

私の周囲の先生方も皆それぞれの大志を抱いて仕事に向き合っています。

それぞれ紆余曲折を描きながらも、何年か前に掲げた目標をあきらめず、理想の形に近づきながら、キラキラと業務に邁進しています。

大切なことは、「まず一歩を踏み出す」こと。

そうして、自分が変わることで環境も変わり、理想像に近づいていくはずです。

成功している先生方に共通している姿だと思います。

良くも悪くも自分に影響を与えているのは、自分の物の考え方です。

世の中には、さまざまなことに戸惑い、迷っている方々が多くいらっしゃいます。

専門知識を持って、その方々を救うことができるのは、本当に素晴らしいことだと思います。大変なことも沢山ありますが、自分自身の「勇気」と「努力」で自分の立ち位置は大きく変えることができると思います。資格取得は一つの通過点に過ぎませんが、新たな世界への第一歩になるのではないかと思います。

皆さんの今後のご活躍を期待しております。

第1部 人のために働く行政書士って？――憲法の理念の実現に向けて

自分はどう生きたいのか。
そして、お客様は何を望まれているのか。
これが行政書士には必要です。

伊藤　健司（いとう・たけし）氏

伊藤行政書士事務所
〒120-0015 東京都足立区足立1-11-11-401
TEL:03-5888-6840
FAX:03-5888-6840

◆◆◆ 一　行政書士としてどのように歩んでいくか

あなたが、行政書士という資格に興味を持ったきっかけは何でしょうか？

私は現在開業七年目（二〇一三年現在）であり、それほど長い期間ではないですが、実感として、行政書士の道を歩んできたことは間違いではなかったと考えています。

ひとつ真っ先に考えて欲しいことがあります。それは、行政書士としてどのように歩んでいくか？　ということです。行政書士として歩むということは、どういった人生を送りたいかを考えることになります。

このことは、この先、行政書士として歩んでいくためのコアとなる部分です。そのために、まずは自分の棚卸をしてみることを提案します。具体的に以下のことについて、確認してみてください。

① 目標、希望、夢。
② 好きなことと得意なこと。好きではないが得意なこと。好きではあるが不得意なこと。
③ 自分がやりたいこととやりたくないことは何か。
④ 行政書士でなくてもできること、行政書士でなければできないこと、自分でなければできないこと。
⑤ 自分の特性や経験を活かすことができるか。そしてそのためにはどうすればいいか。
⑥ 自分の使命（ミッション）は何か。

現在のあなたの姿は、過去に思い描いていたものですか。それとも違っていますか。いずれにせよ現在の自分は過去の自分が創ったものであり、ここに至るまでは数え切れない選択をしてきたと思います。そのなかでも特に望まなかったことや、辛かったことを思い起こすのはしんどいものですが、一度真摯に向き合ってみてください。過去のあなたから未来の自分の姿を想像してみてください。

何故このようなことを提案するかといえば、主に以下の三点からです。

第一に、行政書士に限らず士業というものは他のビジネスと少々趣が異なると考えているからです。単に扱う商品（サービス）が法的なものであり、必要としているお客様にご提供することからいえば、士業以外の他のものとそれほど変わりはないです。しかし、取り扱いによってはお客様の財産、ひいてはお客様の人生を大きく損ねる可能性を含んだ業務も多くあります。そのため士業で独立するには、自己の軸となる信念・理念と高い職業倫理がより必要になるものと考えているからです。

第二に、士業同士に目を向けてみますと、行政書士は他の士業と比較して業務範囲が広いからです。行政書士の業務としてまだ知られていないものや、今後の法改正によって生み出される業務、差別化した業務、すでにある定型業務にプラスアルファした新しいサービスも創造可能です。まだまだ市民のために役立つ可能性が大きく将来に見込みがある職業であるからです。

第三に、試験に合格したからといって、必ず独立する必要はないと考えるからです。会社員をしながら週末だけ業務をする、共同事務所や合同事務所にする、民間企業に就職する、法律事務所や司法書士事務所あるいは行政書士事務所に勤務する、受験指導や執筆活動をする等々、そのほか活かせる方法はあるかと思います。これからの人生に合わせた取り組み方がいくつもあると考えているためです。

せっかく行政書士として歩んでいくわけですから、上記三点を念頭に、既存のものに縛られることなく時間をかけて自分と素直に対話してみてください。

◆◆◆ 二　憲法の理念と行政書士

最近、憲法改正論議が盛んに行われております。さまざまな意見が飛び交い議論をするのは、良いことだと思っております。こういった機会がなければ、憲法について深く考えることもなかったでしょうし、そもそも憲法と法律は何が違うのか？　といった素朴な疑問にすら考えが及ばなかっただろうと思われます。あなたは、憲法に対してどのような考えをお持ちでしょうか。

行政書士の実務現場では日々お客様からさまざまなご相談をいただきます。本当に多種多様の問題を抱えておられる方が多いことに気付かされます。いろいろな方がさまざまなご相談をされるわけですから、画一的なアドバイスでは通用しない面があります。例えば、過去に似たような事例を取り扱った経験があり、近いアドバイスを差し上げたとしても、納得される方とそうでない方がいるのです。こちら側が類似していると思いアドバイスをしても当人にとっては望んでいた回答ではないからでしょう。よって一人ひとりのお話に真摯に耳を傾け、ご相談の本質を察知しなければ務まらないのです。さらにはすべてを包み隠さずお話してくれているとは限らないこと、不都合なことは明かしてくれない可能性があることも意識しておかなければなりません。

お客様にアドバイスをする上においては、法律的な面からはもちろん、いわゆる常識や慣習、自己の価値観等々から総合的に判断し回答することが原則です。とはいっても、自分と相容れない考えや思いを持った方も当然います。法律や常識から導き出された回答を、一人ひとりの状況に合わせてカスタマイズしていく過程が重要となります。そのためには自分の固定観念は捨てて、いろいろなものを受け入れる許容性と、常に自分を高めようとする意識が必要であると思われます。

人間は皆同じで皆違う。「憲法一三条　個人の尊重」です。これは憲法の理念といえます。もちろん、自分の価値基準に照らし合わせたり、世の多数意見を参考にした回答をすることもできます。しかしそれは必ずしも正解とはいえないかもしれないのです。

ときには答えが出ないようなご相談を受けることがあります。このようなとき、どう対応していくか？　入り込みすぎては問題ですが、ある程度相談者の気持ちを想像し、共感することも必要になります。

異なるものを受け入れることはなかなか容易ではないかもしれません。現に同じ行政書士や他士業の方でも自分の考えや意見が正しいとしてそれを押し付ける状況がしばしば見られます。

しかしそれは自分の考えが必ず正しいという立場からのものであり、憲法を学ぶことで、この「自分とは異なる考え方が存在する」という当たり前のことが強く意識できるようになるのではないでしょうか。

実務家として、民法や会社法をはじめ、その他各種法律や条例、通達などは知っていて当然であり、現場ではこれらを常に駆使していきます。しかし、その根本にあるのが憲法の理念を基本とした考え方でなければならないと思われます。

すでに行政書士である方も、これからなられる方も、普段はそれほど意識することがないからこそ、しっかり憲法の学習をして意識の奥深くに据えていなければならないと考えています。

◆◆◆　三　食える人と食えない人の違い

「行政書士はなかなか食えないと聞くのですが、本当のところはどうか?」これはよく聞かれる言葉です。

このような方は、「資格をとれば仕事が得られる」という認識がないかを確認してください。もはや、資格を取得するだけで仕事を得られるという時代は終わったと思われます。行政書士という資格は単なるスタートラインです。

仮にあなたが、行政書士に何か仕事を依頼するとして、まず何をしますか？　例えば、インターネットで「行政書士　相続」などで検索するでしょう。もっと言えば、単純に「相続」で検索した場合はどうでしょうか。ここで、あなたの事務所が検索でヒットしなければ、依頼者にとっては存在していないのと同じといえます。これは一例ですが、現在の行政書士は事務所の事業戦略を考えることが必須になっているということです。そのなかで、行政書士として「このサービスを提供したい」という思いから、お客様が望んでいるものを提供するということを優先させなければならない時代なのです。

この点は他の業種と何ら変わりはないと思います。それができているかそうでないか。その結果、食える行政書士もいればそうでない行政書士もいる。食える行政書士は、顧客のニーズにあったものを提供し、食えない行政書士はそれができていないというだけのことです。

行政書士として独立するというのは、「起業」することと同じです。例えば飲食業やＩＴ関連業として起業する際、「食える、食えない」を気にしますか？　おそらく、食えるように事前に計画を立てます。そして、食えるように日々努力するはずです。ですから、食えるか食えないかを悩むのではなく、行政書士という事業を成功させるには何が必要かを考え抜くべきと思います。

行政書士の業務は多岐にわたり、未開拓の分野も眠っているといわれています。もちろん、許認可申請などのいわゆるメジャー業務といわれるものは、先輩方が苦労して積み上げ実績を残し今日に至るものですので大切に継承していく必要があります。しかし、激動の時代ですので、時勢に合ったこれまではおよそ考えられなかったことを掘り起し、良い意味での非常識なことに取り組む姿勢がこれからは必要になると思います。

行政書士に限らず、世の中のビジネスは、お客様がいてはじめて収入を得られて、安定継続した事務所経営ができ、世の中に良いものがご提供できるようになるのです。後述しますが、実務習得に必死になるばかりにお客様獲得が疎かになってはいけません。すばらしい信念を持っており、人柄も良く実務能力も身に付き、受け入れる環境・能力が整ったとしても、お客様獲得のための施策を打っておかなければ宝の持ち腐れとなるからです。このあたりのバランスの取り方には難しい面もありますが、結局はお客様がいなければどんなに良いものを持っていたとしても何にもならないのです。お客様がいて良いものをご提供し報酬をいただく。この当たり前のサイクルを早い段階から構築する必要があるのです。

実務に関して不安に思われることが多いのは致し方ないのかもしれませんが、それと同じく経営者であることを強く意識して準備しておくことです。サラリーマンであった方は、意識してその前職時代の考え方を変える努力をすることです。

「世の中の役に立ち、かつ、自分が幸せになるために行政書士になって必ず成功する！」という覚悟が最終的に行政書士として成功する要素だと思います。

◆◆◆　四　実務の習得について

行政書士の実務知識としては、民法・会社法・行政法はもちろん、各種官公署に申請する手続を定めた規則など、多岐にわたっています。これらすべてを事前に学習することは可能なのでしょうか。可能というより必要なのでしょうか。

すでにノウハウのある事務所に入り、ある程度経験をさせていただいた上で登録・開業する方法が理想的だと考える方もいるでしょう。しかし現実にはなかなかそういう機会が得られません。そもそも行政書士事務所における求人は多くないですし、求人が出てもかなりの倍率で殺到するからです。

そのため、多くの行政書士が登録・開業後に、依頼された業務を独学でこなしながら、実務知識を習得しているのが現状です。行政書士には、司法試験のように合格後に司法修習があったり、司法書士のように試験科目に実務に直結した科目があったりするわけではありません。そのため、行政書士として自信をもって、独立開業できる人はごくわずかでしょう。

ただ、幸いにも現在はインターネットの普及や手続マニュアル、書籍等が充実しておりますし、行政書士登録後の各種研修会も非常に充実しております。これらの研修は強制ではありませんが、自分で選択しながら受講し培っていけること、同時にさまざまな方々と知り合える機会にもなることを前向きに捉えて進んでいきましょう。

独立に際し、不安が大きいのは当然ですが、先輩行政書士の多くはそういった不安を乗り越えて今日に至るわけですので、一歩踏み出す勇気と覚悟を持ってください。

ここで、私の例をひとつお伝えします。私のお客様のなかに、認可保育所を開設して少しでも世のために貢献したい、という方がいらっしゃいました。現在の法律では、認可保育所を運営できるのは社会福祉法人とされています。ですから認可保育所を開園するために、社会福祉法人の設立が必要になります。このような業務は私にとって初めての経験でした。

幸い、依頼を受任するまでに少し時間があったため、関連する書籍等をかたっぱしから調べながら先輩行政書士に確認してまわりました。しかし、想定外だったのが、身近にこのような業務の依頼を受けた行政書士が皆無であったことです。そのため、業務の進め方、体系から各手続、そして報酬のことまで、モデル事例を全く得られませんでした。もちろん取り扱っている一部の事務所はありましたので、参考にさせていただきましたが、ほとんど手探り状態で進めていきました。

そんな状態ではあったものの、約一五カ月かけて法人認可を得ることができました。初めての事案でも、誠意をもって尽くせば知識以上のものが得られ、多くのことを経験できること、いろいろな方と知り合えることをこの業務を通して改めて確認できました。ただ、失敗できないというプレッシャーも大きく、これが社会貢献も期待されている士業ならではの業務特質という気がします。

認可保育所開園という社会的に意義のあることに関与させていただいていることに大きなモチベーションが得られましたし、一部の行政書士事務所のみが取り扱っているということで、今後の経営面からみると、大きなアピールポイントにしていくことができます。

今後も初めて経験する業務に取り組むことで、しんどいことや楽しいこと、新たな発見や出会いがあると思います。そう考えるとワクワクすることのほうが大きいです。

現在活躍している有名な行政書士の方も、みんな最初は素人だったのです。その方々や私にできて、あなたにできないことはないはずです。

ですから、実務知識の習得は、ある程度業務を決めたら、業務全体の概要、要件、効果など必要最低限でいいと思います。知らない事案に出会ったときは、調べればいいだけです。「考え込むより動け‼」をモットーにしてみてください。

◆◆◆ 五　専門分野の確立について

行政書士業務は大変幅広いです。そのため、業務については社会的にあまり知られていないのが現状です。

しかし逆に考えますと、固定化された認識が薄いことこそがチャンスともいえるのではないでしょうか。

そこで、専門分野特化の話になるのですが、この場合のメリットは大きく三点あると考えます。

① 限られた資源を集中投下できる点

② 早く一人前になれる確率が高い点

③ お客様から見てわかりやすい点

特に開業当初は人材や資金が限られているため、専門分野の早々の確立は理に適っていると思います。

そして、どの専門分野に特化していくかを決めるのはあなた自身です。行政書士事務所の経営者になるのですから、世の中のニーズを捉えたり市場動向を予測したり、また費用対効果を考慮したり等々の経営の面から検証することも重要になります。もっともそれ以上に、今後あなたがどう生きていきたいかを考えることも重要であり、それによって方向性が見えてくると思います。

そして、この専門分野特化のなかには、いわゆるニッチ分野やオンリーワンのものを提供する、といった考え方もあります。

ニッチ分野を探すこと、オンリーワンのものを確立することが早道であると最近よく聞かれるようになりました。どの業界でもそうですが、これらは行政書士業界でも必ず存在します。

行政書士はさまざまな業務があり、またご自身のこれまでの経験や得意分野、興味があることや世に必要とされること等、いろいろな角度から検証を試みる余地があるのです。そういった分野を見つけ、ビジネスモデル化を図ることができれば、短期間でその分野の第一人者にだってなれる可能性があるのです。

日本社会は成熟し、多種多様なものを求める社会になりました。行政書士もこのような社会のニーズに合わせていかなければなりません。これまで見向きもされなかった分野や、経験に裏打ちされたあなた独自のものが注目される時代です。未知の分野でかつそのモデル化が可能なものがすぐに見つかるとは限りませんが、お客様獲得の施策と同じく、ここは最重要課題であると考えております。

私の場合ですと、「遺言作成サポートの複数オプション化」や「アスリートのセカンドキャリア支援」などがこれに当たります。これらのパッケージングは、ニッチやオンリーワンを強く意識して生み出したものです。複数オプション化とは、例えば遺言作成の期間を複数年に設定することや、同時にエンディングノートといわれるものの作成、ビデオレターや自分史の制作などのことを指します。これらはすぐに思いついたものではないのですが、あるとき何気ない会話から浮かんだり、お客様と一緒に考えたり、また大好きな野球と行政書士を無理やりつなげてみたり、いろいろな想像やイメージを膨らませることに日々取り組んでいた結果です。

大変な作業のうちの一つではありますが、やりがいを感じることと思います。そして想像し、考え、試していくことは非常に楽しくワクワクするものです。皆さんもぜひ意識してチャレンジしてみてください。

◆◆◆ 六 人とのつながりについて

私が行政書士として、これまで経験した業務の具体例を少しご案内します。各種業務をどのような依頼者・紹介者からいただいたのかの一例が（次ページの）表となります。

例えば建設業ならばそれに関連したことを相談されますが、予想もしていなかったご相談もまた多く寄せられます。そしてそれは、どの業界の方々にも当てはまります。さらにはその流れでいろいろな方々をご紹介くださったりします。表内の方々はすべてではないですが何らかの関係性がある方々で、そうやって業務を通じてつながっていきます。語弊があるかもしれませんが、網の目が張り巡らされたイメージの関係となります。

業務名	依頼者・紹介者
遺言書作成	知人
建設業許可	司法書士
パスポート申請代行	知人
宅建業許可	税理士（のお客様）
金銭消費貸借契約書・労働契約書・その他	社長（宅建業）
清算手続	税理士
建築士事務所登録	弁護士
株式会社設立	建築士
相続手続	知人
社会福祉法人・認可保育所設立	建築士
顧問	知人

行政書士になって特に大きく感じたのが、人とのつながりの重要性です。誰からどのようなご相談があるか予想できないものですし、誰がどんな方とつながっているかもわからないものです。

逆に言えば、必要ないと思われるものでも、お伝えしたいことがあれば、どんどん発信すべきです。実は隠れている何かがあるかもしれないし、本心に気付いていない場合だってあるからです。

人は一人では生きていけない、そして周りに生かされているということを、身をもって感じました。

私は開業一年目にある程度良いスタートが切れました。そして二年目になる少し前に、一年目にできなかったさまざまなことを試していき、より安定した事務所経営を目指して、初めてのことに取り組みはじめました。ところが、さまざまな施策の多くは結果を残すことができずに、入金面でも苦慮する機会が多くなりました。翌月の資金繰りについて考えたことも一度や二度ではありません。不思議なもので、何をやっても上手くいかない時はあるものです。空回りを続け、やがて気持ちにも余裕がなくなっていきました。

そんな時、ある依頼から、次の業務のきっかけを掴むことができたのです。そして、その同時期に気付きを与えていただける言葉に出会ったり、業務の紹介があったり、少しずつ業務が好転していきました。

この時は本当に周りの方々の有難さと自分が支えられて生かされていること、自分にある程度何でもできるという驕りがあったこと、を感じることができました。

そして、もう一点学んだことは、人として当たり前のことをきちんとこなす、ということです。挨拶から始まり、ホウレンソウをきっちりこなすこと、時間を厳守すること、約束は何があっても必ず守ること等々です。基本的なことであえて言うことではないかと思われるでしょうが、行政書士業務以外の雑多な事務をはじめ、さまざまなことを最初は一人でこなしていかなければなりません。そのなかで最も大切な時間が次第に確保しにくくなっていくことに気付きます。時間に追われる日々を送っていますと、当たり前のことが見えなくなったり疎かになったりします。難しいことではないことが、本当に重要なところです。

ご紹介はいつやってくるかわかりません。また、チャンスも自分が望んでいる時以外にも突然やってきます。その時にすぐに対応できるよう、実務の研鑚はもちろん、経営に関すること、事務的な面もきちんと取りまとめておき、紹介を受けた時点で動ける準備をしておくことをお勧めします。

ちなみに、行政書士では三年は食えない、ということもよく耳にしますが、ご紹介によってある程度安定してくるのが三年程度ではないかと実感しております。しかし、これはあくまで紹介に限ったものと思われ、登録・開業時から積極的な営業活動をかけていけば、もっと早く軌道に乗ると思います。

七　最後に

世の中には成功に関連する情報が出回っております。それぞれの分野でさまざまな方が取り組み、結果を出せた具体例も多く見受けられます。

成功者を真似よ、と言われておりますので、成功体験やその事例の真似をすることは、悪くないと思われます。

私は登録・開業の半年前からお世話になっている社長さんに事業計画書や経営について、またその他の重要なことの数々をご指導いただきました。業界は違えど、とても勉強になりましたし、本当に運が良く周りの方々に恵まれていたと思っております。そうして一年目はあまり根拠のない自信と、満ち溢れたやる気のままに突っ走り、まずまずの結果を得ることができました。

一方で世に数ある成功体験や法則も試してみたい気持ちがあり、少々余裕が出てきた二年目にそれらに取り組みました。その結果、大きく落ち込みました。結果には必ず原因があるということで、幸いにもその原因を発見することができましたので、今となれば一つの大きな経験となりました。

テクニックを欲することは致し方ないと思います。それを探し求めることも悪くないと考えます。しかし、気を付けていただきたいのは、それをいかに自分のものにすることができるか、そして上手くいかなかった際にどれだけ検証して次に活かすことができるか、です。

当たり前ですが、ある成功法則はそれを発見・実行した人のものであって、そのまま自分に当てはまるものとは限りません。バックボーンや置かれている環境、能力や人柄等々が皆それぞれ異なります。そのなかで自分流にアレンジして取り組んでいくことです。できれば皆さんには私と同じ轍を踏まないで欲しいと願っています。

どんな方でも共通していえる成功法則の一つを挙げるとすると、それは行動力だと思います。社会的に見ていわゆる成功していると言われる方々とお付き合いをさせていただくなかで、そのことは強く実感しています。自営業者であろうとサラリーマンであろうと、できる！と言われる方々は周りにいると思います。よくよく観察してみてください。一歩踏み出す勇気と行動力を持っており、アグレッシブです。そしてポジティブな考え方も持ち合わせております。

ですから、しっかりとした信念を持ち、ニーズに応えるために考えることは基本となりますが、さらに貪欲にやりたいことも探してください。そして、役に立ちたいと思うこと、自身の幸せを強く望むこと、使命を意識すること。これらは、行政書士として歩んでいく過程では必ず考えることとなりますので、今からでも強く意識してください。

ここまで理念や求められることを提供する、感謝すること、人とのつながりといった類の話に終始しました。しかし、人は弱いものです。自分のモチベーションを維持するために、例えば美味しいものを食べたい、とか良い車に乗りたい、好きなときに旅行に行きたい、といった類の欲求にも忠実でいてください。こちらも原動力となる非常に強力な要素です。大きな目標と自分の欲求、その他色々なものを併せ持つことや、強い自分と弱い自分を受け入れる気持ちを抱えながら日々歩んでいってください。

そしてさまざまなバックボーンを持った方々が行政書士として活動し、世にいろいろなサービスを提供していき、素敵な世の中にするために、ご一緒させていただくことを望んでやみません。

【コラム】行政書士の業務

一　行政書士の仕事のイメージ

法律系の資格を思い浮かべると、真っ先に出てくるものは大概「弁護士」であろうと思います。

ただ、法律系の資格には、これ以外にも司法書士や行政書士などがあります。

そもそも、裁判＝法廷に立って、依頼者のためにさまざまな発言をしていくのが弁護士ですが、法律系の仕事は、法廷に立つこと以外にも事務系、つまり、法的書類の作成があります。

行政書士や司法書士は、まさしくこの法的書類の作成をその業務の中心に置きます。

では、行政書士と司法書士の違いは？　ということになりますが、これは作成する書類の種類にあります。

すなわち、司法書士は、主に登記業務を中心とした裁判所や法務局へ提出する書類作成をその業務とします。

これに対して、行政書士は、主に許認可業務を中心としたその他の法的書類作成をその業務とします。「その他の法的書類」というと随分とアバウトな感じがすると思いますが、これは法律系の資格業の仕組みにその原因があります。

すなわち、法律系の資格業は、特定の専門的な分野についてはその専門資格を準備するとともに、その他の一般的な法的書類の作成についてはすべて行政書士の業務とする仕組みをとっているのです。

それため、行政書士の作成できる書類は何千とも何万とも、数え切れないくらいとも表現されることがあります。

ただ、これは一方においてメリットであるとともに、「行政書士」という資格からは「どのような仕事をしているのか？」がイメージし辛いというデメリットでもあります。

そこで、本書の多くの先生方もそうですが、行政書士の場合、資格から一歩進めて、自分の専門分野を作っていくことが多いのです。

二　行政書士法が規定する行政書士の業務

それでは、行政書士の業務の大まかなイメージができたことで、ここから具体的に行政書士の業務を「行政書士法」に沿って見てみましょう。

行政書士法によると、行政書士は、他人の依頼を受け、報酬をえて、次の事務を業とすることができます。これらは、行政書士法という法律に規定されているため、法定業務と呼ばれます。

① 官公署に提出する書類、その他権利義務又は事実証明に関する書類の作成（行政書士法1条の2）
② 官公署提出書類の提出手続の代理、聴聞手続・弁明手続の代理（同法1条の3第一項第1号）
③ 行政書士が作成した官公署に提出する書類に係る許認可等に関する不服申立ての手続について代理等（同条項2号）
④ 契約書等の書類作成の代理（同条項3号）
⑤ 書類作成の相談（同条項4号）

聴聞、弁明、代理など、難しい法律用語が出ています。詳細は後述しますが、それぞれ簡単に言うと、聴聞や弁明というものは、例えば、行政が以前に与えた許認可などを取り消す処分をしようとするときに必要となるもので、対象者に対して弁解の機会を与える手続をいいます。そして、代理とは、依頼者に代わって行為をすることを言います。代行、つまり、ただ代わって行くというものと異なり、書類の不備などについての修正権まで代理人は持っています。

それでは、一つひとつ、より具体的に見ていきましょう。

① 書類の作成業務（一条の二）

行政書士の業務は、まず書類の作成です。書類作成を他人の依頼により、報酬をえて行います。作成する書類は、次の三種類です。

① 官公署に提出する書類（その作成に代えて電磁的記録を作成する場合における当該電磁的記録を含む。）
② 権利義務に関する書類
③ 事実証明に関する書類（実地調査に基づく図面類を含む。）

この業務は、行政書士の「独占業務」とされており、行政書士でない者は他人の依頼を受け、報酬をえて、業として上記業務を行うことはできません。

ただし、以上の書類であっても、他の法律でその作成業務が制限されているものは作成できません。また、他士業との共同独占・所管となる場合もあります。したがって、行政書士の業務範囲は、他の法律、特に他の資格者の業務に関する法律の規定と密接に関連しています。

Ⅰ　作成できる書類

ⅰ　官公署に提出する書類

官公署とは、国または地方公共団体（都道府県や市町村）の諸機関を指します。

なお、官公署には、行政機関のみならず、その他の機関も含まれますが、司法書士の独占業務との関係により、裁判所、検察庁、法務局等は含まれないものと解されています。

そして、官公署に提出する書類であれば、権利義務、または事実証明に関する文書であると否とを問わず、作成できます。

例えば、各種許認可の申請書や各種の届出書のほか、警察機関に宛てた告訴、告発状などがあります。

また、近年の高度情報化社会の進展にともない、電子政府、電子自治体の構築が推進され、電子申請オンラインシステムの整備が急速に進んでいます。そこで、二〇〇二年、行政書士法改正によって紙媒体だけでなく、「電磁的記録」に関しても作成できるようになりました。

ⅱ　権利義務に関する書類

権利義務に関する書類とは、権利の発生・存続・変更・消滅の効果を生じさせることを目的とする意思表示を内容とする書類とされています。

少し難しいかもしれませんので、一つ、具体例として、売買契約を例に考えてみましょう。

売買契約をすると、売主は買主に対して「代金を支払ってください」ということができます（売主の権利）。これに対して、買主は代金を支払わなければなりません（買主の義務）。これに対して、買主は売主に対して「物を引き渡してください」ということができます（買主の権利）。これに対して、売主は物を引き渡さなければなりません（売主の義務）。

また、売買契約をすることにより、それまで売主の物であったのが、買主の物になります。誰々の物という表現を法律の世界では、所有権といいます。つまり、物の所有権が売主から買主に移ります。

こうしてみると、売買契約によって、権利や義務が発生したり、権利が人から人へと移転することが分かります。

つまり、売買契約書は、まさに「権利義務に関する書類」に当たるのです。

このように売買契約書のほか、各種契約書、例えば、賃貸借契約書などが、権利義務に関する書類と言えます。また、その他、遺産分割協議書、就業規則等などがこれに当たります。

iii　事実証明に関する書類

事実証明に関する書類とは、実社会生活において、事実を証明するために使われる文書をいいます。

例えば、自動車登録事項証明書、交通事故調査報告書などの各種証明書のほか、財務諸表や営業報告書などの経営会計書類、その他、各種図面類がこれに当たります。

iv　一定の税務書類

税務書類の作成は、税理士の業務であり、税理士でない者がこれを行うことはできないのが原則です。

しかし、税理士法により、ゴルフ場利用税、自動車税、軽自動車税、自動車取得税、事業所税等の一定の税務書類について、行政書士がその作成業務を行うことを特別に認められています。

Ⅱ　作成できない書類

一方で、他の法律によってその業務を行うことが制限されているものがあります。

具体的には、他の資格者の独占業務に属する書類作成業務を、行政書士が行うことはできません。

資格と行政書士が作成できない書類の関係を表にすると次のようになります。(次ページ表1)

Ⅲ　他士業との共同法定業務

また、行政書士にも作成できますが、他の資格者も作成できる書類もあります。(次ページ表2)

②　官公署提出書類の提出手続及び聴聞・弁明手続の代理業務（行政書士法一条の三第一項第一号）

Ⅰ　官公署提出書類の提出手続

行政書士は、他人の依頼を受け報酬をえて、その作成することができる官公署提出書類の提出手続について代理することができます(申請代理)。

代理権があるため、単に書類を提出するだけではなく、官公署からの問い合わせに対し、依頼人の代理人として行政書士自身の判断で対応することができます。

Ⅱ　聴聞・弁明手続の代理業務

行政手続法で、許認可などを取り消す処分を不利益処分といいます。

不利益処分が正しく行われるためには、その処分をするまでの手続が適正なものでなければなりません。そのため、不利益処分をする際には、処分の相手方に弁解をする機会が保障されなければなりません。この弁解をする機会を意見陳述

表1　行政書士が作成できない書類例

資　格	行政書士が作成できない書類
弁護士	訴訟事件・非訟事件に関する書類等
弁理士	特許出願書、実用新案登録出願書、意匠登録出願書、商標登録出願書
公認会計士	財務書類（の調製等）
不動産鑑定士	不動産の鑑定評価に関する書類
税理士	所得税、法人税、住民税、事業税等の申告書等
司法書士	不動産登記申請書、会社設立登記申請書、供託書等
土地家屋調査士	土地表示登記申請書、建物表示登記申請書等
社会保険労務士	労働及び社会保険に関する法令に基づいて行政機関等に提出する書類
公証人	公正証書、定款の認証等

表2　他の資格者も作成できる書類例

資　格	書類内容
弁護士	非紛争的な契約書・協議書類
弁理士	著作権ライセンス契約書
税理士	行政書士の作成できる税務書類・税務に付随する財務諸表等
建築士	1ha 未満の開発行為の設計図書を含む開発許可申請書
司法書士	法務大臣宛ての帰化許可申請書、検察審査会提出書類、警察機関宛ての告訴・告発状
土地家屋調査士	登記に関係しない土地・家屋の調査と測量図

手続といいます。

行政手続法という法律は、この意見陳述手続を聴聞手続、弁明の機会の付与手続（弁明手続）と二種類設けています。

このうち、聴聞手続は、不利益の度合いが大きい処分をする際に採用され、口頭での審理手続が中心となります。これに対して、弁明手続は、不利益の度合いがそこまで大きくない処分をする際に採用され、書面での審理手続が中心となります。

行政書士はこの聴聞や弁明という意見陳述手続で依頼者の代理人として活動することができます。

不利益処分を受ける人は、その業務分野について専門性が高くても、必ずしもその専門分野に係る法律について詳しいとは限りません。したがって、行政書士が、法律家として依頼者に代わり活動するのです。

③　行政書士が作成した官公署に提出する書類に係る許認可等に関する不服申立ての手続について代理等（一条の三第一項第二号）

二〇一四年六月、行政書士法が改正され、新たに行政書士の業務として、行政書士が作成した官公署に提出する書類に係る許認可等に関する不服申立ての手続について代理、およびその手続について官公署に提出する書類を作成することが追加されました。

許認可等を得たとしても、その後、許認可等を取り消す処分などの不利益処分を受けることがあります。この場合、処分を受けた者がその処分に不服がある場合、裁判所に処分の取消しを求める方法のほか、行政に対して不服を申し立てる方法が認められています。

従来、これらの方法を依頼者に代わって行うことができるのは弁護士でしたが、新たに、行政書士も、一定の行政に対する不服申立てについては依頼者に代理することができるようになりました。

ただし、この業務はすべての行政書士が行うことができるわけではなく、研修過程を修了した行政書士（特定行政書士といいます。）にのみ認められています。

④ 契約書等の書類の作成に関する代理業務（一条の三第一項第三号）

行政書士は、他人の依頼を受け報酬をえて、その作成することができる契約その他に関する書類を、代理人として作成することができます。代理人として作成できることから、単に言われたとおりに書類を作るのではなく、行政書士は契約文言の修正記載等を行うことができると解されています。

なお、一般私人間の契約であっても、争訟性のないものについては、行政書士が代理人として交渉・契約締結できますが、和解など、争訟性のあるものについては、弁護士法との関係で、弁護士しか代理人として交渉することはできません。

ところで、相続人が複数人いる場合に行われる遺産分割協議について考えてみると、これらの相続人間が紛争状態にあれば、行政書士は介入することはできないことになります。

しかし、いまだ紛争状態には至らない状況にある場合に、助言や説得を含めて相続人間の合意形成をリードし、分割協議をまとめる代理行為は合法と解されています。

⑤ 書類の作成に関する相談業務（一条の三第一項第四号）

行政書士は、他人の依頼を受け報酬をえて、その作成することができる書類の作成について、相談に応ずることを業とすることができます。

なお、法的書類作成については法的知識が必要となることが多くあります。そこで、これらの知識を相談の際に依頼者に伝えることもまた、許されるものと解されています。

三　法定業務以外の業務

もちろん、行政書士の業務は、行政書士法に規定されているものに留まりません。

行政書士法に規定されている業務は、行政書士でなければできない業務や行政書士ならばできる業務が規定されているのであり、それ以外を否定するわけではないからです。

そのなかでも有名なものとして、成年後見業務があります。

四　行政書士は「事前」をフィールドとする法律家

こうしてみると、行政書士と弁護士との大きな違いは、単に法廷に立つか、法的書類の作成かという違いだけでなく、もう一つ見えてきます。

それは、事前か事後かという視点です。

法廷に立つということは、そこに紛争があること、つまり、事後を意味します。

これに対して、行政書士が行う業務は、許認可の申請はもちろん事前ですし、聴聞や弁明という意見陳述手続の代理も、不利益処分がなされる前の「事前」です。

また、各種契約書を作成する意味は、将来の紛争発生を未然に防ぐことに意味があります。「言った、言わない」を争うのが裁判というイメージをお持ち方もいらっしゃるだろうと思いますが、そのイメージはあながち間違いではありません。

要するに裁判では、争われている内容（言った、言わない）を裁判所が証拠に基づいて事実認定し、それを法律にあてはめて、結論を出します。

ここで証拠として契約書などの書類は大きな意味を持ちます。そして、書類が大きな意味を持つということは、その書類の存在によって「言った、言わない」という争い自体が起こることを未然に防ぐことになるのです。

行政書士の業務を「予防法務」と表現することがありますが、まさに予防とは紛争の発生を書類作成によって未然に防ぐという意味なのです。

第2部 市民からこんなに必要とされています。——市民と行政との架け橋として

入管業務は日本と世界中の人びととの架け橋。
信頼関係を構築すれば、
その付き合いは世代すら超える。

榎本 行雄（えのもと・ゆきお）氏

榎本総合管理事務所
〒144-0053 東京都大田区蒲田本町1-1-1-806
TEL:03-5713-1155
FAX:03-5713-1166

一　行政書士になるまでの経緯

私は、東京で行政書士と社会保険労務士を兼職しており、この業務を始めて三〇年ほどになります。若い頃、学校を出てから事情があって渡米の経験をしまして、その後帰国しますと日本の経済が一番悪い時期でした。当面の生活のために今でいうハローワーク、職業安定所に飛び込んで国内企業では三〜四社、それから貿易会社や外資系の船会社など二〜三社というように転職を繰り返しました。

最初は、東京港に入出港する外国船舶の出入国手続、例えば商船三井、〝K〟LINE（川崎汽船）、日本郵船などの、いわゆる邦船と呼ばれるものと、そのほかの外資、いわゆる外船というものの東京港への入出国手続の代理店に勤めていました。

その当時の外国人との接点といえば、ほとんどが船員でした。船員は短期で行ったり来たりする方ばかりですから、日本政府としてはなるべく早めに来て早めに帰ってもらうという、今とは違って非常に限られた分野でした。そうしたなかで、今で思うと運命的なものを感じますが、いわばそういう手続の現場からいきなり入っていきました。入管法というものをご存知かもしれませんが、一般の外国人の「上陸」という形で基本法には書いてありますが、船員のための「上陸の特例」という特殊な部分から私は経験を始めました。

私自身は、当時はそういった法律など何もわからず、英語がしゃべれて外国人と接点を持てるような、そんな仕事はないかなといった軽い気持ちだったものですが、各国の船員との仕事を通して外国人には入管、外国貨物には税関という部署があってそれぞれの手続があり、船舶の入出港の手続は国の所管、東京港での船舶の接岸手続、これは国の所管から離れて港を管理する東京都の場合は「港湾局」の所管ですから、そこに各種の申請をしなければなりません。その頃はオーバータイムが月に二〇〇時間くらいありましたし、早朝の一番の出船の際は、船中で一泊するということすら多々ありました。このように私の外国人との接点というものは船会社を通した、外国人船員との出会いが最初でした。

その後、イスラエルの国有船舶会社へと転職しましたが、そこでしばらくオーナー（船主）とエージェント（代理店）との間で、イスラエル本国および世界各国のエージェントとの海運仲介・本支店間の渉外調整業務を通じ、コーディネーターとして従事してきました。しかし、船会社そのものは大変グローバルに経済変動するものであり、東京にある本拠地を香港に移すという本社の指令がありまして、東京の営業所は閉鎖ということになりました。それによって私も含めて二／三以上の社員がリストラされました。

そうした経緯もあって、私はこの商売へ転職してきたわけであります。サラリーマン時代はもともとだめサラリーマンだったので、合計八社か九社くらい転社しているはずです。私自身にとってはしかし、結果としてそれが今になって非常に役に立っています。特にそれは社労士の今の立場からでもそうでしょうし、行政書士の立場からも、外国人との接点など貴重な実体験をさせていただきました。私としては却って今ではそれらの転社経験には感謝しております。

ところで、われわれの受験時代と異なり、現在では行政書士試験から「行政書士法」の科目がなくなってしまいました。

行政書士となるために「行政書士法」というものは、知っていて当たり前と簡単に切り捨てるのではなく、どこかでやはり一度はきちんと学ばなければなりません。私はたまたま東京会の役員をやってきたのでわかることなのですが、行政書士の不祥事はそれなりに多いのです。そして不祥事の原因を見てみますと、二〜三年の開業歴の方で行政書士法の基本さえ覚えていたら、そのようなことは起こらなかったであろうと思われるような事案で、基本的な部分がわかっていなかったがために残念な例が多々ありました。そこでこれから基本的な「行政書士法」の大きな流れについて少し説明したいと思います。

◆◆◆ 二　行政書士法と業際問題

行政書士法のなかで「権利義務」というものが出てきます。権利義務というのは非常に抽象的なイメージが強いのですが、これは言い換えれば「法律行為」と捉えることができると思います。

法律行為を扱う事務を法律事務といいますが、現行法上では弁護士法というものがあり、これが行政書士など他士業の法律家にとっては一つの壁になっています。つまり、法律事務は弁護士の業務なのだというのが、従来から現在まで続く弁護士会のスタンスとして変わってはいないわけです。ただし、規制緩和の問題もあり、社労士も特定社労士という形で一部分小額な訴額の部分で司法に参入しましたし、司法書士も認定司法書士という形で訴額が一四〇万円までの簡裁に関しては、訴訟代理として行うことができるようになりました。

このようなことから弁護士は事件性のある訴訟事務と、事件性のない非訴訟事務この二つの法務事務を当然にできるわけです。訴訟事務に関しては弁護士法七二条という縛りがありますから、それに関しては、われわれを含めて一般の人がその業務に携わることはありません。非訴訟事務に関しては、大きな流れとしては、いわゆる司法書士がその独占業務として登記と供託を行い、そして私たち行政書士が、事件性のない権利義務に関する業務をやっています。

また、私たち行政書士と司法書士との業務には双方にかぶるところがあり、それが戸籍とかまたは帰化の部分です。この辺の部分が司法書士との共通業務になっているところです。法務局の公式な見解でもそのようになっております。

なお、行政書士の業務はこれで終了かというとそんなことはなく、私たちには許認可業務というものがあります。これが実は行政書士が行政書士たるゆえんなのです。昨今では、許認可申請は規制緩和の対象となっており簡単なものは本人申請、本人ができないものは私たちが行う。そういう形でわれわれが提出代行、あるいは提出の代理を行ってきました。

ところで、行政書士法の業務に関する規定は本来はもっと単純明快だったのですが、複雑な社会情勢の変化に伴い、括弧書きや但し書きの多い条文になってしまいました。しかし、実務をやっていくと、こうした条文の順番とおりにはなっていきません。

基本的に、お客様が最初に来た場合、最初はまずは相談から始まります。そしてその依頼に基づいて法務的な書類の作成をするわけですが、その法務書類の作成に関して一つは官公署への提出書類、もう一つは官公署へ提出はせずに作成だけにして、あとはお客様が自分で保存する書類、例えば各種契約書類などがあります。

まず相談を受ける。そしてその相談に関する書類を作成する。これが基本です。そしてその書類が官公署へ提出する書類であれば諸官庁への提出までを行い、そうではない書類、すなわち契約や図面、計算といった「事実証明」に基づく書類の作成であればその作成をもって終了します。これがわれわれの日常の仕事となるわけです。

行政書士法というものは昭和二六年に作られた法律で、基本的に作り方が非常にアバウトといいますか、権利義務に関する書類は行政書士の仕事だとした上で、ただし弁護士、弁理士、税理士、会計士といった特殊な分野に関しては、行政書士は携われないとしています。まずは大風呂敷を広げるわけです。大風呂敷を広げてから、専門分野は除くという捉え方をしています。ですから、税理士や司法書士のように、何々に関しては自分たちの独占業務である、というような立法ではないわけです。例外だけ提示してそれ以外はすべて行政書士の業務なのだというようなネガティブリストであり、立法技術的には少し変わった法律です。どこそこの官公署がわれわれの独占というのではないのですが、逆に言えば私たちが提出できる役所は却って多いといえます。そこが後発の社労士や税理士とは捉え方が違うので、行政書士法にはこういった特徴があるのだということを覚えておいてください。

三　ニュービジネスの見つけ方

私自身、開業まで行政書士というものに対して認識が薄かったのですが、やはり生活をしなければならないという部分と、やるのであれば若い頃の経験や自分がこれまでに得たものを活用したいということで、ただそれだけの単純な理由で、何とかこの業界に飛び込みたいと思いまして、若さで突っ走って数十年が経ったわけですが、一旦決めたらグジグジせずに、「もう船が出たら岸壁には戻らないのだ」というある程度の覚悟でした。どこかで「人生は勝負なのだ」と思って、当時の若さにかまけて食ってきたというのが現状であります。

当時の行政書士試験は現在の試験とはまるっきり異なり、マークシートと作文という試験方法でした。受験者も今ほど多くはありませんでした。そのかわり社会的認知度も低く、また野武士みたいなもので、やろうと思えば何でもできるという時代でもありました。

先ほど言いましたように、行政書士というものはこれとこれはダメだけど後は何でもできるというようなシステムですから、法律さえあれば自分の仕事ということがいえると思います。もし、許認可業務というものに興味があるのでしたら、法律を通すために予算が衆参両院を通過する際、その内容が新聞のコラム等に出ますので、普段から目を通して何か許認可に結びつくものはないかと常に目を光らせておくと良いでしょう。法律ができればそこにまた新たな許認可業務が生まれますから、早めに自分で先んじて情報収集して自分なりに研究を積んでおけば、いわゆる『創業者利得』としての「早い者勝ち」ということもあるかもしれません。

法律案が衆参両院を通るとそこに政省令が、そこからさらに施行規則が作られます。この施行規則というものによって、具体的な手続、つまり書類の作成やどういったものを揃えるのかというものが具体的に定められることになります。そして、厳密には、法律だけ通っても施行規則が出なければまだ私たちのところに仕事は下りてはきません。

ですから、法案を通ったということになりますと、基本的には内閣の政令および各省庁の省令、さらにその下の施行規則ができるものと想定し、新聞の法律成立に関するコラムをこまめにチェックして、ニュービジネスを探していっていただきたいと思います。

私の専門でいえば、入管という人の流れを追求していくと必ずその周辺にはお金の流れですとか、物の流れというものがでてきます。人流というものを追求して周辺には金流、それから物流、昨今では著作権を含めた知恵の部分の流れというのが新しいビジネスとして出てくると思います。隙間産業とかニッチサービスといっていますけれども、膨らませた風船を箱に入れると隙間ができます。そうした隙間に、何かお宝があると考えていくわけです。物事は、すべて多面思考で考えていかなければなりません。この仕事はこうであるからもうだめだとか、いわゆるマイナス思考だと何もできなくなってしまいます。世の中の新しい商売には必ず隙間というものは生まれますので、その隙間をどう埋めながら活用していくかということが、この商売における「勝ち」になるかどうかの境目になるかと思います。

◆◆◆ 四　入管業務について

ここから、私の本来の業務である入管業務の説明に入ります。外国人、一般に言う来日する外国人はこれはもう昨今では昔と違いまして、マイナス面も含めてマスコミに取り上げられるようになりました。この来日する外国人の数は、基本的には右肩上がりです。過去のリーマンショックや東日本大震災時は別にして、アメリカ・中国・その他のアジア諸国の景気の動向によって若干の変動はありますが、基本的には毎年伸びてきています。では、そのすべてがわれわれのお客様かというとそうではなく、このうち、一番多いのは在留資格「短期滞在」の外国人です。平成二四年の統計数字では来日する外国人の総数は九一七万、それから短期滞在者は約八七〇万、ということは九五％以上の人は短期滞在者ということで、九〇日以内には帰る外国人たちです。そして、この残っている五％が、ある意味では私たちのマーケットとなるわけです。総数が増えれば当然実数も増えますから、パーセンテージは変わらずともこの実数は増えていくというのがここ数年の傾向です。

しかも、そのなかで一番多いのは、婚姻等の身分関係を除けば留学です。続いて研修、これは企業の技能実習などです。ですが一人ひとりの案件というのは、人の顔がそれぞれ違うように、各申請案件の内容が全部違いますからケースバイケースで非常に苦労するということです。

ところで、日本の外国人に対する管理政策というのは三つに分かれます。一番目は、来日・在留する外国人を国籍で管理します。これは日本人なのか、あるいは非日本人つまり外国人なのか、という区分で管理します。これは国籍法が根拠法となります。まずはこのように国籍によって日本人と非日本人（外国人）を分ける管理をします。二番目は出入国管理です。これは日本人には一部分しか関係ないのですが、出入国管理によってこの非日本人（外国人）を受け入れるのか、あるいは排除するのかという、いわば入国・上陸時の「入口」での管理の仕方です。根拠法は今次改正の入管法（出入国管理及び難民認定法）です。そして三番目は、在留管理です。

出入国管理において、わが国が決めた「受入れ基準」というのがあります。こういう人は入れていいですよ、こういう人はお帰りくださいというのが入管法に規定されているわけです。そこで受け入れが可能となった場合、ここで問題になるのがその外国人の居住状態です。九〇日以内の在留に関しては在留管理は必要ありませんが、何らかの在留の許可をとって九〇日以上の滞在をする場合は、それに相応しい在留資格が必要になります。根拠は今次の改正入管法です。そして、ある一定の年数が経つとさらに在留期間を更新する必要があります。あるいは留学で入国したけれど、その後卒業して日本の会社に就職した場合、さらに内外の人びととの婚姻によって在留資格の変更が必要な場合もあります。あるいはご夫婦で来られて、日本で子どもが生まれた場合はその子どもの在留資格取得という手続もあります。そしてある一定の期間在留した場合、ご本人の意思で帰化という形で日本人になる手続もできます。なお、今次の入管法改正によって、戦後以来ずっと外国人全般にわたって、良くも悪くも維持強化されて来た従来の「外国人登録法」は、二〇一二年七月九日付けをもって完全に廃止されました。

私たち行政書士がしているのは、この在留管理における受け入れの部分と排除の部分の区分けなのです。どういう場合が良くて、どういう場合がだめなのか、そうしたことを日々の各種の申請行為を通じて入管当局と日々バトルしているわけです。

そして、それがオーケーになれば当然、九〇日以上いるわけですから、それぞれの居住地で居住の届出をしてもらいます。そして一〇年以上経つと（婚姻の場合は三年以上でいいのですが、いずれにせよある程度長期になってきますと）、永住申請が可能ですとか、在留歴五年以上で日本人に帰化するという選択肢も外国人の方々に出てくるわけですが、こういった部分も私たちが扱っています。

さて問題は、この受入れ基準に関する入国審査官の審査です。「上陸審査基準」と呼ばれていますが、初めて外国の方が日本に来ますとこの基準を満たすことがまず必要で、要件が一つでも欠けると上陸できず排除となります。一つは正規の旅券、つまり正式なパスポートです。それから正規の査証、いわゆるビザを持っているということ。それから、これから日本で行おうとする在留上の活動が虚偽のものでないこと、他にもいろいろありますけれども、こうした条件を決めたのが実は「法務省の基準省令」なのですが、ここがまさに実務であり、われわれの飯の種というわけであります。そして、それに基づいて在留期間というものが決められていくわけです。

また、過去に日本に何らかの形で入ってきた際に、退去強制されていないとか覚せい剤をやっていないとか、または犯罪者ではないとか、これらに該当しないということも前提となります。社会的な負担にかかるような方は、日本への上陸は今も将来もご遠慮願いますということです。

上陸審査基準には現在二七種類の在留資格があるのですが、入国・在留する外国人はいずれかの在留資格に必ず該当していなければなりません。該当しなければ、日本にいる法的根拠がないということになってしまいます。問題がなければ上陸許可のスタンプを押してもらえるのですが、だめな場合はお帰りくださいというわけです。入管の前で帰される、つまり上陸させないことというのは基本的には退去命令といいます。

さてこの受け入れが通ってしまえば、次は当然長期的な形で仕事などの活動ができるということで在留管理のほうに入るわけですが、ここで意識的か無意識的かは問わず期限が切れてしまったとか、あるいはここで虚偽の申請があると、その段階で身体を拘束するとでもいいましょうか、今度は強制的に退去させる退去強制となります。命令ではなく、捕まえてそのまま帰すというのが退去強制です。つまり、退去命令と退去強制は違います。上陸する前は退去命令、上陸した後は退去強制となります。もちろん今では準司法的手続で、口頭審理とか、法務大臣への不服申立てはできますが、基本的にはそれをこの上陸前でやるか上陸後でやるかによって違ってくるというわけです。

ちなみに、ビザの更新や変更というものは基本的にはありません。ビザというものはあくまでも在外公館、つまり外国にある日本の領事館で外国の方が日本に渡航する場合にもらう査証です。外国の領事からもらったビザというものは日本の海空に上陸しますと、そこで入管当局によって消去されて新たに上陸許可の証印が押されます。なお短期滞在の場合、ビザを必要としない国もあります。ＥＵの国や中南米の国に多いのですが現在は約六〇カ国と査証免除協定を締結しています。

この査証が実はビザで、上陸の段階で、例えば、短期滞在上陸許可という証印が押されるわけです。現在は「短期滞在」等を除くすべての中長期的に入国・在留する外国人には、必ず上陸時のスタンプ証印後に「在留カード」が各空港で交付されるようになりました。

五　在留資格について

在留資格は全部で二七種類あります。大きく分けて、「就労・活動資格」と「身分、地位に基づく在留資格」です。「身分、地位に基づく在留資格」は、何らかの形で地位や身分が取得できる資格ですから、基本的な場合は日本人との婚姻です。永住者以外にも日本人の配偶者等、永住者の配偶者等、定住者があります。基本的にこの二つの大きな違いは、身分系の資格に関しては仕事は全くの自由だということです。日本人と同等の仕事ができます。つまり、単純労働もいいですし、あるいは一般外国人には認められていない風俗営業もできるということです。就労に関しては日本人と差別はありません。

問題はこの在留資格の「就労・活動資格」の部分です。

例えば「外交」、「公用」、「教授」、「芸術」、「宗教」、「報道」ですが、これは基本的にはその在留資格に該当すれば良い（在留資格該当性）。

ただし、就労資格など上記の資格以外は、上記の資格の該当性だけではだめで、法務省の決めたさらなる省内基準、つまり「基準省令」にも適合していないといけません（基準省令適合性）。なぜならば、日本の国民生活、日本の産業、経済、雇用状況に直接的に反映してくる資格だからです。つまり、日本人とバッティングする部分、競争する部分は、その外国人の雇用の必要性がなければ日本人を雇ってくださいというのが、日本政府の本音なのでしょう。

しかし、私たち行政書士は、依頼者のために、そこを入管当局に申請行為を通じて説得させ、「どうしてもこの業務ではこの人が必要なのだ」とか、「外国籍ではあるけれどもこの人の能力はかけがえのないものなのだ」というようなことを主張しているわけであります。ですから、在留資格のなかでもこの分野については非常に仕事が多く、それと同時にわれわれの力量が一番試されるところですので、これで失敗しただとか、これで成功しただとか仲間同士で情報交換しております。

あと問題となるものは、「日本人の配偶者等」、つまり、婚姻です。あるいは「永住者の配偶者等」、それから「定住者」などもあります。

「定住者」では、例えば日本人の配偶者として入ってきましたが、その後の生活状況によって死別や離別してしまい、その上子どももいるような場合に、このまま自分の国に帰れというわけにもいかないだろうという配慮があり、とりあえず「定住者」として扱うといったように、この辺の部分も非常にファジー（あいまい）なものがありまして、これも個別具体的にケースバイケースでやっていかなければならないわけです。

また、身分、地位ですから、それが真正な婚姻に基づくものなのかどうかということも試されます。基本的には、基準省令の該当性があれば、「在留資格認定証明書」が交付されるわけです。それを海外の在外公館に行って出すと、すぐにビザが出るというシステムなんですが、今はなかなか身分に関する認定証明書の交付が厳しくなっており、数年前は東京入管の永住審査部門では認定証明書交付率が年間数％とかいわれていました。どういう理由かわかりませんが、まず最初はほとんど不交付で処理されていた時期もありました。今では少し緩和されてはいますが。

審査結果が不交付・不許可になった場合、当然審査した入管側に説明責任がありますから、大方の皆さんが聞きに行くわけで、そのため東京入管の各審査部門の周りはいつもものすごくごった返しています。一人ひとりに全部説明しますから、それが長引きますと、半日もかかったりします。追加の書類を出すだけなら簡単ですし、申請の進捗状況の確認くらいは簡単にできますが、いちいち申請人を呼んでそれから個室に入って、どうしてだめなのかを「ああだ。こうだ」と言っている状況も多くなるなど、そういった部分で非常に熱気を帯びてきています。非常にばかばかしい理由で断っているものもあるものですから、少し前までは基本的に「国際結婚はするな」、「外国人と結婚はするな」というような、そういった態度というかニュアンスが東京入管では見受けられることがありました。これは、今後の状況によって変わってくるかもしれませんし、担当者や各部門のときどきの方針によって変わる可能性もあるでしょう。

このようにして日々私たちは当局とバトルをして、この認定証明書や在留審査上の各種許可を取るようにしているわけです。

◆◆◆六　最後に

最後にお話したいのが、外国人に対するスタンスについてなんですが、昨今の諸外国のなかでも特筆すべきは、やはり中国だと思います。中国はあれだけの規模の大きい国で、経済成長の一人勝ちで突っ走ってきたわけですが、日本の経験からしても、あれだけの規模のある国があれだけの成長を遂げれば当然資源は枯渇してきます。ですから、当然世界中の資源を確保したいという欲望はやはり出てくると思います。そのため、近隣のアジア以外にも、世界のどこへ行っても昔は日本人がいたのですが、今は中国人と韓国人が多くなりました。アフリカへ行っても中国系は非常に多いです。

日本でもそうです。各島嶼や北海道もそうでしょうけども、昨今その土地の部分や周辺にも、外国資本がどんどん増えてきています。たしかに日本では外国人に対する土地に関する法律があります。明治時代の「外国人土地法」ですね。ただ、これには政令がありません。法律だけ作って政令がないと意味はほとんどありません。つまり、実質上の「野放し状態」なのです。地域によっては韓国人が非常に多いため、看板ですらハングルで表示されているようなところもあります。このような状況のなかで、今後、外国人とどういうように付き合うかという部分が大切になってきます。

しかし基本的にこの商売は、外国人に対するなんらかの偏見はタブーです。例えば、日本人の対中感というものが取沙汰されています。アメリカの国防省の分析によると、日本人の対中感は四分類されるそうです。伝統的に親中派というと、中国に対する尊崇の念もあるでしょうし、二〇～三〇年前は実際にそうだったと思います。

そして、この対極にあるのが反中派です。そして嫌中派というのもありますが、商売中心に考えれば中国に媚を売る媚中派という流れもあるそうです。

私たち日本人という国民は、右から左、左から右とものすごく揺れの大きい考え方を持った民族ですが、この仕事に関してはこの考え方はまずいと思います。

一人の外国人に対して不快な経験があった際に、この国の人はもう全部だめだというようなことだけは思わないでいただきたいと思います。日本にいる外国人の方というのはある意味では知日派です。私たち行政書士が仕事を通じて彼・彼女らと接するということは、逆に言うと仕事を通して、私たちも却って彼らから知識や考え方というものをフィードバックされている部分もあるので、昨今の「ヘイト・クライム」的な差別主義者的な者には絶対なって欲しくありませんというのが私の考えです。

むしろビジネスだと割り切れば良いのです。

私たちが扱うのは法律ですから、最低限のコンプライアンスを守ってこうしてくださいと言えば、大体の方は自分の生活が日本にあるわけですから、守ってくれます。

一方で、ここで無理をして処理しますと、ニュースの社会面を賑わすことになってしまうケースがあります。冒頭でも述べましたが、「行政書士法」を勉強しているだけでこういった不祥事の発生を未然に防ぐことができた事例も多々ありますから、実務家としてこれから登録開業をされる方には、ぜひ「行政書士法」および「同法施行規則」を一度は勉強していただきたいと思います。

基本的には、やはり私たちと他文化共生、仲間内で同じ人間として付き合うという形で接していただければ、間違いないのではないかと思います。

私の場合は入国から永住まで（永住は一〇年かかりますが）、ずっと一人ひとりとのお付き合いをしています。そして永住をとって、その次はその方の子どもですとか、その子どもがまた結婚されたりして…とそういう世代を超えた次世代の付き合いがこの業務では可能になります。

他の業務についてはわかりませんが、入管に関しては余程のことのない限り、一度培った信頼さえあれば長い付き合いができると思うので、機会と興味がありましたら、ぜひこの道も選択していただきたいと思います。

時代の変化とともに仕事も変化する。行政と企業を結び続けた30年を語る。

中澤　正喜（なかざわ・まさよし）氏

2013年逝去。

◆◆◆ 一　はじめに

私は、二七歳で開業し、三〇年近く経ちました。

私の行政書士としてのこれまでの歩みを知っていただければ、行政書士が、いかに時代に即しながら、時代とともに進化しなければならない資格であるかということをご理解していただけると思いますので、本書では私のこれまでの歩みを書いていきたいと思います。

◆◆◆ 二　一九八二年四月　渋谷で開業　二七歳

行政書士が社会に対して何ができるのかということについては、三〇歳頃当時、許認可に特化していたこともあり、営業の自由を守るための業務こそと考えていました。

憲法では財産権や職業選択の自由が基本的人権として保障されていますが、営業の自由に対しては行政法規でいろいろな規制がかかっています。その規制から自由を守っていくことができるのは行政書士なのです。私のお客様は基本的に企業ばかりですので、企業のお客様に対し、私たち行政書士は何ができるかを中心にお話したいと思います。

私は二七歳で開業しましたが、当然何もわかりませんでした。当初、行政書士事務所での勤務を希望していましたが、募集がなく、仕方なく自分で開業しました。所属した支部会の支部長にご挨拶したところ、ご子息がたまたま二つ年上で私より二年ほど前に行政書士としてご開業されていたというご縁があり、その方に教えてもらいなががら業務をすることができました。

最初は報酬のとり方も書類の作成もできませんでした。営業の仕方もわからず、渋谷の街で飛び込み営業をしたことがあります。行政書士の名刺を持って、渋谷のクリーニング屋などを一軒一軒回っていきました。そのなかに損害保険の代理店があり、損害保険代理店を一年ほど担当させていただきました。代理店の顧客企業を紹介してもらおうと思っていたのですが、紹介してもらえたのは社労士の仕事だったためお断りしました。結局、損害保険代理店の方から仕事のご紹介は一件もいただけませんでしたが、いろいろなお使いはできるようになりました。

そんななか、たまたま監査法人の方を紹介されて、監査法人から仕事がもらえるようになりました。それで随分助かりました。

後は仲間作りをいつもしていました。行政書士に限らず司法書士や士業受験生等十数人おり、月に一回飲み会を開いて意見交換をしました。

いろいろと活動しておりましたが、事務所が知られるようになるまで時間がかかりました。最初の一年目は、四月開業で一二月にやっと売上が一〇〇万円を超えました。当然赤字ですが、翌年からは倍以上の売上が出るようになりました。営業方法としては、司法書士や税理士、弁護士や公認会計士の先生からのご紹介が多いです。ですから、私の場合お客様から直接仕事の依頼を受けるという営業はやっていません。たくさんの他士業の先生たちの知り合いを作って、その先生たちからお客様のご紹介を受けます。

二七歳のときにいろいろな方法の営業をしてみて、そのやり方が一番いいと思いました。例えば、税理士でも司法書士でも、ある程度できあがっている事務所というのはお客様をたくさん抱えています。そのお客様から行政書士の分野の質問が来た際にご紹介をいただきます。もちろん、お客様からの質問に丁寧に答えられ、フットワークがよく、紹介してくれた先生の顔を立てることができなければなりません。一人の良い先生と知り合うことができれば、その先生から仕事が集まってくるわけですから、年間にその先生から四件の仕事を紹介していただけるとしても、そうした先生を一〇人持っていれば、四〇件の仕事になるわけです。私はこの営業方法を間違っていたとは思いませんし、今もこのやり方を続けています。

営業はこのように仲間を作っていくことがお勧めですが、後は仕事をどうやって覚えるかが大事です。当時、行政書士会の説明会に行ったときに「許認可全集」という本を買いました。その後、最初に受注した仕事が建設業の許可申請だったのですが、この本を読んで書類を作成しました。東京都に提出したところ、書類に不備があり、かなり赤を入れられ作り直しになってしまいました。でもそこで教えてもらったことはたしかに活きました。本に書いてあることと実務は違うということを学びました。

仕事を覚えていく上では、どの仕事にもぶつかっていきました。役所に行って話を聞き、本で調べ、それでもわからないときは先ほどの支部長のご子息の先輩に聞きました。その方もそれほど詳しいわけではなく、一緒に悩みながらやりました。

先の話をしてしまいますと、私たちは学者ではなくて実務家です。実務では法令に書いてあること以外のこともあります。この法令以外の部分については、役所側が許可をおろすだけの処分をしてくれるわけですから、その役所で話を聞くのが一番重要だと思います。

また、一つひとつの案件に同じものはありません。思い込みでこれは前やったから大丈夫だろうと思って動くと、とんでもない失敗をすることがあります。ですから、一つひとつの仕事を大切に処理していき、その際、役所の窓口と話しながら進めていくことが最初のうちは特に大切だと思います。

私が開業した当時は、本部役員の先生の勉強会がありました。前法務部長の先生がご自身の事務所で月に一度勉強会を開催してくださり、新人行政書士が一〇人ほど集まりました。ここで教えていただいたことが参考になりました。

先生が「企業が取得する許認可の一番基本的なものは建設業の許可だ」と言っていました。許認可の場合、原則として財産的要件、物的要件、人的要件を満たすと許可がおります。それが一番わかりやすく入りやすいのが建設業の許可ということでした。私は今でもこの言葉は間違っていないと思います。

開業当時は一人で事務所をやっていましたが、先方から声がかかれば出向いていました。仕事にならないことが大半ですが、まだ二七歳でしたし若さとフットワークを売りにして、とにかく出かけて行きました。

しかし、その売りが逆にデメリットになることもありました。例えば、訪問先の社長に面と向かって「こんな若いやつが来たのか」と言われました。その時行政書士になって一年以上経っていましたので、一時間ほどかけてその社長に「自分は仕事ができる」と、その許認可の内容について夢中で話し、やっと信頼してもらえたことがあります。このように若さが売りにならない場合もあります。

開業当時、「自営業は食う自由もあるけど、食わない自由もある」と言われました。事務所でただボーっとしていたら、食わない自由を自分は選んだのだと、自分の時間を使って動いてその成果を作り出せたら、それは食う自由を選んだのだということでした。これはかなり効きました。だからこそ、夢中になって飛び込み営業もやったのだと思います。

◆◆◆ 三　一九八五年一一月　新宿「日法研」合同事務所　三〇歳

三〇歳の時に知り合いの方から弁護士を紹介され、新宿で資格者を集めた総合事務所をやりたいから一緒にどうかとお声をかけていただきました。それで「日法研」という事務所に入ることになりました。

その弁護士と最初に会った時「行政書士事務所のお客様ってどういう人？」と聞かれました。私はその時開業三年目で、顧客については、許認可取得後もまた新たに事業を始める方が多く、大変勉強熱心な方が多いとお話しました。そうすると、その弁護士は「そういうお客様は良いお客様だから一緒にやろう」と言われたことを覚えています。

私が入所した一九八五年当時は、弁護士が二人と司法書士が一人で、そこに私が行政書士として加わりました。この日法研時代は、弁護士の手伝いをしました。まだそれほどお客様がいたわけではなかったので、行政書士の許認可の仕事をしながら、弁護士の訴訟関係の起案や裁判所に出す書類などの作成のお手伝いをさせてもらっていました。

今では資格者が集まった総合事務所は多くなりましたが、当時はまだ数は多くなく、総合事務所の先駆けみたいな事務所でした。その後資格者も増えて五〇人近い事務所になりました。

その弁護士からは「サービス業であることの自覚」を学びました。

先生は両手を広げて、「お前がこれくらいの幅の人間としか付き合えない男なら、その幅の人間からしか仕事が来ない。でもお前が人間としてどんな人間とでも付き合える幅のある男になれれば、お客様の範囲は広くなる。だから資格は一個あればいいから、自分を作ることだ」と言われました。その言葉は今でも心に残っています。

三二、三三歳のときに青年会議所に入りました。メンバーが一〇〇〇人弱いたかと思います。七〇％くらいは企業家の二代目、三代目で、残りの三〇％くらいが弁護士、公認会計士でした。司法書士が一人か二人、行政書士は私を入れて二人でした。東京青年会議所の人たちは、将来自分が企業を背負う社長になるという思いで生きている人たちだったので、いろいろと勉強になりました。

そこの名簿で、弁護士が業務は法律一般という書き方がされているのを見て、「私は行政法規一般になろう」と思いました。

この頃営業面で面白かったのが、自動車抵当権の設定でした。会社のトラックに抵当権を設定したいというお客様がいたのです。その依頼を受けた時、「これはもしかしたらビジネスになるかもしれない」と思いました。

その頃はサラ金などもありましたが、融資を受ける際、普通担保になるのは土地や建物など不動産です。そこで、自動車抵当権も銀行などが扱ってくれないだろうかと考え、事務所のそばの損保会社に行って、そこの人に話をしたら「一緒に動きましょう」ということになり、二人で自動車抵当権の設定規約書を作って、そのなかにその損保会社の保険の形式に合った条項を入れて、その担当の方と二人で銀行を回ったことがありました。そこで、銀行に行って、銀行が融資する際に自動車も担保にしてもらえれば、抵当権の設定の仕事が取れるかと考えて動いたのですが、ことごとく相手にしてもらえませんでした。

やはり、不動産は動かないから担保にとれるけれど、自動車は日本全国どこに持っていかれるかわからないので、銀行は担保にとらないと言われ、実現しませんでした。

営業をやるなかでいろいろなことを考えて行動しますが、大半は失敗します。でもそのなかに、いくつか成功するものもあり、それで何とかやってこられています。行政書士の業務範囲はすごく広いので、自分の経験やその環境から考えられる業務を選んで行動してみるといいと思います。

例えば、ヘリコプターを運行するためには運輸局への届出が必要ですし、その他河川利用許可や船舶の登録業務、電気生産の際の経済産業省への届出等があります。また、なかには特殊車両道路使用許可などを専門でやっている事務所もあります。

先ほど述べた許可要件としての人的要件、物的要件、財産的基礎の三つですが、許認可の申請当事者が法人の場合、その人的要件は役員ということになります。そして、許認可を申請するために「役員変更してください」、「目的変更してください」などという話になります。それから財産的基礎として、払込資本金が足りない場合には増資してもらうことになります。これらは登記事項なので、司法書士との連携で業務を進めていくことになります。

許認可の場合は財務諸表や事業計画を添付することがあるので、税理士から財務諸表をもらうことがあります。財務諸表はそのまま添付できるものもありますが、各省庁で作っている独自の財務諸表もあるので、その際には勘定科目を変更して、この許認可用の財務諸表に振り替える必要があります。許認可用の財務諸表については、その監督官庁が告示して作っている勘定科目の財務諸表がまた別途あったりします。その場合、それに作り直さないとその許認可の財務諸表にならないので、この場合には税理士との連携で業務を進めていくことになります。

資格者の先生と連携して仕事をしていくと、前もってお客様に対する情報もくれます。「この会社を紹介するけど、まだ付き合って間もないから私はあまり詳しくない」、「この会社はうちが長くお付き合いしているこういう会社だから」など、そのような情報は実際に業務をやる上ですごく有り難いことです。例えば、報酬を取れなかったら困りますが、先生が長く付き合っているお客様の場合にはまずそういうことはありません。

◆◆◆

四　一九八九年九月　マロン行政事務所設立　三四歳

合同事務所で三年半から四年くらい仕事を覚えさせていただいて、三四歳で「マロン行政書士事務所」を開設しました。一九八九年、ちょうど平成元年でした。この時代は、資格者に対するダイレクトメールの送付という営業がほとんどになりました。その時その時でどんな内容のダイレクトメールを打つかを考えて、今の時代この許認可がいけそうだと思うような許認可の概説書を簡単に作って送りました。例えば、仕事は全然取れませんでしたが、旅行業法の登録をとるための要件を書き出し、その許可を取るにあたり、司法書士に出す場合は司法書士とどの部分が絡むか書き、税理士に出す場合は税金の申告書関係のことを入れてなるべく情報を出すようにしました。

許認可の要件や、登録する窓口はどこか、費用はどれくらいかかるか、書けるだけ書くようにしました。自分が逆の立場だったら、ただ「旅行業の登録という制度があります」と書いたものをもらっても何もわかりません。これでは「お客様から旅行業の登録をしたい」とお問い合わせがきても、何も答えてあげられません。そこで、そのための最低限の資料になるものを作って送りました。人によっては「そんなものを出したら、みんな自分でその仕事を覚えてやってしまう」と思われる方もいるかと思いますが、私はそうではないと思います。実務というのは、前述したとおり、一件一件違います。同じ許認可の業務でもその構成内容は会社によって全部違いますから、情報はたくさん出した方が信用をえられると思います。

また、夜の時間を使ってなるべく勉強会に出る、そういう時代でした。異業種交流会や名刺交換会などいろいろな会合に行って、名刺を配っていました。その当時はまだ弁護士法が改正されていませんでしたから、弁護士の方たちがどの会場に行っても来ていました。名刺を配って自分はどのようなことができるか、どのようなことでその先生と一緒にやれるか、どれくらい経験を持っているか、そういったことを挨拶して回り、知合いを作るようにしていました。

許認可の範囲が広がったのは、この「マロン行政書士事務所」になってからだと思います。いろいろな先生の知合いが増えて、お問い合わせ件数が増え、今までやったことのないようなお問い合わせが入ってきました。それを調べられるだけ調べて回答して、知識を蓄積していきました。一銭にもならない仕事が大半かもしれませんが、次に同じような質問が来たときにすぐ答えられるようになります。そうやってこの行政書士の業務範囲が増えていきました。それがいつか仕事として成形していきます。

一九九〇年にバブルがはじけ、不動産会社の免許申請が一気になくなりました。正直、どういう方向に展開したらいいかかなり悩みました。

そのようななか、できることからやっていこうと、とにかく行動は続けていました。当事務所のキャッチフレーズに「若さ・爽やかさ・機動力」を掲げています。これを謳い文句にして、電話をはじめ、さまざまな応対に気をつけました。それを続けていたら、ゴルフ関係会社の役員に「お宅の電話の応対はいいね。ぜひ話しを聞きに行きたいね」と言われたことがあります。このように、サービス精神というものにはかなり注意していました。また、この頃、初めて公正取引委員会の仕事などもさせてもらいました。その公正取引委員会の業務に関しては私にとって初めての仕事でしたが、紹介してくださった先生が司法書士で、会社の役員から「とにかくよく動くフットワークの良い先生を紹介してくれ」と言われて私に声をかけてくださったとのことでした。

この仕事が営業譲渡だったか合併だったか、その内容をはっきり覚えてはいないのですが、当時あまりそういう仕事をしている事務所はないということで、何件か続けざまにその仕事がきました。その当時は単価が大きい仕事なので、嬉しかった仕事です。

このときに一つ覚えたことがあります。その仕事が終わって報告に行ったときに、私にこの公正取引委員会の業務を紹介してくれた先生がどういう手続でどう進んだのか、私に説明を求めてきました。そして、私の説明を聞きずっと大学ノートに書いていました。その先生は、やったことのない仕事やあまり件数のない仕事に対して、かなり勉強家でした。その姿を見て以来、私も自分の許認可業務について、大学ノートで作るようになりました。東京都は今、このケースの場合はこういう処理をするけれど、神奈川県だとこういう処理になるというような実務のことを書いていく大学ノートです。

行政指導は結構変化します。そして、法律ではなく行政指導の部分で実際の処理が変わっていくことが多いため、「何年にはこういう処理をしていた」というような形で各業種の業法ごとに大学ノートを作っていました。あるいは新聞記事の切り抜きなどを貼ったりしながら、新しい行政書士の業務はないかと考えていました。

新しい業務ということで、日法研の時代に戻りますが、当時、「河川に係留しているモーターボートが台風の後転覆してしまったり、河川にそのまま放置されていたりしてとても危険」という内容の記事が新聞に掲載されました。これを読んで、モーターボートを係留するための登録手続を仕事として取れないかということを考えて、その頃住んでいた埼玉県庁の河川課に行って話を聞いたことがありました。

その当時、神奈川の方ではマリーナを作って海でもモーターボートの係留ができるようにしていたのですが、埼玉県では県民の税金で一部のモーターボートだけの施設を埼玉県は作れないと言われました。ただ、「小さい川にまで転覆したモーターボートがあって、付近の子どもが遊んだりするので危ない。実はそういう問題を抱えていて、東京、神奈川、埼玉、千葉の河川課が集まって合同で会議したりすることはあるのですよ」という話も聞くことができました。実際、それが仕事になることはありませんでしたが、そういうお話を直接聞くことができ、とてもためになったと思います。

◆◆◆ 五　一九九二年　営業譲渡・合併　三七歳

一九九二年頃になると、企業再編がかなりありました。製紙会社や紡績会社などの業界ですが、会社分割や営業譲渡によって、子会社同士を整理して、統廃合をしていった時代です。そうすると、その子会社が二、三社ある場合にそれを一社に集めるとき、ケースによっては許認可が発生する場合もありました。そのため、仕事が取れ、この仕事を通してそのノウハウが作れ、有り難かったです。

実務はやはりやってみると、目に見えないものが出てきて、それを覚えていくものです。やってみないとわからない、やって覚えるというのが実務家ですので、そういう仕事が一件でも来ると、「あそこの仕事をやれたのは、あの事務所だからじゃないか」ということで紹介してくれたりします。そういう繋がりで新しい依頼がきます。

実際にA社という会社に呼ばれ、役員室で話になった時に、まだ新聞報道されていない案件だったので、「新聞報道されるのはいつ頃か」、「その前に一般的にどうなるか聞きたい」と言われ、許認可についての説明をさせてもらいました。その際、「他社はこうしている」とか、「こういうケースだったらこんなやり方をされる会社もありますよ」などと説明しながら業務を受任させていただきました。

その会社にとって、その許認可がなければ営業ができないわけですから、許認可というものがものすごく重要な分野だということはおわかりになると思います。

例えば、一二〇〇億円の売上がある会社は、営業ライセンス（宅建業免許などの許認可）があるからこそ、その売上があるわけです。仮に合併と営業譲渡で許認可のない期間が一カ月発生してしまったとすると、単純計算で一二分の一、つまり一〇〇億円の売上が減少することになり、会社にとっては大変なことになってしまいます。だからこそ、どうすれば最短で営業ライセンスを取れるのかということは、会社にとって当然重要な問題になってきます。

◆◆◆ 六　二〇〇三年　個人事業主の集合体　四八歳

二〇〇三年に、以前いた日法研の事務所に戻りました。日法研のボス弁護士が亡くなって、その当時いた弁護士なども戻って来いということでした。

その時代はまだ法人化されていなかったので、個人事業主の集合体でしたが、この時にサラリーマンをずっとやられていて行政書士になった五五歳の方に事務所に入ってもらいました。

現在、事務所で一緒に行政書士法人の代表社員になってもらっている方です。その方は会社時代に財務や経理畑でずっとやられていた方でした。今も金融関係の投資顧問業だとか、金融関係の許認可業務を専門でやっています。行政書士の仕事の分野は広く、時代とともに行政指導も変わりますから、やはり常にその業界の業務に精通している状態でやるのが望ましいということになります。すると、それぞれに専門の人間がいた方がいいので、うちの事務所ではいろいろな分野を分担してやっているような形です。

◆◆◆ 七　終わりに～二〇〇八年八月　行政書士法人マロン　五三歳

そして、クライアントに安心してもらえる体制の整備・拡大・継続の必要性を考え、これまで個人事業主の集合体としてやってきたところを行政書士法人として法人化しました。

これまでの話から感じてもらえたと思いますが、行政書士は、時代に合わせて業務を考えていかなければなりません。行政書士の業務は広範ですから、そこから時代が要求する「業務」を見つけ出していかなければなりません。

私は許認可の専門なので、許認可についてお話をさせてもらいます。

企業を取り巻く行政法規は膨大な量がありますので、おそらく誰も管理できていません。日本の許認可制度の全体を把握している部署はおそらく政府内にもないと思います。

そして、ある企業が国民との間でどう動いていったらいいのか、あるいはその業界として日本経済のなかでどう動いていったらいいのか、そのようなことを考えると、これら行政法規はどのような時代となってもそれがなくなるということは考えられません。

また、自分の会社で発生した問題についてはわかっても、他の会社がどうしているかについてはなかなか知らないというのが企業側の知識の限界だと思います。

そのため、「こういうケースのときに、この会社はこういう対応をした」、「こういう形で役所と話し合って決着をつけた」とかいう行政書士としてのノウハウは表に出ることがないので、企業側にとっては絶対にほしい情報です。

ですから、自分の得意な行政法の分野で探したり、自分に身近な分野を探したりしながらその業務に入っていくことで行政書士の仕事の幅が広がりますし、行政書士の社会的認知度も上がると思います。これこそが将来の行政書士像になるのではないかと思います。

今でも実際、弁護士の先生などは許認可のことはわからないので、聞いてきますし、ちょっと難しくなると専門家ではないので手が出なくなります。もしコンプライアンス、法令等遵守が日本の将来を豊かで安心した社会に導いてくれるというものであるならば、行政法規と市民の生活を繋ぐ企業活動を、行政法規のコンプライアンスの面から見ていく行政書士は社会的にかなり有意義な資格であろうと思います。

これからはもっと社会から期待される資格になるはずです。これからの行政書士には、そのような新しい姿を作っていってほしいと思っています。

行政法規はかなり特殊な法律です。行政法規は、その事業を行おうとする企業の活動を規制している法律が大半です。私たちは実務家なので、究極的には、お客様からの依頼の内容が実現されれば良いのですが、仕事をやっていくとどうしてもいろいろな質問がきます。

例えば、「こういう行動をしたいのだが、認められるのか」といった質問です。私は能力がなかったので質問されたことを一つひとつ全部調べて、役所に聞いたりしながら自分で蓄積していきました。それが他の資格者とは違うノウハウであり、知識として売れるものになるのだと思います。資格者は人気商売です。「あの先生は相談しやすい」、「よく知っている」、「細かいところまで教えてくれる」、「時間をとってくれる」このような声が上がりはじめれば、自然とクライアントは増えてきます。

また、仲間作りについては、私が中心になってやっていました。自分を中心に置けるような境遇であれば、自分を中心に置いて人を集めていく努力もされたらよろしいと思います。

若い時に、「自分が一番年下、あるいは待遇面で一番下の組織に所属する一方で、対等に話をできる組織にも所属して、さらにもう一つ、自分がリーダーになって皆を引っ張る、このような三つの組織体に同時に身を置くことをしなさい」と言われたことがありました。そうすると自分ができていくそうです。

私は自分でも幸運だったと思いますが、元裁判官で弁護士になられた方が月に一回ごと、七年間、勉強会をしてくださいました。その勉強会には行政書士、司法書士、税理士、土地家屋調査士、社労士など、その都度いろいろな仲間が集まっていました。

また、ある勉強会で成年後見制度ができた時に一年間委員長をしていたことがありました。その際、成年後見制度は公証人との関わりがありますので、公証人の方のお話を聞きたいと思いました。そこで、公証人の先生のところに全くつてもなく飛び込んでいって、勉強会の講師の依頼をしたことがあります。お話した先生がたまたま成年後見についてご興味がおありで、公証人会の承認を得て講師を引き受けていただきました。その先生も元裁判官の先生だったので、先の勉強会で学んだことも含めていろいろな話ができ、大変勉強になりました。

このように、行政書士業務は一つのことをずっと形式的にやってそれで終わりという仕事ではありません。常に新しい分野に興味を持ち、常に新しい法令や実務の運用を勉強し、多くの方と円満な関係を築いていくことが大切な職業です。

読者の皆様にも、ぜひ多くの方と出会い、多くのことを吸収していってほしいと思います。

薬事法の許認可申請を武器に日本中を駆け巡る。さまざまな職種に許認可が多い日本だからこそ、行政書士は多くの業界から必要とされる。

小平 直（こだいら・なおし）氏

行政書士せたがや行政法務事務所
〒158-0097 東京都世田谷区用賀2丁目41番18号 アーバンサイドテラス305
TEL:03-5797-5680
FAX:03-5797-5681

一　薬事法との出会い

私は二〇〇〇年六月に開業し、今は薬事法にほぼ特化して業務を行っています。薬事法分野は、建設業、宅建業、入管関係などに比べて、私たちの業界においても、まだまだマイナーな分野です。

開業当初は、開業時のご縁もあって、医療法人や社会福祉法人、介護関係など、医療・福祉の許認可を中心に業務を行っていました。開業前に勤めていた税理の事務所での医療関係の経験をもとにして、また、ちょうど二〇〇〇年は介護保険制度開始の年であり介護事業所の設立が相次いだこともあって、医療・福祉分野を中心に進めてゆこうと考えました。

社会福祉法人に関しては、設立後に発生するさまざまな許認可手続、理事会や評議員会の運営、指導権者による監査への対応など、当初から、設立後の運営支援的な形での関与をすることになり、これが今薬事法分野に関わる私の業務のスタイルの原型にもなっています。

二、三年はこのような形でしたが、医療の隣の世界の薬事法の許認可申請に関わる機会をいただいた際に、薬事法分野でも行政書士の支援ニーズがあることを知りました。ネット検索した限りにおいては、行政書士で薬事法に専門特化している方はほとんど見当たらず、行政書士全体数としてもごく少ないことが想像でき（注：数多くの業務メニューのなかに記載されている方はいらっしゃいましたし、当時ウェブサイトを開設されていない薬事専門の大先輩もいらっしゃったことはここに明記しておきます）、また二〇〇二年にはちょうど薬事法が改正されたことから、薬事法分野に関心を持ちました。もともと、あまり人と同じことをしたくないという指向も影響したと思います。

二　薬事法と行政書士業務

①　薬事法とは

薬事法がどのような趣旨目的の法律であるかご存知でしょうか。

薬事法は、医薬品、医薬部外品、化粧品、医療機器の四つのカテゴリを対象とし、これらの「品質、有効性、安全性」を確保し、保健衛生の向上を図ることを目的としています。隣接する分野として食品（いわゆる健康食品）や雑品といわれるものをあげることができます。

薬事法はあまり馴染みがないかもしれません。憲法の学習の際に登場するくらいでしょうか。しかし、薬事法は生活に身近な法でもあります。石鹸、シャンプー、整髪料なども、化粧品（あるいは医薬部外品）ですから、化粧品または医薬部外品にあたるものは毎日何かしら使用されているはずです。風邪薬も家庭内に置いてあるかもしれません。医療機器は医療機関で用いられるものという印象があるかもしれませんが、コンタクトレンズ、視力補正用のメガネ、体温計、絆創膏、家庭用マッサージ器など、家庭内で用いられるものは意外と多いものです。絆創膏が医療〝機器〟だというのは、意外に感じられるのではないでしょうか。もちろん、メス、カテーテル、ＭＲＩなど、医療機関において用いられるものが数多いことはいうまでもありません。

これらの製品については当然のこと、これらを製造する業者、市販する業者、小売する業者など、事業者視点でとらえても各種の業態があり、事業者に対する規制も存在しますから、そこに何らかの行政書士の関与余地が存在するといえるでしょう。

医薬品等を製造したり販売したりする際には、薬事法に基づく許認可を取得し、法の定めるルールの枠内で業務を行っていかなければなりません。したがって、新たに業を開始するようなニーズがある際には、行政書士として関わりさまざまな支援をさせていただくことになります。

許可取得にあたっては申請書作成、提出など一連の申請手続が発生しますが、業務としては、事業開始のご相談から許可要件の具備の支援、法令要求事項のレクチャーなど、いわゆる典型的な行政書士業務である書類作成以外の比重が大きいものとなっています。また、更新申請など、既存の許可業者の方へのサポートも重要な業務の一つです。

② 業務例

新規申請の事案を一つご紹介しましょう。ある事業者様は、もともと食品製造を主力業務とされ、食品加工の技術とそれに関わる大型機器を活用されています。その機器と、機器を用いた加工技術の有効活用の一環として、化粧品の製造受託業務を行うこととなりました。

主業務が食品であって、もともと薬事法分野に精通されているわけではなかったことから、化粧品製造開始に向けた許認可面での支援全般が私の役割です。化粧品製造業においては、製造所の構造設備が基準に適合していることが許可要件の一つです。要件を具備するためには、現場の確認および製造所レイアウト等の検討、現場構築などが必要です。答えはすべて現場にあるからです。省令の定める要件には具体性を欠く面もあるので、現場の要請、関係法令や規格基準、それから過去の経験の蓄積などを生かして、検討を進め、全体のスケジューリング、関係方面との連絡調整などをしつつ、申請書類を作成します。

申請書は代理人として作成・提出します。これを「代理申請」といいます。申請書が受理されると、書面審査に加え県庁による実地調査が行われます。実地調査は業務の一つの山場です。実地調査には申請代理人である私も同席し、適宜お客様をフォローします。これらの審査をクリアすることにより、許可になるのです。この事例では現場確認と事前調整が十分であったことから、問題なく許可となり、今では化粧品受託業務も順調に伸びています。

また別の事例をご紹介します。医療機器製造販売業者であるその企業様は昭和の半ばに設立され、私には許可更新の支援のご依頼をいただきました。平成一七年に新たな薬事法が施行され、薬事法の要求事項が変わりましたが、古くからの事業者様は、以前の薬事法が頭や体に染み込んでおり、なかなか新しい薬事法に馴染めないこともあり、そのために私に支援をご依頼いただいたのです。

法改正に対応し新たな薬事法の要求事項を満たす新たな体制作りを行うことが喫緊の課題です。そこで、私は現場を確認し、ヒアリングをして、業務関連の手順書を整備し、法令要求や手順書内容のレクチャーなどもさせていただきながら、社内の体制を整えていきました。

この事案でも代理申請を行い、実地調査にも同席してフォローさせていただきました。

許可更新後も、許可申請や製品の届出、その他薬事法で要求される手順書類などに関しても、定期的あるいは間歇的にサポートやコンサルティングをさせていただいています。

行政書士が関与する手続は新規申請ばかりではなく、更新や変更なども契機として、継続的な支援につながることを知っていただけたらと思います。

③　書類作成について

ここまで薬事法の許認可の事例について話してきましたが、もう少し大きく行政書士の仕事について考察したいと思います。一般的に、行政書士の仕事については許認可の手続、許認可の「書類作成」といったイメージをお持ちの方が多いのではないかと思います。

しかし、本当に行政書士の仕事は、「書類作成」に限られるのでしょうか。いわゆる狭義の「書類作成」(様式に記入をしたりソフトウェアを使って図面を作ったりする作業)のウェイトは、一連の業務のなかでは半分以下です。もちろん事案にもよりますが、いきなり「申請書類を作ってください」という依頼はほとんどありません。

例えば「家庭用マッサージ器を輸入したいのですが、一体何をすればよいのでしょうか」と尋ねられます。化粧品であれば、「海外から化粧品を輸入したいのだが、どんな規制があるのでしょう」こういった具合です。つまり、事業者様には「事業」という目的があるわけであって、「書類だけ書いてください」といった依頼はないわけです。

仮にあったとしても、果たして、申請書を作成するだけで目的が達成されるのかを考えます。

書類は目的ではなく手段の一つです。その書類は事実を証明し、あるいは疎明するものですから、まずは要件を満たす事実の確認、あるいは要件を充足するような準備行為を要します。それらを下敷きにして書類を作成することができるわけです。これら事実確認なども、広い意味では書類作成行為の一部と捉えることができるでしょう。

お客様の目的は、例えば、許可を取得して事業を営むことにあります。目的に応じて当然に申請内容が異なりますから、顧客ニーズを十分に把握するために、まずはしっかりヒアリングをすることが大切です。お客様が明示するニーズを表層的に捉えるだけでなく、明示されていない真の目的や、行政書士から見れば当然に必要とされる事項も、把握するよう心がけましょう。

④　コンサルティング的要素

顧客の目的を達成するために許可を取得するにあたっては、申請書類作成だけでなく、法令の趣旨目的や、許可後に果たしていかねばならないルールなどをご理解いただくことも重要です。

薬事法分野の場合は、許可申請書提出後に都道府県の実地調査があり、そこで製造所の構造設備や、業務関連の手順書の整備と理解の状況などを確認されますので、これらをクリアするための支援も、業務のなかで大きな要素になります。いわば、コンサルティング的な関わり方です。これは他の許認可でも程度の差こそあれ同様のことがいえるでしょう。

許可を取得した後には、医療機器等を製造したり市場流通させたりしていくことになります。これら個別の製品に関する規制もクリアしておかなければなりません。製品に適用となる規格・基準への適合状況の把握、申請区分・申請戦略の検討、各種試験の実施、品質管理監督システムの省令への適合支援など、関与の場面は多岐にわたります。最終的には医療機器製造販売申請書というような書類にまとまるわけですが、申請書はあくまでそれまでのプロセスの成果物の集大成のようなものであるといえるでしょう。コンサルティング的な関わり方が強く求められる分野であるといえます。

◆◆◆ 三　業務分野の選定とポジショニング

①　幕の内弁当戦略

薬事法分野を扱う方でも、化粧品会社のしくみ作りや医薬部外品の申請に強い方もあれば、医家向け医療機器の設計開発に強い方、家庭用医療機器専門の方など、それぞれ特徴をもって業務をされています。

私はたまたま、当時は手掛ける行政書士が多くない薬事法分野を選択し、自分なりの業務スタイルを追求してきました。（当時は）競争が起きない、あるいはあまり競争しなくて良いこの分野を選択することが、私のポジショニングだったといえます。

行政書士になってみたが、どのように業務分野を選択し絞っていったらよいのか、というのは、よく聞かれる質問です。しかし、そもそも業務分野を絞らず幅広く受任できるような体制を作っておくことも、一つの有効な戦略だといえます。私の先輩行政書士さんは、特定分野に特化しない事務所経営スタイルを「幕の内弁当」スタイルと呼んでいます。

幕の内弁当は、一つ一つの具材にはさほど特徴がありません。一つだけ抜きんでて美味であるということもないでしょう。しかし、さまざまな具材がそろうことで、バランスよく食べたいというニーズに対応できますし、幅広い嗜好に応えることもできます。複数の具材の組み合わせで新たな魅力を生み出すこともできます。こうして幕の内弁当は全体で一つの調和を織りなしています。

幕の内弁当のように、幅広い受注チャネルをもち複数の収入源を持っておくことは、行政書士事務所の経営の安定のためにも有効な方法でしょう。地域によっては、特定の業務に絞ってしまうことで、地域の行政書士ニーズにマッチしなくなる恐れもありますから、なおさら幕の内弁当型が望まれるかもしれません。

また、幅広い業務に対応でき、かつ、多方面に関与先（特に中小企業が中心になると思います）があるということは、各業界の中小企業の動向などに敏くなりますし、許認可だけでなく、各種の中小企業支援施策に関してアプローチする先が常に幅広く取れるという側面もあります。特定分野に特化しないことは、非常に有効な戦略であるといえるでしょう。

もっとも、三つくらいの主力業務はもっておいたほうが良い、とは行政書士業界でしばしば聞かれるフレーズです。幕の内弁当でいえば、鮭と卵焼きと地域の産品というところでしょうか。自分の特色を発揮できる業務を持っておくことで業務効率は上がります。

② 業務特化戦略

他方、「この分野なら○○さん」と認識してもらえるように、特定分野に特化する戦略もあります。ライバルがいなければ、まさにブルー・オーシャンです。私は、行政書士としてはマイナーな業務である薬事法分野を選択したわけです（もっとも、薬事法分野はブルー・オーシャンではありませんでしたが）。

業務を特定し、その分野での経験を積むことには数多くのメリットがあります。まず、「自分が何者であるのか」を世間にアピールしやすくなります。行政書士業界や他士業、コンサルタントさんなどからも、認知していただきやすくなり、事案のご紹介にもつなげることができます。私の場合、さほどアピールや自己ブランディングは得意ではありませんが、それでも、最近では同業者の方や、ツイッターでフォローの関係にある他士業の方から、ご紹介案件をいただくこともしばしばあります。

また、業界研究や業務研究にかけるリソースも集中投入できる点も大きな利点です。時間と費用（そして体力も？）は無尽蔵ではありません。限られた資源を投入する先を特定することは、資源の使い方とそこからえられる効果を考えたとき、大変有効であるといえるでしょう。

業務特化したポジションの選択によって、より独自性のある経験値を積み、幅広型の行政書士事務所とは異なる特色を際立たせていけると思います。常に後発の方が参入し続ける行政書士業界にあって、差別化は大変重要です。タイムコストをかけたノウハウ等は、容易に模倣できるものではありませんので、差別化要因として重要だといえるでしょう。

③ 業務の選定

さて、業務分野を三つ程度選択する、あるいは特化するというお話を致しましたが、では、どのように分野を選択すれば良いでしょうか。結論から言えば、関心を持てる業務、好きな業務を選んでいただければそれで良いのです。がそれでは話が終わってしまいますので、少しだけ選定について触れてみます。

行政書士として業務分野を選択するにあたって、建設宅建のように業界も大きく（依頼件数が多い）、取り扱う行政書士も多くノウハウも蓄積されている業務を選ぶのも、一つの方法です。

こうした分野は、先輩が多く、申請手続のノウハウにも接しやすいでしょう。行政書士会の広報誌などにも多くの情報が掲載されています。行政書士会と関係行政との間で密な情報交換がされていることや、対象となる業界内に「申請手続は行政書士へ」という認識が醸成されていることも比較的チャレンジしやすいと思います。

受任件数を確保するという視点に立てば、業界の規模があって、許認可申請のニーズが見込めるような業務を選択することになるのではないでしょうか。

他方、競争を避け、場合によってはブルー・オーシャンを狙って、先人が見当たらない分野を見つけるのも良いでしょう。

この場合、その業界に行政書士が認知されていない分、受任自体には相当苦労することも想像できます。その分野での許認可申請が行政書士業務として確立されていない分、当初は業務として手掛けることのできる範囲も小さいかもしれませんし、行政窓口でも行政書士が関わる前例がなかったりして、多少の摩擦が発生する可能性があります。行政書士業界内にノウハウの公開や蓄積がない分、不明なことや不安も尽きないでしょう。

ただ、行政書士のなかに競合が少ないことはメリットの一つです（薬事法分野は今やそうではない状況になってきましたが）。分野によっては、ライバルが少なく自由に自分の業務を開拓していくことができるでしょう。苦労も多いでしょうけれども、既存の方法にとらわれることなく、非常に楽しくやりがいが感じられると思います。行政書士業界にとって新しい分野を開拓することは、行政書士全体の知名度向上にもつながり、幅広い国民の期待に応えるという使命にも合致することです。

行政書士業務としてメジャーな分野、マイナーな分野、いずれを選択するとしても、自分の独自性を磨いてゆくことが肝要だといえると思います。自分の強みは何であるのか、今一度見つめ直しましょう。そして、センスを磨き、アンテナを張っておきましょう。

◆◆◆ 四　顧客提供価値を考える

業務の選定を考えるときに重要な視点の一つが、「顧客提供価値」です。その業務分野に取り組むことで、お客様にどんな価値を提供できるのでしょうか。

私たちの業務は、行政書士法第一条の二において、書類作成が規定されています。法的思考力、法令の解釈力、申請手続全体を俯瞰する目などに基づいて作成された書類は、円滑に許可を取得するという点で、お客様からみて価値の高いものになるでしょう。

ただ、私たち行政書士が、行政書士の顧客提供価値を「書類作成」に留めておく必要はありません。もちろん書類作成は業務の核であり、一般論としてはそれ自体にも価値があるのですが、近年、行政からの情報提供の充実（手引き発行や法令の説明、書類作成ツールなど）が進み、申請書類作成業務自体がコモディティ化（質の違いの不明瞭・陳腐化）している分野もあるようです。手引きを見ればお客様ご自身でも作成は可能な場合もしばしばあります。

書類作成のコモディティ化が進行するなかで、行政書士として、なぜ行政書士が書類作成・許認可申請に関わるのか、どんな価値を提供することができるのかを考えておくことが肝要です（これから開業しようという方には特に）。こうした視点がないと、「価格を下げることで受注につなげよう」ということになりがちです。しかし、これは提供するサービスの価値を自ら下げることになりますし、価格競争戦略では小資本の行政書士が行き詰まることは自明です。価格戦略ではなく、付加価値を高める方向に思考を向けてください。では、どのような付加価値をつけられるのでしょうか。ここで、私たち自身が自らの業務を書類作成に限定して考えていると、なかなか答えが出ないかもしれません。

申請書類作成・提出という「点」で捉えるのではなく、その前後の「線」で考えてみましょう。申請前には、許可要件の充足をしなければなりません。そのためにはまず法令・規制要求事項をよく理解していただく事が必要です。法令等の理解は、ただ申請のために行うのではなく、許可後の適法・適切な業務運営にも必要なインプットになります。申請前段階から許可後までの時間軸、線で捉えてみることで、行政書士に明に暗に求められる役割が見えるでしょう。

許認可事業を行う以上、許認可は会社の土台です。建物に例えれば、基礎部分にあたるといっても良いかもしれません。私たち行政書士の役割として、まずこの基礎部分をしっかり作るお手伝いをすること、そして、家が建った後、つまり許可を取得した後は、その家を守って行く支援をすることをあげることができます。これらを、顧客に提供できる価値と捉えることができるのではないでしょうか。

私の場合は、薬事法分野において、新規参入される事業者様に対して、許可取得後を見据え、許可要件の充足から維持、許認可管理に至る一連のサービスを提供しています。核になるのは許認可申請ですが、場合によっては、「書類作成」を行わず、「教育訓練」や「コンサルティング」のみを実施させていただくこともあります。書類作成を行わない行政書士というのは、逆説的な表現かもしれませんが、行政書士という資格に対する信頼と、行政書士として許認可申請手続に数多く関わってきた実績がベースにあると考えていますので、行政書士の使命には合致します。

こうした関与の仕方は、私の扱う薬事法業務以外でも実践されている方が見られます。行政書士自身が行政書士のサービスを限定的にとらえず、顧客提供価値は何かという視点で考え続けることが大切だと考えます。提供できる価値は皆一様ではありません。自分の想い、理念に基づき、顧客提供価値を実現するための取組みが異なるはずです。その結果提供するサービスもそのプロセスも他とは異なるものになりますから、例えばメジャーな許認可業務を選定したとしても、その取組み自体が差別化の要因になりうるといえるでしょう。

五　行政書士の倫理

行政書士倫理をご存知でしょうか。ここに、行政書士倫理綱領を掲載したいと思います。

行政書士倫理綱領

行政書士は、国民と行政とのきずなとして、国民の生活向上と社会の繁栄進歩に貢献することを使命とする。

一、行政書士は、使命に徹し、名誉を守り、国民の信頼に応える。

二、行政書士は、国民の権利を擁護するとともに義務の履行に寄与する。

三、行政書士は、法令会則を守り、業務に精通し、公正誠実に職務を行う。

四、行政書士は、人格を磨き、良識と教養の陶冶を心がける。

五、行政書士は、相互の融和をはかり、信義に反してはならない。

「行政書士は、国民と行政のきずなとして、国民の生活向上と社会の繁栄進歩に貢献する」。これが行政書士の使命であり、利益追求を一義とする業者とは異なります。事務所の経営者である以上、適正な利潤はきちんとえなければなりませんが、ときには利益追求とは異なるベクトルの判断をしなければならないわけです。

少々抽象的な話が続きましたので、ここで具体例をあげてみましょう。ある行政書士としての道を踏み外した例です。

戸籍の不正請求に関係する事件がときおり報じられています。行政書士には、「職務上請求書」があり、業務上必要な戸籍や住民票の写しについて、委任状なしに取得をすることが可能なのです。あくまでも職務に関係する場合に認められるのですが、この職務上請求書を濫用して、第三者の依頼を受けて、戸籍を大量に不正請求し、取得した戸籍を調査業者等に不正に売り渡すのです。二〇一二年の事件では、職務上請求書を偽造するなどして、組織的に請求書を悪用していました。

なぜ、行政書士等の士業に、職務上請求が認められているのでしょうか。ぜひここをしっかりと考えてほしいと思います。行政書士という資格は、単に営業を行うための道具ではありません。行政書士倫理は、行政書士の行動指針とする必要があります。業務を行っていけば、いろいろな分岐路に立たされることでしょう。いつも順風満帆というわけにはいかないものです。そのようなとき、もし何か悩んだ、どう行動すればいいか、Aという道とBという道との選択に悩んだときは、行政書士倫理という原点に立ち返ってください。

◈◈◈ 六　これから行政書士を目指される方へ

ここまで、薬事法業務の例についてご紹介したあと、業務の選定についての考え方、行政書士としての顧客提供価値、行政書士倫理について触れてきました。これは私の一つの見方や意見に過ぎませんので、ぜひ、これから開業されようという方は、業務の受注のために決して短絡思考に陥らず、キャッチーなキーワードに踊らされることなく、ぜひ数多くの先輩行政書士の話を聞いてみてください。実務に根差した話にこそ、事務所経営の秘訣が数多く含まれています。

行政書士業務は、非常に広いフィールドです。自分で自由に取扱い分野を選ぶことができます。そして、多様なお客様のさまざまなニーズに応えていくことができるのもまた、行政書士という資格の面白さであるといえます。とても前向きな仕事が多いです。明るい笑顔に接することができ、お客様とともに成長することができる、そこがこの資格の醍醐味なのではないかと感じています。

最後に。二〇〇八年に伊藤塾さんで「明日の行政書士講座」第五回に登壇させていただきました。その際に聴講いただいていた塾生の方々がその後行政書士登録され、今では私と同じ薬事法を志したり、あるいは私と同じ研究会で行政書士業務についてディスカッションしたりしています。とても嬉しいことです。本稿を読んでくださった皆様とも、いつか楽しく行政書士業務について議論できることを楽しみにして、本稿を終わりにしたいと思います。

第2部 市民からこんなに必要とされています。——市民と行政との架け橋として

人との縁、そしてプロ意識を大切にしていけば、必ず途は開けます。

大楽　大輔（だいらく・だいすけ）氏

行政書士大楽事務所
〒290-0054 千葉県市原市五井中央東2-6-1 相川ビル3階
TEL:0436-20-2411
FAX:0436-20-2422

◆◆◆ 一　独立するまでの経緯

①　行政書士になるまで

ア．弁護士を目指して

私は一九七九年五月に千葉県市原市にて、父、母、姉、祖母の五人家族の典型的なサラリーマンの家庭に生まれました。お陰様で安定した幸せな生活を送ることができました。

私の家族に共通しているのは「人に喜ばれることが好き」ということです。栄養士の母が焼いたケーキや自家製野菜をご近所に配ったりとそんなことが大好きな家庭で育ちました。

こういった環境のなか、サラリーマンになるのももちろん良かったのですが、自由にたくさんの人に会って直接人に喜ばれる仕事をしていきたいと子どものころからずっと思っていました。そこで、そのような職業は何かと考えていましたら、弁護士という職業が見つかりました。弁護士は、自由に自分で時間を調整し、さまざまな人たちに会い、直接人の役に立って喜んでいただける職業だと思ったからです。そのため大学は法学部に進学しました。しかし、大変お恥ずかしい話ですが、実際に大学の授業に出てみると授業には全く興味がもてず、すぐに授業に出なくなってしまいました。そのことは今でも反省しています。

一方課外活動では体育会の少林寺拳法部に入り、ずっと練習に明け暮れていました。練習後には必ず飲み会があり、お酒の飲み方はもちろんのこと、お酒の席での立ち振る舞いを徹底的に学びました。現在ではさまざまな交流会でお酒を飲む機会も多く、これらのことが今では大変役立っています。また、この時代の先輩後輩のつながりは今でも継続しています。

しかし、法学部では四単位を残して留年してしまい、それをきっかけに大学に入ったころの初心を思い出し、この時からようやく司法試験の勉強を本格的に始めました。

その頃、私が一〇歳の頃から今でもお世話になっている私塾の先生が「家に一部屋空いているからそこで勉強しなさい」と言ってくださり、一心不乱に勉強に専念しました。その間、先生の飼われていたシェパードの飼育、家の掃除、来客への対応などもして、書生のような生活をしていました。私は、子どもの頃から元々太りぎみの体型だったのですが、そのような生活をしていたために、この期間に体重が二〇キロ以上落ちてしまいました。それくらい心身ともに自分を追い込んだ勉強をしました。今でも先生には大変お世話になっており、たくさんのお客様を紹介していただいたりしております。先生は、現在の私の事務所のオーナーでもあります。

また司法試験受験生時代に、私がお世話になっていた法律事務所に司法修習生（司法試験に合格した後の研修生）として研修にいらしていたことで出会った、大学の先輩である弁護士の先生には、今でも民事関係全般についてご助言いただいたり、弁護士業務をお願いしたりしています。

イ．行政書士との出会い

司法試験については私の努力不足で結果を出すことはできませんでした。受験に専念するのを大学卒業後三年間と決めていたので、司法試験受験を断念し、就職活動を始めました。その際、弁護士と同じく法律専門職であり、独立開業していくことのできる行政書士になることを考え、就職先として行政書士事務所を探したのですが、そもそも行政書士事務所の求人がありませんでした。その間、半年間くらい公務員試験や民間の就職試験を受けましたが、最終面接までいくもののすべて落ちてしまいました。もう駄目だと思ったときに、以前から就職相談をしていたカウンセラーの方から「行政書士・社会保険労務士（以下、社労士と記載します）事務所の求人の案内がでましたよ」と電話で連絡をいただきました。

すぐに就職カウンセラーの方のところにお話を伺いに行きました。そこでの説明によれば、事務所はなんと実家から歩いて一〇分のところにあり、さらに独立開業を支援するという事務所でした。早速応募し、次の日に面接があり、何とか採用していただきました。これが私にとって初めての社会人生活の始まりでした。

② 行政書士事務所での勤務から独立開業へ

ア．行政書士事務所で学んだこと

勤務し始めたものの、結局行政書士が何をするか実はわかっていませんでした。内容証明郵便の作成などドラマ「カバチタレ」のイメージしかなかったというのが実際です。勤務事務所では、許認可業務の一番の基本である建設業許可申請の仕事が多かったです。後で建設業許可について少し述べますが、これは行政書士の業務のなかでも一番取り扱っている行政書士が多い業務だと思います。仕事については仕事をしながら覚えていきました。わからないところは所長、事務所の先輩、行政庁に直接聞きました。一方、勤務事務所は社労士事務所（こちらは法人化していました）も併設していましたので社会保険や労働保険関係の仕事もやらせていただきました。行政書士をやっていると他士業で扱う資料の提示を求められたり、紹介をお願いされたりすることがよくあります。そのため他士業の業務についてもある程度把握しておく必要があります。求人のなかなかない行政書士事務所でなくとも、他士業の事務所に勤めてみると将来独立されるときにきっと役に立つのではないかと思います。勤務事務所では電話応対、接客マナー、事務所の掃除、身だしなみ、車の洗車など基本的なことから独立する心構えまで、たくさんのことを教えていただきました。

また、勤務事務所は千葉県の市原市という所にあり、場所柄、車での移動がどうしても必要でした。勤務事務所の採用基準には車の運転ができることとの記載がありましたが、実は私はペーパードライバーで運転ができなかったため、一生懸命練習して何とか運転できるようにしました。時に、勤務事務所の所長、副所長が教官のように指導してくださり、高速道路での走り方から踏切での対応まで本当に親切に教えていただきました。今では逆に車がなければ生きていけないといった次第です。

勤務事務所では、書類の作成方法はもちろんのこと、判子の押印方法や書類の保管方法など細かいことに至るまでたくさんのことを学び、更に行政庁との折衝といいますか、行政庁との対応方法についても教えていただきました。

また、お客様の獲得方法は勤務事務所での方法を見て覚えていきました。どのようなルートからお客様がいらっしゃるのか、そしてどういったことでお客様を紹介していただくのかということを見て覚えました。ただ、一番大切なことは、日々の業務をしっかりとこなすことではないかと思います。

イ．独立開業へ向けて

さて、独立する方法としては、①すぐに独立する、②事務所に勤務してから独立するという二通りの方法があると思います。ただ、行政書士事務所はほとんど求人がないのが一般的なので後者の方法はかなり厳しいと思います。私の感覚ですが、独立している行政書士の九五％以上が事務所勤務せず、すぐに独立しているのではないかと思います。

独立するためには総合力、経営力、営業力、事務処理能力、コミュニケーション能力など、さまざまな能力が必要だと思います。もちろん、足りない部分は皆あると思いますが、それは開業しながら学んでいけば良いと思います。社会人経験がある人であれば、これらの能力はある程度担保されているのではないかと思います。逆に社会人経験がない人の場合、行政書士事務所でなくても、どこかに就職してみるなど、社会人経験を積んでみてから開業を考えても良いかと思います。

私の場合は運よく、行政書士補助者→行政書士試験合格者→使用人行政書士（勤務行政書士のことです）→開業行政書士と順に段階を踏んできました。行政書士事務所に勤めたことで、ロールモデル、つまりこうやったら成功できるというモデルを見ることができたと思います。開業後何が必要なのか、どんな気持ちが必要なのか、設備はどんなものが必要なのかといった点について、私は行政書士事務所に勤務したことでわかったような気がします。そうはいっても行政書士試験に合格した後でも独立開業する自信はほとんどありませんでした。独立が怖くて仕方がなかったというのが事実です。

このとき、私は使用人行政書士という登録方法があることを見つけました。行政書士の登録には個人開業行政書士、行政書士法人社員の行政書士、使用人行政書士と三種類あります。使用人行政書士であっても開業行政書士と同じく約三〇万円という登録費用が必要となります。勤務事務所の所長、副所長に相談すると、「登録してみては？」とご助言をいただいたこともあり、「三〇万円はもったいないけれども、とにかくやってみよう」と思い、使用人行政書士の登録をしました。

その結果、単位会や支部で研修が開催される場合には連絡をもらえるようになりました。研修では周りの行政書士は皆開業行政書士登録でしたが、私だけ使用人行政書士登録という状況でした。そもそも、行政書士登録者は現在四万人以上いますが、そのうち使用人行政書士の割合は一％もありません。新人の同期の行政書士は、毎回研修に参加しているのですが、使用人行政書士の私は毎回有休をとるわけにも行かず、研修にはほぼ参加できないという状態でした。同期の行政書士たちがホームページを出したとか、こんな営業をしたとかを聞くたびに私も独立して同じようにやっていきたいと思うようになりました。ただ、まだ事務所の所長、副所長に「独立させてください」という自信はありませんでした。心では思っていても言葉にする自信がなかったのです。

そのように思っているときに、研修会後の懇親会があり、所長、副所長から「大楽さん、独立する気持ちはあるの？」というお話がありました。私は酔った勢いで「あります。独立します！」と言ってしまい、結果として独立することになりました。所長、副所長、そして職員の皆さんの後押しのおかげでようやく独立できたのだと思っています。独立開業が二〇一〇年四月ですので、遡ること半年前の二〇〇九年九月の独立宣言でした。

そこから開業準備に取り掛かりましたが、それよりも先に三年近く大変お世話になった勤務事務所の引継ぎをしっかり行わなくてはと思い、年度末ぎりぎりの三月三一日まで勤務しました。

開業準備中は、自宅事務所にするか賃貸事務所にするか悩んだり、さらにはそもそも今の事務所を辞めて本当に良いのかということをもう一度考えたりと、不安な日々を過ごしました。二〇一〇年四月一日より独立開業したことになりますが、「あぁ、独立してしまった」といった感じが本当のところでした。このときは、本当にゼロからのスタートでしたが、開業後、前勤務事務所からは、そちらで扱っていない業務を私に紹介していただくなど、今でも大変お世話になり感謝しています。

二　独立開業から現在まで

①　独立開業直後

結局、独立後の半年間は何件か問い合わせをいただきましたが実際に仕事につながった仕事はほんの数件でした。売り上げも少なく、本当に苦しかったことを今でも思い出します。今思うと仕事がなかったのは自分に「行政書士で独立してやっていくぞ」という覚悟が足りなかったからではないかと思います。実は開業の年の八月に社労士試験があり、開業しながらそれに向けて勉強していたのです。行政書士ではやっぱり厳しいから社労士も取得して頑張ろうという安易な考えからでした。結局社労士試験の合否は試験が終わった時点で不合格ということがわかりました。それからはもう行政書士でやっていくしかないという覚悟が私に生まれました。その時から仕事を少しずついただけるようになりました。

② 現在まで

その後はとにかく依頼された仕事は何でもやりましたし、誘われたものは何でも参加してみました。今は開業して四年目となりますが、独立開業してから今までに会った人は三〇〇〇人を超えると思います。とにかく人に会うためにいろいろな所に行き、名刺をもって挨拶をし、お話させていただきました。その際、飲食する機会が多かったため司法試験受験生時代に落ちた体重は元に戻り、その上さらに太ってしまいました。

開業二年目の二〇一一年一一月、事務所を移転することにしました。これは①「事務所に来訪したい」というお客様が増えてきたこと、②仕事を拡大するにはしっかりした事務所を持って信用を得ることが理由でした。

実は事務所を移転する前くらいから仕事がさらに忙しくなり、一人でこなすためには深夜まで働かなくては処理できなくなっていました。そこで職員の採用を考えましたが、事務所も借りておらず、どのように職員を採用してよいかもわかりませんでした。

職員採用するまでは、何とかいろいろと工夫して仕事をこなし、ようやく開業三年目の二〇一二年一〇月に司法書士事務所の先生の紹介で職員を採用し現在に至ります。

◆◆◆ 三　大楽事務所の業務内容について

大楽事務所では許認可業務は主に法人や個人事業主を対象に、民事法務業務は主に個人を対象に取り扱っています。

① 許認可業務

許認可業務の場合、建設業、産廃業、宅建業、古物商などの申請を取り扱っていますが、こういった申請は一般の方にはなかなかなじみがないのが通常です。建設業許可は原則として税込五〇〇万円以上の工事を請け負う際に必要となります。産廃収集運搬業許可というのは事業活動で生じた廃棄物を他人から依頼を受けて収集運搬をする場合に必要になります。宅建業免許や古物商許可は比較的イメージしやすいと思います。街の不動産屋さんや中古屋さんを開業する際に必要だと思っていただければ良いと思います。これらの業務は前勤務事務所でも取り扱っていた業務であり得意業務としています。

許認可業務はさまざまな業種の個性豊かな経営者のいろいろと色々な話ができ、とても勉強になり面白いです。そして特に建設業許可申請に関する業務は、基本的に毎年定期的に届出や申請が必要であり、依頼していただくと大変有り難いお仕事です。

② 民事法務業務

一方、民事法務業務では、相続、遺言、成年後見に関する業務を主にやっています。相続手続は相続人や相続財産を調べ、遺産分割協議書を作成します。不動産の名義変更は行政書士にはできないので、司法書士にお願いします。

続いて遺言です。遺言は自筆証書遺言や公正証書遺言がありますが、公正証書遺言が実務上多いです。これは公証人に作成していただく遺言です。その際、私たちは依頼人と会い、どのような遺言を作りたいかの原案を作り、公証人に遺言を作っていただくことが仕事です。そして、公正証書遺言を書く際に通常は遺言執行者を記載しますが、これにはお手伝いした行政書士がなることが多いです。遺言執行者とは遺言どおりに実現する人ということをいいます。私は公正証書遺言の遺言執行者ではありませんが、自筆証書遺言の遺言執行者に家庭裁判所の選任により就任したことがあります。同じく家庭裁判所の選任により成年後見人等への就任もしています。これは認知症や精神障害など、判断能力が低下してしまった人の代わりに裁判所の監督のもと、口座や不動産を管理する仕事です。

◆◆◆ 四　開業初期の業務

業務を具体的にイメージしていただくために、一般的に身近な相続をテーマにして、私の経験をお伝えします。相続手続については前勤務事務所では取り扱っておらず、私が開業してから扱いました。そのため最初の案件の解決には非常に苦労いたしました。

開業したばかりのときに、近所で私が子どものころからお世話になっているお婆様のご主人が亡くなり、私が手続をお手伝いすることになりました。

被相続人（亡くなったご主人のこと）にはお子様が元々いらっしゃらなかったこと、ご両親、ご兄弟が全員亡くなっていたため、配偶者であるお婆様と甥姪の合計八人が相続人でした。

今思うと最初の仕事で難易度の高い仕事を受けてしまったと思います。開業すると新人行政書士でも仕事の難易度に関係なく依頼がくるので注意が必要です。

今回の仕事については、とにかくまずは自分で頑張ってみようと、わからないことについては本を読んで調べたりしていました。ところが本を読んでも本当に知りたいことについては書かれていません。そのため、前述のお世話になっている弁護士の先生に連絡して相談したり、前勤務事務所でお世話になった司法書士の先生に不動産登記をお願いしたりと、いろいろとご指導をいただきました。また、相続を体系的に学ぶためにも、黒田塾（法務研修館。本書でも紹介されている黒田先生と小島先生の運営されている相続専門の勉強会です）に入塾しました。遺族年金の裁定請求については前勤務事務所にお願いしました。さらにお婆様が困っていたので、位牌の注文、四九日法要、香典返しなどの手続も私が行いました。

たくさんの先生方のご協力もあり、約一〇カ月かけて円満に相続手続を終えることができました。そして、一件解決したことで、自信につながりました。一周忌の際も同席し、お婆様に大変感謝され、本当にやってよかったと思いました。さらに今後は、私がお婆様の任意後見人に就任することになっています。任意後見契約というのは、判断能力が低下する前の段階で、将来の財産管理等をお願いするということをあらかじめ契約書で結んでおくというものです。

今回の業務を通して初めて取り扱う業務は本当に大変であるということ、相続手続にはたくさんの専門家がかかわる必要があることを痛感しました。

五　人とのかかわり

①　研修

ア．単位会・支部研修・任意団体研修

開業するとたくさん研修を受ける機会があります。行政書士会の単位会・支部主催の研修では、業務ごとに何十年と経歴のあるベテランの先生方に講師をしていただきます。その際、講師の先生はもちろん、先輩や開業時期の

同じ人たちと名刺交換し交流を深めることができました。先生方はお酒が好きな方が多いため、懇親会は二次会、三次会まで行われることがあります。私は開業してから三年間は基本的にすべて参加していました。

さらに、先の単位会・支部主催の研修を受けていると、有り難いことに他の研修会に誘われることがあります。その研修先でまたたくさんの先生とも会えますし、懇親会もあり懇親を深めました。

イ．有料研修

有料研修もあります。前述しましたが、黒田塾に通い相続手続と遺言手続の基本を学びました。また、行政書士は経営者でもありますので、経営についても学ぶ必要があり、経営コンサルタントであり行政書士でもある横須賀てるひさ先生に毎月お世話になりご指導いただいております。その他会計や人事などについての相談のため、税理士、社労士、中小企業診断士の先生方とも個別に契約して随時相談をさせていただいております。

② 所属団体

私はさまざまな団体に所属しています。行政書士会なども含めると、団体の規模はそれぞれ違いますが、二〇団体以上の団体に加入しています。

ア．地元の団体

私はサラリーマン家庭に生まれたので、開業前まで経営者とのかかわりは少なかったです。とにかく同じ経営者の知り合いをたくさん作りたかったというのがありました。前の事務所の先生方がいろいろな団体に所属していて、仲間たちと楽しそうにしているのを見ていたこともあり、私もぜひその団体に入ってみようと思い加入しました。具体的には、商工会議所、青年会議所、青色申告会、商店街などに加入しています。このうち商工会議所と青年会議所について説明させていただきます。

まず商工会議所は地元の事業主の団体で、お祭りでの屋台や大市などの運営のお手伝いをしました。個人的にお祭りの雰囲気が大好きですので、楽しかったです。商工会議所の職員の方々たちとも仲良くさせていただき、たくさんのことを学んでいます。さらに今では商工会議所での活動の結果、税理士の先生や他士業の先生から業務を紹介していただいたり、逆にこちらから紹介したりといった関係を作ることができました。

次に、青年会議所です。この団体は基本的に加入資格として事業主、サラリーマンなどの別は問われませんが、二〇歳~四〇歳までの年齢制限があります。そのため、自分に近い年齢の方が多く、その方たちと一緒に地域のためにさまざまな事業をやっていきました。その事業を通してたくさんの信頼が生まれ、今ではさまざまな業種の方々と交流しています。先輩や仲間に仕事を依頼するだけで自分の身の周りのことはすべて片付いてしまうのではないかと思うくらいです。事務所移転は通常たくさんの業者がかかわるのですが、私の場合は先輩や仲間の協力だけですべて片付いてしまいました。

今では所属する司法書士の先生や他士業の先生に大変お世話になっています。青年会議所は全国に約七〇〇近くありますので、基本的に全国どこでも青年会議所のメンバーに会えるというすごい規模の団体です。毎年全国大会やイベントがあり、他地域の青年会議所のメンバーと今後も交流を深めていければと思います。

このようにたくさんの地元団体に所属したため、今では街を歩いているだけで、知り合いによく声をかけられます。開業前までずっと地元には住んでいたものの、地元以外の方との交流が多く地元の方たちとの交流がほとんどなかった状況を考えると本当に幸せなことだと思います。

イ．行政書士任意団体

建設業や成年後見の実務勉強の団体です。昔から何十年とやっているベテランの先生が多くいらっしゃり、事務所経営や珍しいケースの対応方法などを教えていただいております。先生方がお忙しいときに業務のお手伝いなどをお願いされることもあります。

ウ．同窓会

私は大学の卒業直後から同窓会に入っています。これは少しでも出身大学に貢献したいと思ったからなのですが、そのようなことを思う近年の卒業生は少ないようで、一番近い年齢の方でも、四五歳くらいの方です。六〇、七〇、八〇代、そのような人生の大先輩に囲まれ、同窓会でも人生の勉強をさせていただいています。同窓会には公証人や検察官、裁判官出身の弁護士の先生などにもお会いすることができ、いろいろとご指導いただいております。

エ．伊藤塾

さらに、伊藤塾で学んだ仲間たちとの勉強会にも所属しています。こちらもたくさんの経歴の方たちとお会いすることができ勉強となっています。私がこの会に所属した当時はまだ開業をしていませんでした。ただ、ここで開業した方たちの話を聞いているうちに自分も開業したいと思うようになりました。私の開業の決意に影響を与えてくれた一つの要因だと思います。さらに伊藤塾ＯＢ・ＯＧ会である秋桜会（コスモス会）も最近立ち上がりました。秋桜会についても今後積極的に参加していきたいと思っています。

◆◆◆ 六　大切にしていること

① 人との縁

私は今までたくさんの方にお世話になり、その縁に支えられて生きてきました。私塾の先生だったり、弁護士の先生であったり、前の事務所の先生方、職員の方、提携していた先生方、開業後出会った方々、伊藤塾の山田先生や志水先生、その他のスタッフの皆さん、そして伊藤塾を通して出会えた塾生の方など、本当にたくさんの方と縁がつながっています。そして、今現在もどんどん縁は広がっていっています。私はこの縁をこれからも大切にしていきたいと思っています。

② 感謝の気持ち

私は感謝の気持ちをなるべく形にしようと思っています。

まずは、お世話になった方々に毎年、年賀状を書いています。学生時代の少林寺拳法部に在籍していた時、「歴代の先輩全員にすべて手書きで年賀状を書きなさい」と言われて、嫌々ながら書いていたのですが、その癖が残っています。さすがにもうすべて手書きは無理ですが、一言二言でも手書きで感謝の気持ちを書くようにしています。

また、お仕事を紹介していただいた際は紹介元に必ずお礼の挨拶に行くようにしていますし、お中元やお歳暮は基本的に持参して直接感謝の気持ちを伝えるようにしています。

お客様に対して、FAXや郵便物を送る際には、手書きの一言を書くように努めています。

③ プロフェッショナルとしての意識

まずはいただいた仕事を一〇〇％完璧にこなすようにしています。行政書士は書類作成がメインです。提出する書類の期限を厳守し、窓口での訂正や追加等ないよう入念にチェックしています。また、お客様に何度もお手間を掛けないよう準備をしっかりと行っています。

次に経営者として自覚をもつということです。行政書士として開業するということは法律の専門家であるとともに経営者でもあります。事務所経営を無視した業務遂行は必ず自分自身を苦しめ、そして最終的にはお客様にも迷惑をかけることになります。事務所経営を常に視野にいれて行動することが大変重要です。

七　将来の夢

①　行政書士法人化し、全国展開

まずは今の事務所の行政書士法人化を目指しています。それは前勤務事務所が社労士部門を法人化して運営していたことを見ていて思っていたことです。やはり法人化による信用力の違いは格段に違います。また法人化することにより支店展開も可能となります。

これは本当に自分の夢ですが、全国に事務所を展開していき、あらゆる地域で仕事の対応をしていけるようになりたいと思っています。そのためにも私とパートナーを組めるような行政書士候補者や使用人行政書士候補者を今後も探していきたいと思っています。

また行政書士をはじめ他士業の先生方、青年会議所メンバーとの交流を通して全国にたくさんの仲間を作っていきたいと思っています。

②　理論と実務の両方の能力を兼ね備えた行政書士

前勤務事務所で先生方は行政庁から少し変わった質問等があると根拠条文を徹底的に調べ上げ、行政庁に対して回答していました。また、研修講師の先生のなかに、実務を根拠条文に立ち返って説明される先生がいらっしゃいます。通常は行政庁が発行する手引き等で済ませてしまうことが多いのですが、やはり実務だけでなくそのような理論の部分から実務を展開できるような行政書士になりたいと思っています。そのためにも今後は仕事を継続しながら大学院進学なども視野にいれています。

③ 行政書士開業支援

現在伊藤塾にて行政書士実務開業講座を担当させていただいております。受講生のほとんどはこれから行政書士として独立開業されようと思っている方々です。行政書士は行政書士事務所で勤務して開業することがなかなかできないためにこのような講座を受講していただくことが多いです。開業当初わからないことばかりで、本当に苦労すると思います。少しでもお役に立てるように今後も継続して支援していきたいと思っています。

八　これから行政書士開業を目指す方へ

行政書士として独立開業すると毎日本当に大変ですが、とてもやりがいのある仕事ばかりです。そして自分自身が積極的に行動すればたくさんの出会いや縁があり、さらに自分自身の行動次第でいくらでも出会いや縁を広げることができる素晴らしい仕事です。ぜひ行政書士開業を目指して頑張ってください！

【コラム】行政書士になるための方法

一　行政書士になるために必要なこと

行政書士になるためには、大きく次の要件を満たす必要があります。

① 資格条項に該当すること（資格の積極要件）
② 欠格事由に該当しないこと（資格の消極要件）
③ 登録を受けること

では、それぞれの要件を詳しく見ていきましょう。

① 資格の積極要件

行政書士の資格を有するために必要な要件が行政書士法二条で次のように規定されています。

次の各号のいずれかに該当する者は、行政書士となる資格を有する。
1 行政書士試験に合格した者
2 弁護士となる資格を有する者
3 弁理士となる資格を有する者
4 公認会計士となる資格を有する者
5 税理士となる資格を有する者
6 国または地方公共団体の公務員として行政事務を担当した期間および特定独立行政法人（独立行政法人通則法二条二項に規定する特定独立行政法人をいう。以下同じ。）または特定地方独立行政法人（地方独立行政法人法二条二項に規定する特定地方独立行政法人をいう。以下同じ。）の役員または職員として行政事務に相当する事務を担当した期間が通算して二〇年以上（学校教育法による高等学校を卒業した者その他同法

第九〇条に規定する者にあっては一七年以上）になる者

この要件に該当する者に限るのは、重要な法的書類の作成など、行政書士の業務を適正に行いうる者にのみ資格を付与する趣旨です。

なお、もちろんこれらの要件のなかで、行政書士を目指す者にとって、最短の途は基本的に「行政書士試験に合格した者」であることに間違いありません。

② 資格の消極要件

積極要件だけを満たしていれば、行政書士になれるかというと実はそれ以外にも消極要件を満たさない必要があります。

すなわち、行政書士法二条の二に列挙されている事由のいずれかに該当すると、たとえ積極要件を満たしていたとしても、行政書士にはなれないとしています。なお、念のため、1～4すべて列挙しておきますが、難しい内容もあるので、1～4に着目していただければ十分です。

1　未成年者
2　成年被後見人または被保佐人
3　破産者で復権を得ないもの
4　禁錮以上の刑に処せられた者で、その執行を終わり、または執行を受けることがなくなってから三年を経過しないもの
5　公務員（特定独立行政法人または特定地方独立行政法人の役員または職員を含む。）で懲戒免職の処分を受け、当該処分の日から三年を経過しない者
6　六条の五第一項の規定により登録の取消しの処分を受け、当該処分の日から三年を経過しない者
7　一四条の規定により業務の禁止の処分を受け、当該処分の日から三年を経過しない者
8　懲戒処分により、弁護士会から除名され、公認会計士の登録の抹消の処分を受け、弁理士、税理士、司法書士若しくは土地家屋調査士の業務を禁止され、または社会保険労務士の失格処分を受けた者で、これらの

処分を受けた日から三年を経過しない者

なお、勘違いしないでいただきたいこととして、これら欠格事由は、行政書士試験の受験資格ではありません。行政書士試験の受験資格には制限が一切ありません。

ですから、例えば、未成年者（年齢満二〇歳未満の者）であっても行政書士試験を受験することは可能です。もちろん、合格することも可能です。ただ、わかりやすく言えば、一〇代で行政書士試験に合格しても、二〇歳になるまでは登録できないということです。

③　登録

では、積極要件のいずれかに該当し、消極要件のいずれにも該当しなければ、それで行政書士を名乗れるかというとそうではありません。最後のステップとして、登録をしなければなりません。

すなわち、例えば、行政書士試験に合格した者は、行政書士となる資格を有します。しかし、ここまでだと単なる有資格者にすぎません。

実際に行政書士としてその業務を行うためには、さらに行政書士名簿に一定の事項について登録を受けなければなりません。行政書士の業務が、国民の権利義務にかかわるため、ある人が行政書士であるかどうかを公に証明する必要があるからです。

そして、登録には期間や更新手続などの決まりはないため、一度受けた登録は取消し、抹消などの特別の事由がなければ、無期限に有効です。

なお、行政書士名簿は日本行政書士会連合会（行政書士制度は、各都道府県に単位会を置きますが、日本行政書士会連合会はそれらを束ねる存在とイメージしてくださって結構です。以下、「日行連」といいます）に備えてあり、登録は日行連が行います。

二　行政書士試験の概要

平成一八年度より、次のように行政書士試験が実施されています。

試験は毎年一一月第二日曜日に行われ、試験時間は午後一時から午後四時までの三時間となっています。そして、合格発表日は「試験を実施する日の属する年度の一月（つまり、試験のあった年の翌年一月）の第五週に属する日」とされています。

受験資格として、年齢、学歴、国籍は一切不問です。

二 行政書士試験の試験科目・出題数

試験科目は、法令等科目と一般知識等科目という大きく二科目で構成されています。

そして、各科目の試験範囲は次のとおりです。

① 法令等科目

法令等科目は、法的思考力等の判定になじみやすい基本法を中心に出題法令を限定しているため、①憲法、②行政法（行政法の一般的な法理論、行政手続法、行政不服審査法、行政事件訴訟法、国家賠償法、地方自治法を中心とする）、③民法、④商法、⑤基礎法学となっています。

② 一般知識等科目

一般知識等科目は、①政治・経済・社会の分野、②情報通信・個人情報保護の分野、③文章理解の分野の三分野から出題されます。

ただし、政治・経済・社会は、その言葉からもわかるとおり、非常に広範囲にわたります。実際、試験制度の根幹を司る総務省では、政治経済等の現状や動向に対する関心と一定の知識を有していることが望ましいこと、隣接法律専門職種としての資質を問う観点からの出題、実務に即した出題を行うことは可能ということから、世界情勢、政治学、経済学、社会学、会計学、消費者契約、特定商取引、著作権等、出入国管理、訴訟手続などについて、「政治・経済・社会」の分野において出題することも可能としています。

つまり、政治・経済・社会の分野で確実な出題範囲の絞込みは、ある程度までしかできないのが現状です。

これに対して、情報通信・個人情報保護では、情報法の分野に属する法律や個人情報保護法などが出題の中心となるため、対策は十分に可能です。

なお、文章理解については、いわゆる現代文と理解してくださって結構です。

③ 出題数

行政書士試験は全部で六〇題出題されます。そして、このうち、法令等科目から四六題、一般知識等科目から一四題出題されます。

なお、試験形式は、法令等科目は、択一式（五肢択一式・多肢選択式）および記述式（四〇字程度）、一般知識等科目は、択一式（五肢択一式）です。

四 二〇一六年度本試験の概要

より行政書士試験のイメージをしやすくするために、二〇一六年度行政書士試験の問題番号に対応する試験科目・試験形式を次に記載します。

表1試験科目・試験形式：参照

そして、配点は以下のようになっています。

表2配点：参照

なお、合否判定基準は次のようになっています。これは、平成一八年度の行政書士試験から変化していません。

表1　試験科目・試験形式

問題	科目	形式
1	基礎法学	5肢択一式
2		
3	憲法	
4		
5		
6		
7		
8	行政法	
9		
10		
11		
12		
13		
14		
15		
16		
17		
18		
19		
20		

問題	科目	形式
21	行政法	5肢択一式
22		
23		
24		
25		
26		
27	民法	
28		
29		
30		
31		
32		
33		
34		
35		
36	商法	
37		
38		
39		
40		

問題	科目	形式
41	憲法	多肢選択式
42	行政法	
43		
44	行政法	記述式
45	民法	
46		
47	政治・経済・社会	5肢択一式
48		
49		
50		
51		
52		
53		
54	情報通信・個人情報保護	
55		
56		
57		
58	文章理解	
59		
60		

表２　配点

試験科目	出題形式		出題数	満　点
法令等	択一式	５肢択一式	40 題	160 点
		多肢選択式	３題（× 小問４）	24 点
	記述式		３題	60 点
	法令等小計		46 題	244 点
一般知識等	択一式	５肢択一式	14 題	56 点
合　計			60 題	300 点

※５肢択一式は１題につき４点、
多肢選択式は１題につき８点（小問１つにつき２点）、
記述式は１題につき 20 点

次の要件のいずれも満たした者を合格とする。

① 行政書士の業務に関し必要な法令等科目の得点が、一二二点以上である者
② 行政書士の業務に関連する一般知識等科目の得点が、二四点以上である者
③ 試験全体の得点が、一八〇点以上である者

注意していただきたいことは、①～③のいずれかではなく、いずれも満たさなければ合格できないということです。ですから、②の一般知識等科目が二四点に満たずに法令等科目で優秀な受験生が合格することができない事態も稀ではありません。二〇一四年には、総得点の合格基準が一八〇点から一六六点に、法令等科目の基準点を一二二点から一一〇点に引き下げる補正措置が採られました。

五　効果的学習方法

本書では、行政書士試験の勉強方法については詳述しませんが、大きな方向性として、伊藤塾が受験生に伝えている三つのメソッドをお話しします。

①　合格後を考える

何ごとにおいても一歩先を考えることは大切なことです。行政書士試験を目指す上でも、これは当てはまります。すなわち、「合格」を意識することは当然に重要なことですが、試験を受験すること、合格するということ、それはあくまで

も、その後に続く人生の一つの通過点に過ぎません。

試験勉強をしているときから、合格後を意識し、その姿を思い描いていくことが大切です。合格後を意識することにより、今の学習が将来の自分の基礎を作っていると理解することができるようになるでしょう。

ところで、資格は単なる生計の手段ではありません。行政書士をはじめとした法律家がそれぞれの職域において市民の基本的人権を擁護し、社会に貢献することによって、私たちの暮らす社会全体の幸せの総量は増えていきます。

このように、行政書士資格は、単に自己の幸せを増やすだけではなく、他者の幸せの増大にも貢献できる、非常に価値の高い資格なのです。そこで、合格後を考えたとき、そこに思い浮かべることができるものは、自分だけでなく、依頼者など、周囲の人々、多くの人たちの笑顔です。合格後をより具体的に、より詳細にイメージすることにより、今の勉強が、今という時間がより充実したものになっていくでしょう。

② ゴールからの発想

試験自体には、「合格」というゴールがあります。そして、資格試験は合格後にいかに活躍をするかが大切です。その期間をなるべく長くするためには、合格までを最短最速で進む必要があります。

そこで、合格というゴールに最短最速で辿り着くためには、現時点での自分の位置と合格の位置を把握し、そこに至るためにはどのルートを進むべきかを考えることが大切です。ただただ闇雲に努力してみても、残念ながら結果は出ないかもしれませんし、運良くゴールに辿り着くことができたとしても、余計な時間がかかってしまうでしょう。

しかも、難しい試験であればあるほどゴールは遠いところにあるので、少しでも道を間違えてしまうと、気付いたときには大幅に適切なルートから外れていってしまうことも考えられます。もちろん、行政書士試験は相当に難しい試験なので、この試験に短期間で突破するためには、いつも自分の進んでいる道が合格へのルートに合致しているのかを意識する必要があります。

もちろん、努力が必要なのは言うまでもありません。試験勉強で努力した過程自体が将来のあなたを大きく支えてくれるでしょうから、努力することにも価値があります。ただ、この努力は、正しいルート上で行使すべきものであることを忘れないようにしてください。

③ 磐石な基礎

行政書士試験では、憲法、民法、行政手続法、行政事件訴訟法など、複数の法令から出題されます。つまり、行政書士試験の出題範囲には莫大な知識が関連しています。そこで、一から詳細につぶすつもりでチャレンジしようとしても、到底制覇することは難しく、普通であれば途中で何がなんだか分からなくなり、覚えていくことにも嫌気がさして投げ出してしまいます。

また、これら莫大な知識は相互に独立している知識ではなく、それぞれの知識が密接に関連付けられています。ですから、学習に取り掛かった頃に出てきた知識についてよく理解できなくても、一通り全体を学習したときに改めて見直してみると、「あっ！あの知識を使うのか！」と気づくこともよくあります。

そこで、一つの法律を勉強するときは、まず全体を大きく見渡してみることをお薦めします。次に、一つの制度を詳細につぶしていくのではなく、まずは基礎事項から勉強していきます。

細かいところに初めから手を付けてみてもなかなか先には進めませんし、個々の知識は相互に密接に関連していますから、細かいところは、一通り勉強してから、改めて勉強するほうが効率的に進められることが多々あるのです。

このように、いきなり細かいところまで一気に勉強しようとするのではなく、まずは全体像を、そして基本を、それから徐々に応用へと掘り下げていく勉強法が法律学習には向いているのです。

この勉強方法は、単に理解という面で効果的なだけでなく、記憶という面においても非常に役に立ちます。というのも、人間が物事を覚えることができるのは、記憶の対象を、繰り返し何度も経験したから、というのが最も大きな理由なのです。人間は一度で知識を覚えることができる生き物ではありません。むしろ、忘れていく生き物です。だからこそ、人間が記憶をするためには繰り返すしかないのです。全体像を、そして基礎を、それから徐々に応用へという勉強をしていくと、学ぶ知識が基礎であればあるほど、繰り返し学習をすることができ、必然的に覚えていくことができるのです。

横浜型地域貢献企業最上位認定を受ける事務所経営で、地域だけではなく、国外へも視野を広げる。

小竹　一臣（こたけ・かずおみ）氏

いそご法務小竹事務所
〒235-0005 神奈川県横浜市磯子区東町 15-32 モンビル 503
TEL:045-754-8955
FAX:045-754-8959

◆◆◆ 一 開業まで

私は、大学の法学部を卒業して五年ほど、司法書士事務所で、不動産登記に関わる仕事、商業登記や会社設立に関わる各種議事録の作成などに携わりました。そこでの仕事はかなり派生的に行政書士の業務にも絡んでくるものだったので、そのあたりの実務経験を買われて、運良く、神奈川県内でも三本の指に入るという、行政書士専門の大手事務所に、営業マンとして採用されました。

そこの事務所が非常にユニークな事務所で、営業については営業部隊、事務処理については事務処理部隊という形で、資格業としては先進的な分業体制をとっているところでした。私が入った当初、そのような体制をとっているところは記憶がなく、そこで丸五年以上、これも行政書士の実務を、どちらかといえば経営に関わるような実務経験をみっちり積ませてもらいました。

そのおかげで今日、私もどうにかその経験を活かして、今の事務所を運営しているのかなと考えております。

◆◆◆ 二 開業時の考え方

私が開業をしたのは平成一四年でしたが、この時はデフレ・スパイラルの悪い浸透状況、世の中の閉塞感がありましたので、思い切って開業していいのか正直言って悩んだ時期でありました。

しかし、私は、たとえ世の中が不景気で、逆境であればあるほど、おそらくこれまで自分が培った経験や能力といったものが一番試される絶好の時期であると、そのように考えたので、思い切って開業に踏み込んだわけです。

当初、私とスタッフ二名で仕事を始めました。お互い行政書士の有資格者ということでしたが、初めは恥ずかしながら、私の自宅マンションの一室で半年ほど、行政書士事務所と言えるのかどうかは別にして、とにかくそこで開業をスタートさせました。

しかし、行政書士の実務経験を五年みっちり積ませていただきましたし、行政書士というのはこう経営すれば成功するのではないかと漠然と体感しまして、それを自分流にどうモチベーションを上げてカスタマイズさせていけばよいのか常に考えておりました。おかげさまで開業したその月に、初めて自分の力で、名前で、何件か受任して二五万円ほど稼いだのです。それでその金額が大きいかどうかは別として、初めて自分の名前で、請求書が切れて、お客さんにお金を払ってもらえるという、その無上の喜びをそのとき感じたのです。

そこで、私はその時クリアした金額を、この先絶対に下回ってはならないと心に決めまして、それからはひたすら営業です。というのも、前の事務所からたったの一社も、私は暖簾分けをいただかなかったのです。ですから、とにかく経験だけはあるものですから、自分の得意としている、例えば建設業者などにひたすら訪問営業をかけまして、何とかその開業した月の収益を、開業したその年一円も下回ることなくクリアすることができました。

◆◆◆ 三　事務所経営に必要な心構え

私が開業にあたって決めた理念は、まず、「顧客と同じ目線で対話できる事務所経営を」としなければならないということでした。つまり、自分はなぜ行政書士でなければならないのか。なぜ自分は個人事業主として開業しなければならないのか。その辺のところを、まず自分が自分と向き合って説明できないといけない。それでなければ、顧客の方と同じ目線に立ってアドバイスできるわけがないと思ったのです。

それと同時に、極めて無謀かもしれませんが、「開業から一〇年連続、右肩上がり」という目標を立てました。右肩上がりの決算、つまり、事務所の経営の発展を絶対に止めてはならないと自分に課しました。

ところで、個人事業主は決算期が毎年元旦から大晦日までなので、私は元旦に、新年の初詣と同時に、自分に対する戒めの気持ちも兼ねて、今年の目標、事業計画を必ず立てます。これには二種類あり、一〇年の大きな目標と毎年毎年の単年度計画を必ず立てています。そして、これらは「自分が何とかすれば何とかなるな」といった軽々しいものではなくて、どちらかというと非常に厳しい目標を課しています。やはり、目標というものは高くないと駄目なのです。「これでいいや」というと、必ずその下にいきますから。もちろんあまり高すぎてもいけないのですが、ある程度、一〇%くらい高めにしておきます。このくらいですと、真剣にやれば結果は大体良いところに落ち着きます。それと、目標を立てるときに一番肝心なことは、自分の意志を強く持つことです。これは経営における最低の条件でもあります。

◆◆◆ 四　実務の現状

行政書士で食べられないのは本当ですか？　ちょっと面白いフレーズですが、幸い私や親しくしている行政書士は、みな、「行政書士は儲かる」と思っています。そして、実際に儲けています。知り合いのなかでも、年収数千万円から一億円程度はざらです。開業してから五年もすれば、高級外車を買ったり、家を建てたり…といった具合です。

そのくらい、行政書士は魅力に富んだ仕事であり、また職域も非常に広いので自分の得意分野に特化して、それに突き進めば良いのです。商品価値のある仕事ができれば、それで十分に商売になると思っています。

例えば、私も数十社、税理士や弁護士、司法書士と提携していますけれども、職域の広さにおいては、圧倒的に行政書士の方が広いと思います。実際、とても魅力的だと思っています。

ところで、私は神奈川県行政書士会に所属していますから、少し神奈川県行政書士会についてお話しさせていただければと思います。神奈川県の場合、会員数二四〇〇名台到来ということで、私が開業した頃には会員数一四〇〇人でしたから、かなりの方が開業されておられます。しかし、その二四〇〇名以上に対して満遍なく仕事が来ているかというと、相対的にみると非常に厳しいと思います。

特に、経済状況が悪いときは厳しいと思います。行政書士のメイン業務、例えば、会社設立ですとか許認可とか建設業とかいろいろあるにはあるのですが、行政書士がメイン業務として狙うターゲットは、かなり具合が悪いです。私も、毎日少なくとも三箇所から五箇所は回っているのですが、調子が悪そうと申しますか…銀行との付き合いがうまくいかなさそうだとか、元請が不良債権をそろそろ出しそうでうちにも火の粉が飛びそうなので小竹さん何とかしてくださいとか、そんな話が頻繁に来ます。

となると、上場企業は別としても、私たちとお付き合いのあるかなりの中小企業は、いろいろな意味で、苦しい状況にあります。これはどうにもなりません。原油は値上がりする、単価は下がる、材料費は上がる、どうやって利益を確保していけばいいのかという世界です。やはり物価が上がっているのに仕事がなかなか来ないとか利益が確保できないとか、こういう状況については、いろいろな社長から聞きますが、「事業四〇年も五〇年もやっているけれど、こんな時代は初めてだ」という方がほとんどです。

このように、なかなか優秀な経営者であってもこの時代についていくのがやっとという状況下で、私自身も、お客様にどう対応すればいいのかと、常に危機意識をもってやっています。既存のお客様に対するメンテナンス、情報提供、リスクヘッジについては当然のこと、いかにクオリティの高い新規顧客を獲得するかということを、私も一生懸命やっているところであります。

しかし一方で、年間相当の売上を出し続けている行政書士事務所もありますから、儲かっている事務所とそうでない事務所との格差はたしかにあるのだなと思っています。従業員数が一〇数名、売り上げが数千万ないし何億円といったところは、大体、事務所の顔あるいは名前が一人歩きしています。このような「ブランド事務所」、いわゆる勝ち組、に入っていかないと、行政書士も法人化が浸透化していますから、事務所として一人で看板を上げて営業も経理も何でもやるというのは生き残り辛いという時代が到来してきているのかと思います。

五　行政書士の典型業務と非典型業務

典型業務は、会社の設立や建設業に関する許認可ですとか、その他、風俗営業に関する許認可などになります。最近では、リサイクルですとか、産業廃棄物処理に関する、環境を重視した許認可などが良いのではないかと思っています。

また、外国人の在留認定に関する案件、例えば、中国人のＳＥ技術者が日本のインターネットやＳＥの会社に就職する際の在留資格、就労資格を申請する際の代理申請を私もやっておりますし、大学の留学生が日本の企業に就職されて、留学から就労に変わる際のライセンスといったものも取り扱っています。かなり国際化が進展しておりますので、英語や中国語が堪能な方は、この方面に進出、活躍されていかれることと思います。

続いて、非典型業務ですが、これは通常私たち行政書士事務所が肩書きとして掲げるメニューにはなかなかない仕事です。これを二、三持って掘り下げていくと、自分の強みになります。これは商品になるのです。

ですから、例えば、新聞を見て、社会情勢などのなかから、必ず行政書士が活躍できそうな分野といったものが情報として出てきますので、それを自分の目で・耳で感じ取って、利用できそうなものはどんどん開拓していくといった姿勢も大切なのではないかと思っています。

◆◆◆ 六　食える行政書士の条件

①　事務所を構える

私が考えるところの、「食える行政書士」の条件ですが、まず、事務所を構えるということが大事であろうと思います。もちろん、人件費などかかりますけれども、最初から投資を惜しんでは駄目だということです。そうはいっても、私も最初の半年間は自宅でやっていました。お客様からの電話もないし、依頼もないし、本当にないないづくしの開業状態でしたので、やむをえず自宅で開業していました。ただ、なぜ半年間で自宅を出たかというと、実は、ある有力な企業から「一回お宅の事務所を見に行きたい」という電話があったのです。いや、とんでもないと。「私は自分からお客様のところに伺うタイプなので結構です」、「私の方から伺います」と三回くらい申し上げたのですけれども…やはりそれなりの事務所を持たなければと思っていたときに来た話です。結局、遠路はるばる、わざわざうちの事務所まで来られました。あの時「これでは駄目だ」と思いました。狭くてもいいから、少なくとも自宅とは違う仕事場、土俵というものをこしらえなければいけないと思ったのです。

それで、急遽、自分の仕事半分、自分の事務所探し半分という形で徹底的に、あらゆる人脈を使って探し回りまして、最終的には運良く今の事務所に落ち着くことができました。

私の事務所の最寄り駅は京浜東北線の根岸という駅で、横浜の繁華街からはそれ程近くないのですが、駅まで歩いて一分ですし、私たちの仕事の舞台である横浜の市庁舎や県庁までであれば、電車を利用して数分で行ける所です。その意味では、非常に良い事務所にめぐり逢えたと思っています。

おかげで、スタッフが良い仕事をしてくれていますし、何より、やはり駅から近いとお客様がたくさん来てくれるのです。お客様がこちらに来てくれると、私がお客様のところに行く時間を短縮できるわけです。これは、家賃は別にして、大変効率の良いことです。また、お客様が来てくれるということは、ある意味、信頼関係の構築にもつながります。さらに、従業員が通いやすい。ほとんど雨にも濡れず来られる。私の事務所は横浜にありますが、東京方面だとか横須賀方面からもスタッフが来ています。お客様にとってもスタッフにとっても喜ばれる事務所というものを一旦構えると、その後が非常に楽なのです。まずは、ある程度しっかりとした事務所を構えるという心がけを大事にしていただきたいと思います。

② 優秀なスタッフを雇う

次の条件です。それは「優秀なスタッフを雇う」ということ。これはお金を惜しまないということにもつながります。ここで「優秀な」というところが肝心です。

私のスタッフは、どうしても個人的な理由でパートにしてほしいという方を除き、すべて正社員にしています。なお、その個人的な理由というのが、PTA会長を務めていらして、そういう学校の事情とお仕事を両立させていきたいと。そういう素晴らしい発想をお持ちの方なので、私も毎日通勤して欲しいという人材なのですが、そういう事情を配慮の上で、なるべく職場の環境を整えるようにしてあげています。それ以外は厚生年金などすべてかけていますし、まとまったボーナスなども出しています。

さて、なぜこのような雇用形態にしているのかということですが、実は「優秀」という言葉と関係してきます。「優秀」になるためには、まず定着してもらわないと困ります。つまり、採用して三カ月、半年、一年、この程度で辞められると非常に損失が生じると考えています。ですから、私としては、従業員が一年、二年、それ以上一〇年でも定着し、その分の仕事をしてもらい、事務所に対する利益を生み出し寄与してくれるなら、喜んで給与を支払うと。そういう意味では、企業努力をされているお客様と比較しても、対等以上の企業風土といったものを作っていかないといけないと感じています。

そこで、その従業員をどのように使っていくかという話になりますが、やはり全員に同じ仕事をさせていては意味がありませんから、例えば、建設業関係でしたら建設業関係のプロを作ります。そして、仕事は最初から最後まで徹底的にやらせます。日常の請求書を切ったり、領収書というのは別ですが、関わった仕事は最初から最後まで徹底的にやらせます。それがプロを育てる技術でもあります。ですから、私の事務所は、建設業関係のプロと、産業廃棄物・リサイクル関係のプロと、あと国際業務です。外国人・在留資格に関するプロと、その他いろいろな雑駁な仕事をやっている私のようなプロと、という形で分業体制にして、それぞれがスキルアップしつつ事務所を運営しています。このような体制を敷いている事務所というのは、実は、メジャークラスでも結構あります。個人事務所の経営というよりも会社経営、普通の会社が効率・採算を重視してとっている体制を私たちもとるようにしています。

さて少し横道にそれますが、たまたま横浜市から、横浜型地域貢献企業（CSR）制度というものができたので、お受けになりませんかという提案をもらいました。いろいろお話を伺いますと、「横浜市が応援したくなるような企業の姿」がそこに見えるわけです。市の担当者の方が言うには「こういう企業を横浜市としてきちんと認定して、広く支援することを惜しまない」ということでしたので、それならば私も乗っかってみようということになりました。仕事との両立でかなり厳しかったのですが、最上位認定をいただくことができました。最初に最上位認定を獲得した企業は、横浜市でも限られた二〇社だけです。

私がこれを受けて何が一番嬉しかったかというと、この認定というのはマネジメントシステムですから、事務所全体の経営を良くしていかなければなりません。そこで、従業員一丸となって取りまとめていきましたから、最上位認定を受けた時には従業員全員が達成感というものを共有できました。何よりもそれが一番嬉しかったです。

③　専門業務がはっきりしていること

続いて、専門業務がはっきりしていること。これも非常に大事です。行政書士の業務範囲というのは非常に広くて、自分の適性に応じた業務を選ぶことからして重要となります。例えば、法人、会社の設立というものを専門として打ち出しても良いし、あるいは業者とのつながりが広いなら建設業関係に特化しても良いし、その他、リサイクル関係もこれから進展していくことでしょう。

新しい分野についても無限の可能性があると思いますので、どんどん、「こういった分野をターゲットに」というものを考えていきましょう。

私たちが普段飲食店などに行く際でも、「何か」を食べたいから行くのであって、例えばとんこつラーメンを食べたいと思えばその専門店に行くわけです。ですから、やはり専門的な業務を決められて、これについてはどこにも負けないぞというものを作られて、そこから始められるというのが成功に近いというように思います。

④　知識よりも実践を好む

これは事業者としての資質というか、事務所経営に際しての一つの資質なのかと思いますが、どうも資格業界においては法律という知識の集積を目標にする方が多いようです。法律の試験をする以上当たり前の話かもしれませんが、机上での勉強というものに熱心な方が非常に多いように思われます。

ところが、私たち行政書士事務所の経営を成功させるにあたっては、もちろん前提となる基本的知識は必要ですが、どちらかというと営業型を主体に考えた方が良いです。この営業型というのは、通常私たちがイメージするものではなくて、人と会うことが好きな人です。とにかく人と会って、その人のために自分の法的サービスを駆使してあげるという人が向いています。経験や知識というものは実務に活かしていかなければ意味がないのではないかと思います。ですから、行政書士には知識よりも実践をやって欲しいと思います。

⑤　経営者としての視点をもつ

私は、松下幸之助などの経営理念については相当勉強しました。

中小企業を顧客とするような行政書士事務所を経営するためには、顧客である社長から頼られるような人格、頼られるような経営ノウハウやスキルを持つことが大事なのではないかと思います。

行政書士という資格を有しているから頼られるわけではありません。実際、行政書士の仕事だけで何千万円も稼いでいる先生には、この行政書士という資格は単に営業をする上でのツールに過ぎない。とりあえずこの資格がないと、この行政書士という仕事ができないので持っているのだという方が圧倒的に多いです。

⑥　目標が崇高であり、かつ常に危機感を持っていること

目標というものは、常に持っていなければなりません。それも高く持っていないといけません。分相応であっては駄目なのです。目標というものは常に高く持って、持ったらそこに向かって実践していきましょう。

常に危機感を持っているということは、やはりいくら自分が頑張っていても、社会情勢や天災など、何が起こるかわからないわけです。特に私たちのような自営業者にとっては、何の保証もない世界なわけです。実は私もよく

「自営業って良いですね」と言われます。時間も自由に使えるし、休みも自由にとれるし、良いですねと。

しかし、結論から言えば、決して自由ではありません。土日であれ何であれ、電話はどんどんかかってきます。休みたくても休めません。自営業の場合、相談ができる上司はいません。代わりに休んでくれる同僚もいません。自由業というのは、一面では不自由業でもあります。やればやるだけ、忙しくなってしまいます。いろいろなリスクが降りかかってくることもあります。大量の顧客情報、個人情報をどのように保護したらいいのか。

例えば、事務所に泥棒が入って、お客様の大切な決算書を持っていかれたらどうなるのか。一時的には行政書士が被害者になるわけですが、お客様にとっては行政書士の監督不行き届きということになります。ですから、私の事務所が入っているテナントには二四時間の警備体制がありますが、それでもあえて、事務所としてある警備会社と提携しております。それだけのセキュリティ体制を敷いています。それくらいの意識がないと、やはりお客様も安心して大切な、例えば相続でしたら戸籍謄本とか他には絶対見せられないような情報などを預けることはできないでしょう。

預かる立場にある私たちとしては、どうしてもそういった危機意識といったものを常に持っていなければなりません。

また、病気をすると困ります。そういった状況に備えて、優秀なスタッフを雇わなければならないわけですけれども、常に健康でいることには留意しています。病気をして、例えば一カ月二カ月、個人事業主でやっているような事務所が業務をできなくなれば、間違いなくお客様は他所に流れていってしまいます。

行政書士事務所は、個人事業主とはいえ、経営主として社会的にも責任を負うということを認識していただければと思います。

⑦　仕事とプライベートでは別の顔を

「よく学び、よく遊べ」と言われますが、ここでは「よく働き、よく遊べ」という言葉に置き換えていきたいと思います。

私も仕事大好き人間で、雇われていた頃は二年に一回くらいは倒れるということもありました。しかし、個人事業主としては倒れるわけにはいきません。

もちろん、仕事は仕事で一生懸命やります。私は、この仕事に就けたのは天分だと思っていますから、天分を全うするために命を捧げているつもりです。お客様のために一生懸命働こうと思っているのですが、だからこそ、どこかで息抜き、ガス抜きというのも大事になります。いろいろな意味でバランス感覚が必要な場面もあります。

そこで、趣味はやはり持つべきでしょう。私の場合は音楽です。音楽を聴くだけではなく、自分でも作ったりもしました。いくつかは世に流れているようなものもあるのですが…音楽は動かないし色も形もありません。しかしながら、人の心をつかんだり、涙を誘ったり、感動を呼んだり。そういった音楽の魔力に取り付かれて、私も仕事をしながらその謎を徹底的に解明しようとしまして。遂には作曲とか曲のアレンジまでできるようになりました。最近では一層忙しくて、そういったこともできなくなってしまいましたが、趣味を一つ二つ持たれることも人間のバランス感覚の上で大切なことだと思います。

⑧　人脈をもつ

人脈というのも非常に重要です。もちろんお客様も人脈として一つの重要なファクターではありますが、その他の関係者、いわゆるステークホルダー、こういった方もまた非常に重要です。

私もよくお客様を紹介されることがあります。そこで、典型的な事例を一つ紹介します。アメリカ米軍の基地は、沖縄に、また厚木にもあります。それで、あるお客様が、その厚木基地の工事をどうも受注できそうだということで、非常に喜んでおられたわけです。

ところが一つ壁が出てきました。それは、履行保証保険というものに関するものでした。この保険に入れないというのです。保険会社の方は費用対効果を考えて、申し訳ないけれど引き受けられないと。

これはひどい話だと思いました。何年もつきあいのある保険会社ならそこで一肌脱ぐべきだと、私は思いました。そこで、私にはそこが組んでいる保険会社の店長以上の人に人脈がたまたまあったわけで、話を持って行きましたところ、「小竹さんの紹介だったら、ちょっと本社にかけあって何とかしてみます」という話になりました。

サービスとは、メリットからベネフィットへの転換と考えてもよいでしょう。例えば今の話で、「履行保証保険について話がよくわからないから小竹さん教えてくれる?」という質問に対して、「はいわかりました」と。資料を調べる。ネットを検索する。その報告書をお客さんに提出する。これは当たり前の話です。また、「保険会社の支店長を知っているから今度紹介しますよ」と電話で取り次ぐ。これもお互いにとって、ビジネスチャンスを作れるのであるから、メリットかもしれません。

問題はその先です。ベネフィット、この例えならば、私の仕事が成功すれば、間違いなく、米軍からうちのお客様にお金が流れてくる可能性が大いにありえます。これこそが「自分のためではなく顧客のためのことができる」要素です。サービスに、メリットからベネフィットへの転換ができるのか。それが行列のできる事務所になるかどうかの分岐点かという気がいたします。

◆◆◆ 七　これから行政書士を目指す方へ

開業希望者から「行政書士試験には合格しました。でも全く経験がありません」というご質問を受けることがあります。これに関連して、行政書士事務所に勤めながら経験を積みたいという方もたくさんいらっしゃると思います。それでは果たして、行政書士の資格がないと、就職に有利なのか不利なのかという話ですが、行政書士の資格があるからといって、必ずしも有利とは言えません。私も、以前に大手の事務所に採用されたのが、その理由は、司法書士事務所での実務経験があり、そのスキルを買われて採用されたのであって、行政書士試験に合格していたから採用されたわけではありません。うちの事務所では、たまたま有資格者が二名おりますが、資格がなくても、この人はと思う人があれば、これからも積極的に採用していきたいと考えております。要は、資格ではありません。人です。人材です。

また、「開業後、経営が軌道に乗るまで何年かかるか」というご質問を受けることもあります。これにははっきり言って答えがありません。千差万別です。駄目な人は駄目だし、できる人は開業後のロケットスタートでもできるでしょう。ただ、この違いは、考え方なりやり方次第だと思います。

「石の上にも三年」といいますが、私の場合は、「石の上に六カ月」でした。他の人が三年かかってやることならば、自分はその三分の一でけりをつけるという、そのような腹積もりで、今まで自分の退路を断ってやってきました。「思い立ったら吉日」とはいいますが、良いことはどんどんやった方がいいでしょう。

とかく、こういった資格業ですと、行政書士に限らず、一身専属的なものですから、自分が一人で頑張れば何とかなるという考えがあると思います。ただ、そこから良い意味で一歩も二歩も外れていただいて、自分がターゲットにしようとしている中小企業の経営者の経営手法なり何なりを、自分の事務所に活かすという発想がまず大事でしょう。資格に甘えず、企業経営というものを真剣に考えていく必要があると思います。

伊藤塾から今回のオファーを受けた際、理念を持って事業に成功する実務家を育てたいという話をもらいました。そういった伊藤塾の素晴らしい理念に共感して、私も、今後よき仲間が、お互いに刺激を与えられるような行政書士が、一人でも二人でも増えることを本当に待ち望んでおります。私もこれからも努力を怠らず、皆さんに負けない一流の経営者を目指し、今や国の内外を超えた仕事を発掘しております。そこで、今までの自分の経験談や、事務所を経営する上でのビジョンといったものをお話しさせていただきました。

皆さんが、行政書士事務所の「経営者」として成功することを楽しみにしています。

被害者を自賠責保険で救済していく。「後遺症のヨネツボ」が伝えたい交通事故業務のやりがい

米中　幸正（よねなか・ゆきまさ）氏
大坪　力基（おおつぼ・りきもと）氏

ヨネツボ行政書士法人
東京事務所：〒104-0032 東京都中央区八丁堀2-2-9 コバキンビル4階
TEL:03-5540-8455
FAX:03-5540-3055

◆◆◆ 一　行政書士と交通事故業務

行政書士の業務の一つに交通事故に関係するものがあります。交通事故といえば、一般的には弁護士の印象でしょうが、行政書士も関係します。例えば、自賠責保険の手続は行政書士の所管業務になります。そこで、ここでは私たちが専門に扱う自賠責保険についてお話しします。

◆◆◆ 二　行政書士法と自賠責保険の関係

行政書士法の目的は二つあり、まず一つが行政に関する手続の円滑な実施に寄与すること。もう一つは国民の利便に資することです。

さて、自賠責保険は、損害賠償の基礎的な部分を社会保障制度化したものです。その範囲において人々を民法上の紛争から解放するというものでした。したがって、自賠責保険の手続には紛争性がなく、行政書士の所管業務ということになります。自治省、現在の総務省からも自賠法の手続は行政書士の業務であるという見解が出ています。すなわち、自賠法の目的である被害者保護の実現のため、わが国の運輸行政の一環として作られた社会保障制度としての自賠責保険の手続を行うこと。これは、行政の円滑な手続の円滑な実施に寄与し、あわせて国民の利便に資することを目的とする行政書士として当然の所管業務といえるでしょう。

ところで、自賠責保険の後遺障害の手続で、異議申立て手続というものがあります。ただ、これは実際には新たな診断書などを提出して、もう一度被害者請求（自賠法一六条請求）をするだけです。実際、自賠法上は単なる被害者請求になるだけで、「異議申立て」という言葉は存在しません。慣例でいわれているだけであって、行政不服審査法上の不服申立てとは全く異なります。

なお、行政書士は書面作成しかできないといわれることがありますが、その点の誤解をここで解いておきたいと思います。

行政書士法では、書類作成のほかに実地調査、また、行政手続法における聴聞や弁明の代理、それから行政書士として作成できる書類について代理人として作成すること、行政書士として作成できる書類について相談に応ずることと、実は書類作成以外にも行政書士としてできる仕事がたくさんあります。

したがって、自賠責保険の手続について書類作成は当然にできますが、それ以外にも相談業務もできます。また、後遺症の手続をするときに医師の意見などを付けたりするのですが、その書面を医療照会回答書などといいますが、そういったものを作るための医療調査、簡単に言えば、医師に会って話もします。これも業務範囲です。

◆◆◆ 三　私たちの取り扱う業務について

それでは、具体的な話に入ってまいりましょう。

まず、自賠責について整理をしておきます。これには三つの種類の請求があります。

一つは傷害分の請求です。これは怪我を起因として発生した損害について支払われるものです。主なものとしては、治療費、通院交通費、休業損害、入通院慰謝料等があります。自賠責保険支払基準では、休業損害の一日当たりの金額は五七〇〇円と決められています。それ以上の収入が立証できる場合には、一日当たり一万九〇〇〇円を限度に支払われます。立証資料として、給与所得者の場合には会社に発行してもらう休業損害証明書に源泉徴収票を添付して、請求することになります。また、給与所得者以外の場合、例えば個人事業主の場合には確定申告書や納税証明書で立証をしていきます。家庭の主婦にも家事従事者としての休業損害が発生します。「私は専業主婦だから」と言って請求をしない方がいらっしゃいますが、そういう方がいらしたら、請求漏れのないように教えてあげるといいかと思います。なお、この場合の立証資料は住民票になります。

そして、慰謝料は精神的な損害といわれますが、相手の対応が非常に不誠実だからという性質のものではなく、怪我によって治療を余儀なくされ、自分の好きなことに使える時間を病院等に行かなくてはならなくなったという、いわば時間の損害と考えても良いでしょう。ですから、いくら痛くても病院等に行かなければ基本的には請求することはできません。そして、自賠責保険支払基準では慰謝料の一日当たりの金額は四二〇〇円と決められています。以上の治療費、通院交通費、休業損害、入通院慰謝料等全部含めて傷害部分では限度額が一二〇万円とされています。

二つ目が、後遺障害分の請求です。内訳としては逸失利益という損害、それからもう一つは後遺症に対する慰謝料です。

障害が残ると一定程度労働能力が失われます。その失われた労働能力のために、これから将来発生するであろう収入減、これが逸失利益です。なお、逸失利益は一定の計算式によって計算されます。具体的には、事故前年の基礎収入（年収等）に各等級に応じた喪失率を掛け、さらに、労働能力の喪失期間に対応するライプニッツ係数（中間利息の控除係数）を掛けて算出をします。労働能力の喪失期間については、基本的に就労可能年齢（六七歳）までが労働能力の喪失期間になっています。例えば、五〇歳の方でしたら、一七年が喪失期間になります。なお、逸失利益と慰謝料を合わせた後遺障害分の限度額は等級ごとに四〇〇〇万円から七五万円の範囲のなかで決められております。

それから三つ目、死亡分ですが、これに関して一つは葬儀に関する費用、基本的には六〇万円までの費用が支払われます。それ以上の出費があった場合は、立証資料をもとに一〇〇万円を限度に支払われることになります。また、もう一つは後遺障害と同じ、逸失利益と死亡における慰謝料からなっています。これも限度が三〇〇〇万とされています。

このように、傷害分と後遺障害分、それから死亡分の三つの請求があるのですが、私たちの事務所は「後遺症のヨネツボ」といわれています。つまり、これらのなかでも、後遺傷害分の請求、つまり、後遺障害の等級認定の手続に特化して仕事をしています。

さて、自賠責で決められている後遺症が全部でいくつ種類があるのかというと、一三七の後遺障害が定められています。さまざまな後遺障害がありますが、大きく分けて二つに分かれると思います。例えば、両肘を肘間接以上で失ったもの、これは一級になります。それから、両眼が失明したもの、これも一級になります。これらは何ら調査することなく一級になります。その状態そのもので認定される等級になります。これらは非常に判断しやすい後遺障害だと思います。

それに対して、神経系統の後遺症、これは非常にわかりづらいです。例えば、三級三号では「神経系統の機能又は精神に著しい障害を残し、または終身労務に服することができないもの」とあります。また、五級二号は、同じような文言になっていますが、「神経系統の機能又は精神に著しい障害を残し、特に軽微な労務以外に服することができないもの」とあります。さらに七級四号では、「神経系統の機能又は精神に障害を残し、軽微な労務以外に服することができないもの」とあります。非常に境界が曖昧で判断しづらいことがあります。

また、末梢系の神経障害として、等級認定されるものとして一二級一三号は「局部に頑固な神経症状を残すもの」とされています。それからもう一つ、一四級九号では「局部に神経症状を残すもの」とされています。「頑固」が付くか付かないかの違いです。なお、この一二級と一四級については、私たちの事務所で扱う等級としておそらく半分以上、こういう方の仕事をさせてもらっています。いわゆる、むちうちからくる神経症状です。さて、この違い、「頑固」という言葉が付くか付かないかですが、自分は頑固に痛みがあるからと言っても実は通りません。「頑固」の意味は、訴えている症状が画像上証明できる場合、そして神経学的な検査によって証明できる場合、つまり症状が医学的に証明できる場合を頑固というのです。ですから、その証明ができない場合、つまり、自覚症状だけの場合には一四級になるのです。非常にわかりづらい、適正に評価されづらいものになっています。私たちの事務所ではこのように目に見えづらい後遺症を中心に手続を行っています。

◆◆◆ 四　具体的な事例

それでは、ここから具体的な事例を二つお話しましょう。両事例とも、相手の任意保険会社を通じて行った手続について、どうしても納得ができず、私たちの事務所に依頼をされたというものです。

①　事例一【動揺関節の評価】

最初の事例ですが、当事者は三〇代の女性の方でした。自転車に乗っていて車にはねられたという事故でした。そして、ひざの靭帯を損傷してしまいました。さて、どのような症状が残ったのかというと、ひざの痛み、それからひざががくがくしてしまうというひざのぐらつき感の二つが後遺症として残りました。そこで、自賠責も含めて一括対応している任意保険会社が事前認定という手続をとって等級がでたわけですが、それが一四級九号でした。つまり、局部に神経症状を残すものとしての評価だったのです。

ところで、後遺症の認定の求め方には二つの方法があって、一つは相手（の保険会社）が行う事前認定という手続であり、もう一つは私たちが関与する（自賠法一六条に基づく）被害者請求です。このことはなかなか一般の人には知られていません。

事前認定と被害者請求という二つの手続があるわけですが、実際に判断するところは、損害保険料率算出機構（略称、損保料率機構）という公法人が行うことになります。損保料率機構で判断をして、実際に認定するのは自賠責保険がする、このような仕組みになっているのです。

ところで、等級が何級に該当するかどうか、例えば一四級に該当するのか一二級に該当するのかは、被害者が損害を算出する上で非常に重要な意味を持ちます。そのため、被害者にとってはとても大事な手続です。それでは、何等級に該当するか、その損害は一体誰が証明責任を負うか、つまり、どちらに立証義務があるかですが、民法の原則によれば、請求をする側に「自分の損害はこれだけある」という立証の義務があるということになります。そういった本来のあり方からすると、やはり後遺症の認定は事前認定ではなく、被害者請求でやるのが筋ではないかと私たちは考えています。

話を戻します。そこで被害者に一四級になったときの認定の理由書を見せてもらいました。そうすると、ひざのぐらつき感については画像上なかなかそれが判然としないため、他覚的に証明された症状とはいえず、その部分に関しては否認をされていました。一方、痛みについては一貫して受傷直後からずっと、症状固定まで訴えており、継続的な治療も行ってきたということで、他覚的に証明はできないけれども一四級を認定されていました。

しかし、本人からすると、痛みよりもやはり日頃歩いていて膝ががくがくするわけです。そちらのほうが気になっているにもかかわらず、それが評価されていないことに、とても納得できない部分があったのです。

それで、どのような画像を提出したのかを確認してみたところ、いわゆる単純レントゲンしか提出していないことがわかりました。ところで、自賠責では膝のぐらつき感を動揺関節といいます。動揺関節が認められると、神経症状という評価ではなく、機能障害という評価になるわけですが、そのような評価がなされるためには単純レントゲンではダメで、ひざに負荷をかけてぐらつきの程度、その左右差をみるのがポイントです。その撮影法をストレス撮影というのですが、そういうレントゲンが必要になってくるのです。加えて、ストレス撮影のレントゲンと同時に硬性補装具という装具の必要性の程度、つまり、常に必要なのか、時々必要なのか、そもそも必要ないのか、を医師に書いてもらい、評価を受けることになっています。要するに、この被害者の場合には、求められている要件が何も整っていないままに出されたということがよくわかります。

そこで、私たちはこの依頼を受けて、すぐに医師のところに行きました。

私たちにとって、医師のところに行くことは非常に大切な業務になります。被害者に残った症状が自賠責保険における後遺障害に該当するかどうかの判断は、被害者が損保料率機構に行って料率機構の顧問医と面談して判断されるのではなく、あくまでも、書類審査が中心になります。ですから、医師にどのような内容の診断書を書いてもらうかということが肝心になります。私たちの視点から言えば、自賠責保険が求める認定要件を前提に、事実を過不足なく書いてもらうことこそが仕事ということになります。

今回もさっそく、医師のところに行って、しっかりと趣旨を説明しました。その上で、ストレス撮影を実施してもらい、硬性補装具の必要の程度も意見書として書いていただくことができました。その際、医師は次のように話してくれました。「治療上、ストレス撮影は不要です。医師は治すことが仕事ですから、治療上必要な検査はしますが、それ以外のことはしません。ひざのぐらつきに関しても、触れば私は医師だからわかります。ストレス撮影は結構痛いのです。痛いところを押すのですから。ですから、最初からできるわけがないでしょう」と。私たちは医師と話し合い、治療のため必要でなくても、認定のためには必要なこともあることを十分に理解していただきました。その後、主治医に作成していただいた意見書、ストレス撮影によるX―P画像、そして、異議申立書を添付して被害者請求を行いました。結果は一四級から一二級に変わりました。動揺関節が認められたわけです。動揺関節が認められ、一二級七号、つまり、機能障害として評価されました。本来でしたら、一四級九号からの異議申立てですから、神経症状として、他覚的にその痛みが証明されれば一二級一三号の頑固な神経症状を残すものとしての評価になるはずですが、機能障害として評価されたのです。

実は、これはとても効果のあることになりました。被害者は当初から弁護士に依頼をしていました。今回の案件は弁護士からの「何とか適正な評価につなげてもらえないか」という依頼でもありました。一二級一三号で評価されることと一二級七号で評価されることにどのような違いがあるのかというと、後遺症が後遺障害等級として認定されると逸失利益という損害を請求することできます。そこで、逸失利益は何をもとに計算されるかというと、年収に喪失率をかけて、ここまでは一三号であろうと七号であろうと同じで、喪失率は一四パーセントです。そこまでは一緒ですが、最後に労働能力の喪失期間に対応するライプニッツ係数をかけることになりますが、ここで効果があるのです。例えば、一三号、痛みだけですと、その喪失期間は裁判基準でいうと大体一〇年くらいが一般的だそうです。しかし、七号の機能障害は生涯残るのが前提ですから、依頼者は三〇代の女性でしたので、就労可能年齢である六七歳までの三七年間を喪失期間として請求したそうです。当然、賠償額としてかなりの差が出たために、非常に喜ばれた事案でした。

この事例からわかるように、後遺症の認定も許認可の仕事と同じように、要件を満たしていなければ認定がおりないということが言えます。認定要件を満たす資料が整っていなければ適正な等級に認定されないということを知っていただければと思います。改めてこの事例での認定要件を確認すると、動揺関節としての評価を受けるためには、膝のぐらつき具合を判断するためのストレス撮影におけるX―P画像と、硬性補装具の必要性の程度についての医師の所見が要件になります。そういったことを被害者が知っていれば、自分で後遺症の診断書を医師に書いてもらうときに依頼することで、一回目に適正な評価がなされたと思います。しかし、そういうことを知っている被害者はほとんどいないでしょう。これが現状であろうと思います。そこで、私たちの存在意義があるわけですし、また仕事ができるのであろうと思います。

ところで、保険会社の担当者がこのような要件を知っているかですが、当然プロですから知っているでしょう。ただ、それを教える義務はありません。なぜならば、損害の立証義務は請求をする側にあるわけですから、請求を受ける側にはその義務はありません。ですから、動揺関節の評価を例にすれば、「ストレス撮影してください」や「硬性補装具の必要性について医師から意見書もらってください」などといったことは言わないでしょう。これもまた現状だろうと思います。

② 事例二【高次脳機能障害】

この事例は、事故の被害者が五〇代の男性でした。相談に来られたのはその方の奥様でした。事故の内容は、被害者が会社帰りに一杯飲んで自宅に帰る途中で車にはねられたというものでした。怪我の症状は脳挫傷、くも膜下出血という大きなものでした。当然、後遺症が残りました。高次脳機能障害というものです。いわゆる認知障害と人格の変化が非常に顕著になったわけです。具体的には、まず一つは記憶障害です。それから、人格的にも非常に怒りっぽくなりました。そのため、人とのコミュニケーションがとれなくなってしまいました。

このような障害の等級について、相手方の保険会社を通じて事前認定を行いました。その結果、高次脳機能障害として、七級四号、つまり、「神経系統の機能又は精神に障害を残し、軽易な労務以外の労務に服することができないもの」という評価を受けました。その他にも後遺症が残った部分があり、その認定も受けたので、複数の後遺症が残ると併合等級といって、一級繰り上がる仕組みになっているのですが、併合されて六級という評価を受けました。ところで、後遺症が後遺障害等級として認定されるということは、労働能力がその等級に応じて一定割合失われたということを意味します。

この労働能力の喪失について、相談にきた被害者の奥様が非常に問題意識を持たれていました。というのも、六級の労働能力の喪失率は六七%になります。ところで、被害者がどのような仕事をしていたかというと、文章を書いたり人にインタビューをしたりと、大変知的な仕事をされていました。しかし、被害者は高次脳機能障害により、人とのコミュニケーション能力がなくなり、さらに記憶障害も残りました。従前の仕事が全くできなくなってしまったのです。ですから、被害者の奥様から言わせると「一〇〇%、前の仕事ができなくなってしまった。うちのお父さんは一〇〇%労働能力が失われてしまった」となったのです。六級は六七%の喪失率ですが、逆に言い換えると、三三%は残っているという評価になるわけです。そこに、被害者の奥様の問題意識があったのです。

そこで、異議申立てをしたいということで、その依頼を受けました。で、なお、異議申立てと聞くと、行政不服審査法に基づく行政庁に対する不服申立てのように聞こえますが、そうではなく、あくまでも自賠法一六条に規定されている被害者請求であり、再度新しく医療関係の書類を整えて請求していくということにほかならないということは、ぜひ理解していただきたいと思います。

さて、高次脳機能障害、非常に複雑な後遺症になるわけですが、その評価を適正に求めるためには、先ほどの動揺関節と同じようにさまざまな要件があります。例えば、事故直後の意識障害がどの程度であったかという医師の診断書、神経心理学テストなどもたくさん受けなければなりません。それから、医師の診断書も大事ですが、それと同じくらい、家族による日常生活における報告書が非常に大事になってきます。というのも、高次脳機能障害の特徴的なこととして、被害者は医師の前に行くと結構しっかりと振る舞ったりします。しかし、家に帰ると素に戻り、非常に怒りっぽくなってしまうということがあるのです。ですから、高次脳機能障害ということを適正に評価してもらうためには、やはり家族の詳細な日常生活に関する報告が求められます。

このようなことが前提となりますが、その方が認定を受けたときの後遺障害診断書をはじめとしたすべての資料を見せてもらうと、高次脳機能障害として適正に評価されるための検査もされておらず、それだけで認定結果は適正なものではないと確信しました。そこで、今回もやはり主治医のところに行って、高次脳機能障害の評価を受ける上で必要な検査の説明をし、その検査結果を踏まえて再度診断書等を作成していただきました。また、家族の方にも日常生活における詳細なエピソードを聴取し、それをエピソード集として作成し、併せて異議申立書も作り、自賠責保険に対して被害者請求を行いました。

その結果、高次脳機能障害としては三級に等級が変更になりました。そして、他の後遺症と併合されて二級に認定されました。労働能力の喪失率としては一〇〇％の評価になったわけです。

ですから、当初相談に来られた被害者の奥様の問題意識「自分のお父さんにはまだ三三％の労働能力が残っているという評価はおかしい」という問題意識については、叶えることができたということで、非常に喜んでいただきました。

なお、その後、その方は弁護士に依頼して、非常に満足のいく解決ができたということでした。

◆◆◆　五　一人でも多くの被害者の救済に向けて

さて、以上二つの事例について述べましたが、これらのような後遺症を負った被害者にとって、事故解決までには大きな山が二つあると考えています。

一つ目の山は、被害者に残った後遺症が適正に後遺障害等級として評価されること。つまり、損害の立証に関わる山であると思います。

もう一つの山は、立証されたその損害を前提に適正な賠償請求を行っていくこと。つまり、被害者の権利を実現していくという山だと思います。

適正な等級評価、そして、それを前提とした適正な賠償請求。この二つの大きな山があると思います。そのうち、適正な賠償請求については相手方との交渉が必要ですが、これに対して適正な等級評価については、基本的には自賠責保険の被害者請求という手続だけで明らかにすることができます。

自賠責保険における後遺障害等級認定の場合には一切交渉がありません。私たちは、この仕事をしていて、自賠責保険の担当者に「何とか一四級を一二級にしてください」などという交渉をしたことは一度もありません。すべて書類で行う、つまり手続です。そして、被害者の負った後遺症が適正に等級認定されるために、時として医師に会います。これは医療調査を通して行う事実証明ということになります。

ですから、私たちの行っている自賠責の後遺障害等級認定に関する業務は、まさに行政書士の本領が発揮できる業務であろうと考えております。

なお、もう一つの山である賠償請求ですが、これは紛争性が内在しているので、弁護士のフィールドであろうと思っております。

それから、行政書士の業務には建設業の許可申請とか産廃や風俗営業など、さまざまな許可申請があります。これらの許可申請については、大体は役所のホームページなどで申請要件などを知ることができます。行政手続法の施行後は特に親切になっているのではないでしょうか。

しかし、この自賠責業務についていえば、認定要件は公開されていません。また、マニュアルもありません。私たちは自分たちの自賠責業務の仕方を「ヨネッツボ式」といっていますが、まるで、真っ白いキャンパスに絵を描いて仕上げていくようなものだと思っています。交通事故被害者は一人ひとり全く状況が違っていて、一〇〇人いたら一〇〇通り、全く違う方法があると思います。ですから、その分、大変やりがいのある業務ですし、依頼者からも大変喜ばれる業務でもあると思います。

加えて、この業務についていえば、交通事故は景気不景気とは関係ありません。不景気だから交通事故が減るということはありません。そういうわけで、とても潜在的なニーズがあると思います。

この被害者請求の仕事を始めてから、私（米中）は一五年程度になります。

始めたころは全く認知されていませんでした。自賠責保険会社に被害者請求を行っても「それは任意保険の会社が一括請求の対応でしているからできませんよ」と言われたこともあります。それを、何とか自賠法の手続について説明をしながら行っていったのが一五年程前のことです。私（米中）と大坪が出会って一〇年以上になりますが、その当時もまた同じような状況でした。

私たちが自賠責に特化して八年以上になりますが、この数年の間に自賠責業務を取り巻く環境は様変わりしました。インターネットを見ていただくとわかりますが、後遺症の被害者請求、異議申立てを行いますとうたう行政書士のホームページはたくさん出てきます。それだけ自賠責業務を行う行政書士が増えたということです。今では自賠責保険会社も普通に受け付けてくれるようになりました。損保料率機構が発行している冊子にも「任意保険会社との交渉が難航した場合、被害者請求に切り替えて請求することができます」という案内をしています。

行政書士会も着目して、自賠責を運輸行政の柱にしていこうということで、業務テキストも作りました。平成一九年のことです。このとき、運輸行政のワーキンググループが設置され、全国から選抜された五人で業務テキストを作りました。私たち二人もまたこのメンバーでありましたが、このように行政書士会でもこの業務に注目しています。

なお、収益性の点でも十分、事務所経営は成り立ちます。報酬的なことをいうと、一件単価で、認定されたときと認定されなかったときでは違いが出てきますが、私たちの平均で言うと一件当たり約二〇万円です。年間で数百件の依頼を受けていますから、私たちの話一つとっても、十分収益性があることは理解されるであろうと思います。

交通事故解決へ向けて、「適正な等級認定は行政書士、適正な賠償請求は弁護士」というように、それぞれのフィールドで活躍できるので、そういった点では弁護士との協力関係を築きながら業務ができるという特徴もあります。

最後にメッセージです。

夢は描かないと実現しません。私たちはいつも二人で夢を描いてきました。そして、そのすべてを実践してきました。

夢は描いた者勝ちです。反省をしながら、気付きを持ちながら、行動していくと叶います。

第3部 自分を活かせる。一生働ける。——行政書士の職域は無限大。多方面で活躍

黒田塾塾長として相続のプロフェッショナルを育てる。行政書士として夢を実現するための方法

黒田 広史（くろだ・ひろし）氏

行政書士法人相続まちかど相談室

〒330-0803 埼玉県さいたま市大宮区高鼻町1-36-1 第一大矢部ビル2階

TEL:048-642-5901
FAX:048-647-1419

◆◆◆ 一　自己紹介

行政書士専門で二五年が経ちました。業務は相続専門です。行政書士にとってこの専門というのは大事です。行政書士が作成できる書類は一万何千件と言われたりしますが、一万何千件もできる人はいないでしょう。よく見かける総合事務所というのがありますが、総合といっても一〇種類くらい扱っていたらいい方でしょう。一〇種類を深く追求して行うことなど、多分できないと思います。どれも奥が深いものばかりですから。

それから二五年以上続けることができましたが、やはりそれは「行政書士になりたい」という思いが強かったことに理由があります。他の資格は自慢にもなりませんが一つもありません。私にとって資格はこの行政書士だけなのです。

だから、大変だろうが、儲からなくても続けるしかありませんでした。それでも私はこれが良かったと思っています。他の士業を悪く言うわけではありません。社労士、税理士等、いろいろな資格持っていたら、「行政書士だめだったら社労士やろう」、「社労士だめだったら税理士やろう」となっていたと思います。実際、受験にしてもそのように動いてしまう人がいます。

行政書士になろうと思ったということは、どこか行政書士に惹かれたのだと思いますし、それはどこか適性があったのだと思います。行政書士専門で良かったと私は思っています。

約二五年間で相談件数は約一〇〇〇件。実務件数は一六〇件以上。二五年以上やってきて一六〇件以上と聞くと「少ない」と思う方もいるかもしれません。しかし、相続は一カ月二カ月で終わる案件など一件もありません。

今は、相続人が日本中に散らばっていたり、外国にいる時代です。外務省に電話して、東南アジアに住んでいる日本人のことは、日本では記録の調べようがないということを初めて知りました。二〇数年やっていてもそういうわからないことがあるのです。しかし、良い勉強です。また、だからこそやりがいがあるのだと思います。非常に楽しいです。

そして、家庭裁判所調停委員も六年勤めました。三年目までは離婚専門でした。相続は、ようやく五年目から回ってきました。これも大変です。電話帳三冊分くらいの資料がどさっと来るのです。それを事前に読み、調べて、それで調停当日を迎えるのですが、大変です。ただ、私は相続専門でやってきたので、調停委員になりたいと自分を売り込んだわけですから、満足していますし、やりがいがあります。お蔭様で、これまで私が調停に携わった相続は全部合意成立しました。これは嬉しく思っています。

現在では調停委員は個人で応募できる時代ですから、もし興味がある方は調べてみると良いでしょう。私が調停委員をやってきて感じたことは、調停委員に一番向いている資格者は行政書士であるということです。

調停というものは基本的に話し合いです。双方が話し合ってこれで良いと納得したならば、その内容がどのようなことであっても違法でない限りそれで成立します。そして、調停が成立するということは、裁判の判決と同じことを意味します。ですから、力のあるものなのです。

一方、裁判と異なり、調停は証拠をもって争う場所ではありません。双方の話を調停委員が聞いて接点を見出し、「では、このような解決法はどうですか？」という提案をします。この提案能力は行政書士が一番あると思います。

行政書士のなかには代理権がないことで悩んでいる方もいらっしゃいますが、私は別に代理権がないとしても行政書士として十分に法務をやっていけると考えています。双方を話し合いの土台にのせて調整してあげれば良いのですから。このようにいうと簡単に聞こえるかもしれませんが、実際に調整というのはなかなか難しいものです。ただ、調整役としては、私たち行政書士が法律家のなかでも一番向いているという考えです。

もう一つ行政書士の良い点は、これは他の士業でも同様ですが、定年退職がありません。健康でさえいれば良いのです。しかも経験を積めば積むほど解決能力という能力は上がっていきます。開業当時の能力と、今の能力が全然違うのは明らかで、いかにこの二五年間に積み重ねて来たかと感じます。これは財産です。

普通、「若くなりたい」と思いますよね。年をとりたくないと。しかし、私が五年目くらいで扱った相続書類は、恥ずかしくて見せられません。今見れば、「よくこれで銀行が受け取ってくれたな」と思うほどの書き方です。あるときから、私は裁判になっても耐えうる書類を作ろうと思いました。確か開業一〇年目くらい経った頃と思います。それが原因かどうかわかりませんが、私が扱った相続関係、遺言も含めて、一件も蒸し返しが起こっていないのです。「無理やり判を押させられた」とか「無理やり書かせられた」とか、「私の言っていることと違うことを書かれた」などは一つもありません。

そういう意味でも年数が経つほどに経験が積まれ、より良い解決ができ、良い解決ができるから評判になり、依頼が来るという良い方向へ回転して来ています。私が今までやってきた限りでは、行政書士は年配になっても十分できるし、むしろ良い仕事ができるのではないかと思います。

◆◆◆ 二　プロフェッショナルの養成

私はプロフェッショナルの養成をするために、実務指導に約一五年携わっています。

私も初心者の頃、さまざまな講座に行きました。でも、それは二時間とか四時間のもので、到底無理があります。もし四時間の勉強で明日から皆さんが相続遺言の仕事ができるということであれば、私などは「先生」なんて言われて話はできません。私の推定では三〇時間くらいは来てくれないとできないと思います。それくらい難しい。難しいけど0《ゼロ》で始めるよりははるかに良いかなと、そのように考えて講座を続けています。では、どのようなことを教えているかというと、調査方法、資料収集の仕方、それから大事なことは文章力なのです。見本はあります。それに実務を重ねていけばたしかに徐々に実力はついていきます。しかし、基礎力は必要なので文章力は身につけてほしいと思います。

文章力を強化する方法ですが、皆さんはインターネットを大抵扱えると思いますが、私のお勧めはこれを利用する方法とは全く違います。

新聞とラジオです。新聞では、朝日新聞でいう天声人語などのコラムがあります。それらを読んでもらいたいと思います。そうすると文章のまとめ方などが身についてきますし、ラジオも言葉だけですから非常に効果的です。日々継続するということは少し大変かもしれませんが、そういう努力は必要です。

そして調査能力や収集能力、文章力、調整能力と助言、相談能力が相続業務には必要です。

ところで、今相談会を開いたら六割から七割は相続に関係するものです。ですから、相続業務に必要な能力を身につければ、相談会が開けます。相続はそれくらい需要がある分野なのに、なぜか業務とする行政書士は多くありません。

やらない人に聞いてみると「面倒くさい」というのです。この考え方は逆です。面倒だから仕事として成り立つのです。これは忘れないでください。他人が面倒だなと思ったら「これはチャンスだ」と思ってください。人は面倒だから他人に頼むのです。面倒でなければ頼みません。皆さんもそうでしょう。面倒でなければ自分でやりますよね。

相続はなにしろ通常一件一年掛かります。一件一年掛かるということは、一年間その相続の関係者とお付き合いするわけです。ところで、一件と聞くと当事者は一人という感じがするかもしれません。しかし、相続案件は一件一人ということはありえません。例えば、相続人が一〇人いれば、一〇人との関係ができることを意味します。それが二件、三件と増えていったら、あっという間に何十人と同時にお付き合いをすることになっていきます。その何十人から一気に質問や要望がくるわけですから、忍耐力も必要です。相続とはそういう仕事です。こうしてみると、やはり助言、相談能力を身につけることは必要で、一方、基礎知識としては相続に関する普通の知識（市販されている入門書程度）があれば十分で、わからないことがあればその都度調べていけば大丈夫です。

以前、開業して三年くらい経っている人と話をしたときに、「どうですか？　相続実務の方は？」と聞いたら、「まだ怖くて受けられません」と言うのです。その一方で、同じ相続に関する本を三回読んだとか、五回読んだとか言っていました。「申し訳ないけれど、どんなに本を繰り返し読んでも実務能力は身につかないですよ」と言いました。

そういう時間があるのならば、営業をやって一件でも依頼を受けて実務をやってみたら？　と勧めたのですが、「怖い、怖い」の一点張りで受任する気はありませんでした。電話が掛かってくると断る理由を探すそうです。ただ、その気持ちはよくわかります。実は、私自身も初心者のとき、どうやって断ろうかとどうしてもそちらの方へ頭がいってしまったものです。

しかし、一件目をともかくやるしかないのです。最初から五件目をやる人などいるわけがないのですから。その辺りは、覚悟を決めて飛び込んでもらうしかありません。たしかに一件目は大変です。まさにやせる思いです。言葉は震えてしまうこともあります。ただ、ベテランだろうが誰だろうが、皆そういう体験をしてきていると思います。そうして初めて段々と形ができてくるのです。

もし読者の方で、合格されたが開業をとまどって本書を手に取ったという方がいらっしゃれば、とにかく始めてみることです。

ところで、一番良くないのは事務所登録をしました、でも事務所で一日中待っています。こういうタイプです。

これではだめです。代書屋の時代ではないのですから、もう一般市民が当たり前にパソコンを使い、情報を収集し、簡単な書類であれば作ることができる時代なのですから。どのような士業であれ、事務所に座っていれば仕事が来る、そういう時代はもう終わっていると私は思います。

◆◆◆ 三　行政書士は作業服を着た法律家

実際にはスーツを着ていますけれど、姿勢としては、作業服を着ているつもりでやってほしいということです。作業服を着て長靴を履いて、現場で走り回っているというそういうイメージを持ってほしいと思います。そのようにイメージすることにより事務所で待っているというのは誤りだということがよくわかると思います。やはり汗をかく仕事です。冷や汗もかきますが。行政書士は書類作成、代書、そういう時代は終わっています。

相続を例に挙げると、まず相談があります。相談で終わったら後は全くないわけですから、相談者がきたら、できるだけ依頼されるような振る舞いが必要です。ここが営業力です。どういう営業が良いか絶えず考える必要があります。営業といっても、「飛び込みをやれ！」とは言いません。そもそも飛び込みで受任できるような仕事はそんなに大したものはありません。

相談がありました。依頼されました。そうすると相続人や相続財産の調査をして、資料を集めます。これもなかなか大変です。見落としがあるとやり直しですから。そしてまず依頼者と話し合って解決策の調査をしたり提案をしたり、その人の要望を入れたりして遺産分割案の基礎を作るわけです。

たたき台というようなものができると相続人同士の協議に移ります。初心者はいきなり遺産分割協議書の作成を頭に浮かべがちですが、実際には協議に至るまでの方がはるかに時間がかかっているわけです。遺産分割協議書の作成までこぎつけたら、その仕事は八割程度終わっています。

それからもう一つ大きな仕事が残っています。、それが各種の手続です。これも私の事務所では全部やります。もちろん土地建物の名義変更は提携している司法書士に依頼しますが、銀行は全部回り、郵便局も回って、証券会社、その他保険や共済などがあればすべて対応します。大変な時間です。一番大変なのは負債です。借入金の引き継ぎは一〇カ月掛かりますよ、と銀行はサラッと言います。ですからそれは一〇万円の仕事ではないのです。やはりそれは一〇〇万円以上の仕事でしょう。しかし、一〇〇万円以上の報酬を行政書士が算定していると言うと、たいてい驚かれます。

◆◆◆ 四　最も市民に身近で役立つ資格者

相続業務の際、私たちは依頼者の代理人ではありません。

例えば、依頼者をAとして、その他をB・Cとすれば、「Aさんのお考えはこういうお考えですが、Bさん、Cさんいかがですか」という内容を書面にしてすべての方に送って意見を聞きます。

そうすると修正をされたり、電話がかかってきます。それをまた「こういうご意見をいただきましたが、Aさんどうされますか」と伝えます。そこで当然相談に応じ、調べることがあればこちらが調べます。そうしてだんだんと合意できる方向へ協議を進めていきます。結局、私たちが行っていることは相続人同士の自主的な解決のお手伝いです。争っている裁判と全然違うわけです。

裁判では、簡単に言えば、「あなたの言っていることは認められない」と真っ向から相手を否定しても構いません。裁判になっている以上、勝たなければなりませんから。

しかし、私たちの相続の解決法はそうではなく、お互いに話し合ってもらって接点を見つけてもらうものです。そして、こうして当事者の自主的な解決のために縁の下の力持ちに徹したほうが仕事もあるし、本当の意味で解決する割合は高くなるのではないかと思います。

これは調停に似ています。私は調停委員の仕事に携わったときに、「これは私が事務所でやっている方法と同じだ」と思いました。

そういった解決の方法をどのように行うのかというと、行政書士業務である法務書類作成と書類作成相談を最大限活用します。時々誤解されることがあります。あいつがやっていることは弁護士法違反だとか、代理権がないくせになどという人がいますが、私はそういうことは一切していません。また、弁護士の真似をする必要などはありません。むしろ真似できません。弁護士の解決方法とは全く違いますから。

五　法律と人間性との協調による解決

行政書士は法律家です。しかし、逆説的に聞こえるかもしれませんが、その業務は法律で全部解決するものではない、ということも知っておいてください。法律だけで人は納得しません。

書類作成相談でも調停でも同じですが、まず相談者が始めるのは相手に対する非難です。このとき、どうするか。全部聞くのです。調停では時間による限度がありますからそこまでじっくりと聞くことはできませんが、その人の鬱積《うっせき》しているものを全部聞いてあげます。もちろん時間がきたら切り上げるしかありませんが、それでも一言「それは大変でしたね」と言ってさしあげます。「それはご苦労なさいましたね」と。それで良いのです。相談者は納得してくれますから。

そして、「この人は私のいうことを聞いてくれる」と感じてもらえます。そこで、その人は初めて冷静になれます。ただ、大事なことは「そうでしょう?」と同意を求められたときに、「そうですね」と答えないことです。そうすると同意したということになってしまいますから、この答え方はダメです。「そうでしょう?」言われたら、「そういうお考えもありますね」とか、「なるほど、そういうことがあったのだということはわかりました」、「申し訳ないのですが、私どもは、良い悪いということについては答えられないのです」と逃げます。

いずれにせよ、まずは相手とどうすれば信頼関係を結べるか、ここが大事です。そうして初めて、「あなたは遺産のなかでどれをご希望ですか」、「現金であればどれくらいご要望になりますか」と中心的な話を切り出します。最初は皆さん興奮されていますから、そういうときに「お金はどれくらいご要望になりますか」などと言おうものなら、「金じゃないんだ!」、「あいつのこういう態度が気に入らないんだ!」となります。

まず、愚痴を聞いてあげてください。それだけで、もしかすると依頼される可能性は五〇%くらいあると思います。依頼者、相談者の不平や愚痴を聞いてあげることから業務は始まる。その上で、法律上のことであるとか、どのような分け方、要望など具体的な話をしないと難しいと思います。

◆◆◆ 六 争いの少ない社会の実現、短期間での解決

争いのない社会というのは一つの目標です。ただ、なかなか難しいのです。しかし、争いを少なくすることができるのであれば、私たち行政書士の存在価値は十分にあるし、たとえ裁判などになってしまったとしても、当初よりも短期間で解決できればこれは良いことです。当然、裁判は弁護士さんに引き継いでいただきます。

当事者はすべて自分が正しいと思っています。これを忘れないでください。双方がこのように思っている、とい

うことを。争いになっていなくても、感情や意見の対立は基本的にこの考え方が根底にあります。これを少しずつ後退させ、ぶつかっているところを少し離してお互いの納得する結果を目指すところが私たちの仕事です。

また、相続での争いを防ぐには、遺言しかありません。

私はこれからの行政書士にとって遺言は非常に有望だと思います。遺言は三者にとっていいわけです。つまり、遺言者にとっては自分の希望どおりの配分ができる。相続人は長期間の協議をしなくて済む。そして、私たちは遺言執行で済むということです。しかも当然ですが報酬はいただけます。それなりの大変さはありますが、こんな良い仕事はそうありません。ですから、お勧めは遺言です。

遺産分割はこれまでの話を読んで感じた方は大勢いると思いますが、大変です。同じ一〇〇万円もらうのであれば、遺言の一〇〇万円の方がずっと良いです。不思議なことに、困難な遺産分割ほどお金になりません。

もし相続分野に興味を持ってくださるのであれば、遺言原案の作成と遺言執行、これをお勧めします。

七　プロの実務家になるために

①　一に営業

さて、どうしたら行政書士資格を取得してプロになれるでしょうか。

私は、勉強するよりも営業することと考えています。営業とはイコール交際なのです。独立開業をすれば、誰もが経営者です。経営者にとって何が一番大切かと言えば、仕事を見つけてくることです。それにはもう交際しかありません。ここはぜひ身につけてもらうしかありません。

それでは、私がどのようなところに顔を出しているか。町内会、同窓会、福祉ボランティア、行政書士会。その他にも飲食店、趣味、元同僚、退職者組合も最近出かけています。

こうして交際を広げてゆくと、「相続？　ああそれは大宮の黒田がやっているから紹介しよう」となるのです。だから交際は大事。町内会の役員になりたい人はそうそういませんから、率先してやれば目立ちます。ぜひやってみてください。それも良い営業ですから。ビラを配るよりはるかに良い営業だからやってみてください。

② 兎にも角にも報酬、費用を言おう

新人の方で一番言いにくいのが報酬です。「これをやってください」と言われて「いくらです」と即答できる人はいません。無理もないことですが、それでも事前に調べておいて、ある程度つかんでおく必要はあります。

大事なことは「一に営業」ですが「二に報酬」です。報酬額を即答できるかどうか。電話が掛かってきて、まず聞かれることが「そちらはいくらですか？」です。ここで言えるかどうかです。どうしても言えないときは、「計算して後ほどおかけします」でも構いません。しかし、「わかりません」は絶対に言ってはいけません。電話を掛ける立場になれば理解できると思いますが、報酬がいくらになるかわからないところには、怖くて誰も仕事を依頼しません。

業務を完成させると同時に、報酬もきちんと請求できる。これもプロといわれるための要件です。これがきちんとできなければ、プロではありません。

そして、報酬は公平に請求することです。言葉でいうと易しいのですが、なかなか難しいことです。親類、友人、知人、隣近所、こういう人から依頼されたとき報酬を公平に請求できなくなってしまうと、あっという間に事務所の継続は難しくなります。

あの人にいくら値引きしたからこの人にも値引きしなければダメだ、などとどんどん値引きすることばかり考え

るようになります。たしかに安ければ依頼は来るように思われがちですが、効率が悪すぎます。

③　専門をもつ

一つの業務の専門家になること。これをお勧めします。新人の名刺をもらうと、名刺一つに皆さんたくさんの業務を書いてあります。逆です。業務数が多ければ多いほど仕事は来ません。絞れば絞るほど仕事は来ます。不思議なことだと思うかもしれませんが、この事務所は○○が専門だとわかりさえすればよいのです。そして、仮に経験がなくても、ある方面の業務をしようと思ったら、それだけを名刺に書き、それだけを勉強することです。それが一番です。

④　事務所を独立させよう

もうひとつ大事なことは、事務所はできるだけ独立させることです。また、ホームページも必ず作りましょう。最近の依頼者は、事務所を下見に来ています。昔はそういうことはなかったのですが、今は依頼者も慎重です。そして、自宅兼事務所ではなかなか信頼はされません。また、事務所のホームページがあるということも信頼につながります。最初はワンルームマンションでも良いと思います。ちゃんと「事務所」ということで独立していますから。

そして、このように経費をかけることによって報酬を真剣に考えるようになります。自分の責任で事務所を借りれば、やはりここを潰すわけにいかない、ということになります。そうすると意欲が違ってきます。もちろん、時々「大変だな」と思うことがありますが、そこで「頑張ろう」という気にもなってきます。

◆◆◆ 八　行政書士で自分の夢を実現しよう

私は行政書士になって満足しています。行政書士資格が取れて独立して良かったと思います。私の前職は郵便局員です。郵便局にいたときは、労働組合の役員（約一四年間）も引き受けていました。その後、夜警員もやりましたし、競輪場の掃除もやりました。ビル掃除もやりました。そういう諸々の経験が本当に役に立つ仕事です。

依頼者は千差万別です。そこで、自分がちょっとかじったことがあると内容がわかるから、話合いがスムーズにいきます。「役員をお務めなんですか。実は私も役員をやっていましたよ」というとそれだけで距離が縮まるのです。今までの体験を土台にして行政書士をしていると思います。また、こういう仕事をしてきたから行政書士に役立って、こういう仕事だから役に立たない、ということはありません。まさにそれまでの人生経験がそのまま活用できます。むしろ、失敗や苦労という経験の方が役に立つかもしれません。ですから、これまでの人生を振り返り、仮に楽しい思い出が何一つないと思っても失望することはありません。

「行政書士になりたい！」と思う人は行政書士で成功します。行政書士として仕事がしたい、それで生活をしよう、こういう意欲の持ち主が成功する方です。

一方で、何かに未練を持ちながら、やむをえず行政書士を選択した人は、気持ちの切り替えが必要です。何かを目指してきたかもしれないが、最終的には自分で決断したのですから、以前のものに未練を残さないでほしいと思います。

というのも、この資格に自信を持っているかどうか、あるいは魅力を感じているかどうかという気持ちは、相談者の方に伝わるものなのです。「なんとなくこの先生は頼りないな」と話し相手に伝わってしまいます。一方で、「行政書士になれてうれしい。行政書士になってこういう仕事がしたい」、と本心から思っていると、この気持ちもまた確実に相手に伝わります。

九　最後に――まとめとして

民事法務分野の行政書士を目指すのであれば、交際力と調整能力などがとても大事です。その力を身に付けるためにはどうすればいいのか。一つは人の集まるところに積極的に行くことです。さらに、他人の話を理解するためには、新聞やラジオが最適です。また、落語も良いでしょう。テレビなどの映像を介しての情報収集ばかりでは、言葉だけによる理解力や表現力を鍛えることは困難です。

文章力を強化するためには小説を読んだりエッセイを書くなど、文字や文章に親しむこともお勧めします。よく特効薬みたいなことをたずねる人もいますが、仕事も勉強も特効薬みたいなものはないと思います。地道で単純なことを続ける以外ないでしょう。

最近の相談者はインターネットなどで調べてから来ますので法律をよく知っています。時には、私たちの知らない細かな知識をご存知の方もいます。それくらい相談者の水準は高くなっていますから、「そんなことは知っていますよ。そうじゃなくて、私の相続はどうしたら解決できるのか。それを教えてもらいたいのです」となります。

それでは、それに答えるには何が必要でしょうか。たしかに法律知識ももちろん必要ですが、むしろ話を聞くなかで問題点を見つけていくという聞く能力、発見能力が必要です。

大変なことばかり書いてきてしまったという気がしなくもありません。しかし、行政書士の世界は辛いこと、大変なことばかりではありません。解決したときの依頼者、関係者の感謝の言葉や喜んだお顔、そういうときに行政書士で本当に良かった、やって良かったと実際に感じます。そして、その喜びがまた次の仕事の原動力になっていきます。

いつの日か皆さんとお会いできることを願って小文を終わります。

ありがとうございました。

離婚業務の現場から――
人生の重大場面を依頼者とともにする覚悟。
私は華やかさよりもやりがいを選択します。

小川 洋子（おがわ・ようこ）氏

行政書士ひまわり法務事務所
〒274-0072 千葉県船橋市三山8-29-10
TEL:047-475-8718
FAX:047-473-7380

◆◆◆ 一　私が行政書士を志した理由

まずは私が行政書士を目指した経緯についてお話ししたいと思います。以前、知り合いに貸したお金が借用証書で二〇〇万円あったのですが、なかなか返してもらえず弁護士に相談したところ、相手にしてもらえず門前払いということが何回か続きました。その当時、私は離婚するかしないかでも揉めていたのですが、やっと受任してくださる弁護士の先生が現れました。その当時、私は離婚するかしないかでも揉めていたのですが、DVの事実もあったことですし、慰謝料請求も含め先に離婚した方が良いのではないかと助言をいただきました。当時は半年から一年ほど家に引きこもってしまっていたものですから、仕事が全然できなくなり、自分の人生ももう終わりで自殺すら考えるようになっていました。そういった精神状態にあるときに、弁護士からそういった助言をいただいたおかげで、自分の人生についても考え直すことができるようになりました。弁護士や法律家の方のおかげで自分を立て直すことができた結果、自分も自分の力で社会のお役に立てるのではないかと思い、その結果、行政書士を目指そうと思うようになりました。

ところで、先ほど貸金返還請求で何人かの弁護士に相手にしてもらえなかったという話をしました。その原因の一つは貸したお金が少ない金額であったことだと思われます。現在では少額の案件については司法書士が簡易裁判所に訴えることもできるようになりましたが、裁判所に訴える必要まであるのはごく少数だといわれています。一方で、世の中のトラブルの大半は客観的に見ればそれ程大きいものとはいえないと思いますが、トラブルにあっている当の本人からすれば非常に大きな問題だと思います。例えば、当時の私にとって二〇〇万円というのは大金でした。

言い換えれば、まだ事件とはいえないような、それでいて当事者が悩みを抱えている案件は世の中には多く、そのため、行政書士がお役に立てる機会も多いと思います。そして実際、業務を通じて多くの顧客と接し、相談に来られる方々には身近な問題について解決してくれる、真剣に話を聞いてくれる法律家が必要とされているということを感じています。

法律家と聞くと弁護士を想像し、どこか敷居が高い、報酬が高いと感じる方は多いでしょう。それが理由か、小さなトラブルは泣き寝入りにおわるケースも多いと思います。しかし、法律家はお金を持っている人のためだけの存在ではないと思うのです。人間は誰でも自分の権利を実現できることが必要だというように思っています。そうした観点から見ると、行政書士は国民にとって一番身近な法律家だといえ、またそうあるべきと思います。行政書士は裁判とかかわりを持ちません。だからこそ、小さな身近な相談をする方にとっては話をしやすい存在だと思います。また、行政書士は、出生から死に至るまで人のライフステージにかかわる存在です。例えば、裁判には一生かかわることがない方はいますが、ほとんどの方は相続を経験します。そして相続は行政書士の得意分野の一つです。特に最近では家族関係も複雑化しており、そのため死後に相続争いが生じるのを避けるため、遺言を書かれる方は増えています。大切な先祖代々の財産や自分が一生懸命働き蓄えてきた財産ですから、それらをどのように残すかというのは本人にとっては非常に大事な問題です。そういった財産についてどうすれば本人の意思に沿うように相続をさせてあげられるか、遺言書を本人の意思を尊重して作っていくのは行政書士という仕事の醍醐味と思います。

さて「本人の意思を尊重して」と述べましたが、私は業務にあたって依頼人の価値観を第一に考えることを大事にしております。その価値観はもしかすると私たち法律家から見たら非常にささいなものであるかもしれません。私も実際そう思ったことがあります。それでも、依頼人にとってそれが最も大切なものだとしたら、私たちはそれを尊重しなければならないと思います。

また、法律はあくまでツールであるということをいつも考えています。私たちが顧客の相談を受ける案件はただ単に法律を使って合意が得られれば解決できるというものではないと思います。本当の問題解決とは依頼人の心の整理がつくことにもあるように思います。ですからなるべく私は法律だけではなく、そういった顧客の心の整理をも気にするようにしています。そういう心がけをしていると「ここまでやってくれたから納得できます。有難うございました」と言われることもあります。

◆◆◆ 二　行政書士の離婚業務

私が業務を始めた頃に、ある行政書士に「離婚相談は遊びながらでもできる」と言われました。そのときは意味がわからなかったのですが、今でもこの言葉の意味はわからないままです。

私には「遊びながらできる」という案件が離婚に限らずそもそもありませんが、その行政書士はおそらく離婚の要件に該当するかとか、養育費の算定方法について単に教えてあげているだけなのだろうと想像しています。実際には、遊び半分でできる類のものではありません。離婚というのはどうしても感情がぶつかり合うこともありますから、非常にドロドロしています。場合によっては弁護士でなければ扱うことのできないなかなか難しい問題もあります。そのような性質のものを私が専門にしようと思ったのは、自分自身が離婚について弁護士に相談し救われたという経験のほか、養育費や慰謝料などを諦めたために生活が苦しいというケースを多く見てきたからです。たいてい母親の給料は安く、それと役所からの母子手当で子どもを育てていくというのはとても大変です。私の知人や友人を見てみても、大変生活は厳しいというのが現状です。子どもから「両親が揃っている家庭だったら何でも好きな物を買ってもらえるのに、どうしてうちはそれができないの？」とずっと言われてきたという友人もいます。母親にとってはもうどうしようもないのです。一生懸命働いてきたけれども、経済的にどうしても買ってあげることはできないのです。ただそのことを友人は非常に悲しんでいました。養育費の請求を行わないことにしてしまった協議離婚ではこういったことが起こってしまうことがあります。離婚には大きく分けて、協議離婚と調停離婚、そして裁判離婚があります。そのうち、九〇％が協議離婚と言われていますから、母子家庭の多くが決して楽ではない経済状況に置かれています。私は母子家庭に対して行政書士はもっと役立っていかなければならない、もっと活躍していかなければならないと考えています。

一方で、離婚は人生の重大事件であり、近親者の死に次ぐ喪失体験であるといわれています。離婚を契機として、女性が病気になったり前に進めなくなったりする。私の場合でもそうだったのですが、現実にはそういうケースが多いと思います。離婚で相談にいらっしゃる方は、大変気分が動揺していますし、ころころ気持ちが変わることもあります。私もそうだったので大変よく理解できます。そういった方に対して業務を自分のスピード感覚で進めようとすると、無理が生じてきます。相談者はとても不安なのです。例えば私のエピソードですが、自分の離婚について弁護士事務所に行っていろいろお話をしていたところ、私は突然、記憶のフラッシュバックによって泣き出してしまいました。そのとき、弁護士の先生は、黙ってティッシュを置いて応接室から出ていかれて、三〇分くらいそのまま泣かせてくれました。男性の先生でしたが、私はそういった心配りができる、人の痛みをわかる法律家になりたいと思いました。このエピソードは今でも忘れることができない、法律家になりたいと思った私のきっかけの一つです。法律を武器だけにするのではなく、法律を使い、依頼人が新しい道を歩いていけるように導くというのが、法律家の本当の仕事だと思っています。

それでは、私が出会った具体的な事例を紹介します。この事例ではたくさんの問題点が出てきます。自分だったらどう対応するだろうかということを考えながら読んでいただけると幸いです。

私の事務所は、離婚したいという方に対する相談と、離婚したくないという方に対する相談と、両方を扱っています。開業間もない頃､離婚したくないという男性からの相談がありました。彼は事業経営をされていたのですが、その経営が思わしくなく、妻が離婚したいということで実家に帰ってしまったということでした。その妻を連れ戻して欲しいという相談でした。私にとっては最初の相談でしたので、一生懸命考えて、とにかく直筆の手紙を書こうと何枚にもわたる文章を作り、私が、彼女の実家にお届けしました。追い返されるかもしれないと思って行ったのですが、意外にも快く迎えて下さって一時間ほどお話をしました。そのなかで、私自身が離婚して後悔が残ったこと。離婚するならばきちんと話し合った方が良いということを、自身の体験を基にお話ししました。ほどなく、彼女は夫の所に帰られました。彼女は多分そのとき本当は離婚したくはなかったのではないかと思います。

こうして一回目の離婚回避は成功しました。ところで、依頼者の事業が行政書士に関連するものだったので、その後、私は彼に仕事をお願いしていました。約半年後のことです。妻が再び実家に帰ってしまったという連絡が来ました。どうしようかなと対策を考えているうちに、依頼者はどんどん元気をなくしていきました。すでにそのとき、仕事のお付き合いがありましたから、「離婚したくない」という依頼者の気持ちは十分にわかっていました。彼は精神科を受診し、「先生、うつ病でした」と、診断書を送ってきました。病院に付き添うことも考えましたが、新しい受任に追われていたこともあり、そこまではできませんでした。

それまで私は彼の生活の実態をよく知らなかったのですが、顧問の弁護士もいたのですが、諸事情により、実はかなりの借金をかかえていました。また、彼の体は弱っており、仕事もできない状態でした。そうしているうちに、「死にたい」という内容のメールが来ました。この時の文面は日本語の体をなしておらず、電話で話しても、泥酔状態のようになっていました。事態が切迫していたのですが、私も仕事で手が回らずにいました。たまたま数日後、彼のマンションが、そのとき私の父が手術を受ける病院と隣接していたため、「三時間くらいお話ししよう」ということで手術の間に訪問したところ、「転んだらしい」と彼が大量出血の状態でいました。すぐに救急車を呼び、頭部を一八針程縫う手術となり、夜から翌朝まで治療が必要となりました。その後、彼のご実家に、警察官の付き添いのもと、私も同行し、私がこれまでの経過をすべて説明しました。そして、ご相談の上、自己破産の手続とともに精神科への入院を決定しました。また、こうなった以上、離婚の必要性についても考えてみてはどうだろうかとお話ししました。

結局、離婚届を提出するというところまで話がまとまりました。届出をすると約束をしていた日はたまたま用事があり私は対応することができなかったのですが、彼から連絡があり「やはり離婚したくない」と言い始めました。遂に、私にはどうすることもできず「私にはもう力になることはできません」と言いました。彼は「わかりました」と言って電話を切りました。

この事例の話はここまでにしておきますが、ただ、この事例には、いろいろな専門家がたくさんかかわっていました。医師も、弁護士も、警察も、そして私もいました。これだけ多くの専門家がかかわっていながら、結局私たちは彼を助けることができませんでした。一つの事例にすぎないかもしれませんが、これが離婚の関係する現場です。到底軽い気持ちでできるような仕事ではありません。

このとき、私は非常に責任を感じまして、まだ開業間もなかったのですが、行政書士をやめよう、続ける資格がないと思いました。しかし、周囲から反対され、二度と彼のような人を出してはならないと思い、行政書士を続けることにしました。真摯に受け止めてこれからもずっと活かしていかなければならないと思っています。

さて、離婚の原因は人それぞれです。少し変わった事案ですが、結婚間もない夫婦が、結婚時に隠されていた夫の病気を理由として離婚したいので協議書を作成してほしいと尋ねてきました。その離婚理由に妻のほうは非常に拘っていて、私にその理由を断定してほしいと主張されるのです。普通の行政書士の業務ではそんなことはしません。しかし、妻は「それによってまた新しい人生に歩んでいける」と主張されました。結婚早々、夫の隠れた病歴が発覚した場合、たしかに少し変わったケースではあるもののこのような解決策もあるのかと思いました。

その他にも、妻が有責配偶者になられて夫から多額の慰謝料を請求されているというケースもありましたし、離婚しようと思っていたところ妻が国外に逃げてしまったため、日本国内での訴訟手続ができず困っているなど、本当にさまざまな理由で多くの方がご相談にいらっしゃいます。

ところで、調停離婚と裁判離婚では、慰謝料の平均額は平均で一九〇万円ともいわれています。これを高いと思うか、安いと思うかはもちろん人それぞれの感じ方があると思いますが、安いと思う方が多いのではないでしょうか。私も安いと思います。例えば、年収と比べてみると、年収平均の半額にも満たないのではないかと思います。要するに、半年間ただ働きをしたと思えば、どんなひどいことをしても離婚できるということになってしまうと考えることもできなくはありません。離婚に限らず、交通事故などについても感じますが、裁判所の慰謝料認定額というのは低いと思います。精神的な打撃とは、それに留まらず、例えば仕事ができなくなれば経済的にも苦しくなってしまう、そういったものです。

ですから私は、協議離婚で養育費等の合意をえられることをお勧めしています。もちろん、離婚自体をお勧めしているわけではありません。ただ、合意というものは重要ではないかなと思っています。

なお、協議離婚ではまとまらない、例えば養育費や親権で揉めているというケースは行政書士の業務外です。私の場合は、顧問弁護士に任せるようにしています。

ところで、離婚回避、離婚コンサルティングについてですが、私の場合は、依頼者に来ていただくのではなく、なるべくこちらから出向くようにしています。もちろん回避できなかったケースもありますが、どちらかというと癒して欲しいという心のケアを求められることが多くあります。こういった依頼は、離婚案件に限らず、意外に多くあります。こういったケースが、行政書士の正当な業務の範囲内ではないからやらないと言ってしまえばそれで終わりですが、せっかく依頼者が私を信じて受け入れてくれるのですし、女性だからということもあるかもしれませんが、「これまで誰にも話せなかったけれど、あなたに対してだったら話せるのよね」と言われるときには非常にやりがいを感じます。

やりがいは、離婚の関係ばかりではなく感じています。私はさまざまな業務を担当してきましたので、地元では「よろず屋」的なチラシも配りました。そのため、とにかくいろいろなお仕事が来ました。はじめてのものについてはわからないことも多く、依頼者にもご迷惑をおかけしたりもしました。わからないことは「わかりません」、間違えたことは「ごめんなさい。間違えました」と正直に言いました。それでもわかっていただけて、むしろ「先生と会えてほっとしました」という言葉もたびたびいただきました。女性というだけで安心感を持っていただけるのも事実だと思いますが、反面頼りないと思われることもあります。なかには品定めのような形で「弁護士と行政書士との違いは何ですか」、「どちらに相談すればよいですか」など、ストレートな質問をされることもあります。それはそのまま嘘偽りなく言うしかないので、申し上げます。ただ正直に申し上げるからこそでしょうか、話を聞いた上でご依頼をしていただける方もたくさんいらっしゃいます。

◆◆◆三　今後の行政書士の役割について

私が開業したての頃、多くの先輩方とお話しする機会がありました。ベテランで許認可を扱ってきた方は非常に多いのですが、そういう先生も「これからは民事も扱わないといけない」とお話されます。反対に若手には民事を専門にされている方が多く、「民事だけではなく、許認可も扱わないと」という声をよく聞きます。結局、許認可を依頼された方がその後民事を依頼する。民事で依頼をされた方がその後許認可を依頼する。双方の可能性があるわけで、地元に密着して業務を行っていく場合には、許認可も民事もともに扱うことができるようになっていかなければならないと思います。

ただ、行政書士の業務はまだまだ未開拓であると感じています。

例えば、日弁連と日本行政書士会連合会（日行連）を比べてみても、マスメディアとの関係でも日弁連は活発に動いているように見えますし、法務省を利用した法テラスも活用しています。これに対して、日行連はどこか置き去りにされているというところも少し感じるのが事実です。司法制度改革では、行政書士が「隣接法律専門職」とうたわれましたが、実際法テラスと連携して資力のない方を行政書士がサポートできるかというと、できる仕組みになっていません。そのため、私たちが独断で報酬を分割払いにするとか、どこかから借りてきてもらってそれで払うといった顧客に負担をかけるといった問題が残されています。また、世間、行政機関、司法機関から正当な地位を認知されているかどうかといったことも疑問に思うときがあります。

このような例から暗いイメージを抱いてしまうかもしれませんが、私は、だからこそ、行政書士が活躍できるのはこれからなのだと考えています。行政書士がより一層社会に貢献することが必要であると感じています。ある司法書士から次のような話を聞いたことがあります。「法律相談というと、弁護士が独占的に使ってきた言葉だが、あることをきっかけに司法書士が公に使うようになり、今では世間からも各機関からも認知されるようになった」と。それは、阪神淡路大震災です。この大震災の直後の混乱のなかで、司法書士の方々は集まり、テントを設営して無料法律相談をされていたそうです。こういった社会貢献をし、多くの方に喜んでもらえたそうです。それをきっかけに司法書士の法律相談は急速に認知されたと聞きました。ですから、行政書士の未来もまた、今後の活動として理念をもち、いかに社会貢献できるかというところにかかっているような気がします。

ところで社会貢献をし続けていくためにはそれなりに活動のための資金が必要になります。つまり、本業でしっかりと稼ぐからこそ、社会貢献を継続できると思います。そこで、報酬についてですが、特に最近はインターネット上でものすごく行政書士の競争が激化しているようです。しかし、一旦価格競争に巻き込まれると、とにかく業務に忙殺されるようになってしまいます。実際、私自身も行政書士登録の際に、価格競争の波は望ましくないからあまり安くしすぎない方が良いと助言されました。あまり安くしすぎると結局自分の首を絞めることになると言われました。また、仕事欲しさのあまり、安い価格で仕事を大量に抱え込んでしまった結果、廃業の憂き目にあった方の話も聞いたことがあります。もちろん、むやみに高くすべきとは思いませんが、それなりに正当な報酬額をいただくべきと思います。

四　今後の展望について

これまで多くの離婚に接してきたなかで、夫（父親）に原因があることが多いと感じています。これは夫が悪いというのではなく、夫が非常にか弱い存在になっているケースに接することが多いという意味です。それほど景気も良くないですから、昼間は会社で多くのストレスを抱え、また家に帰ってもストレスを解消することはできず、結局最終的に家族とうまくいかなくなり、どうしても離婚へと進んでいってしまう。そのようなケースが多くあると感じています。一方で、夫がしっかりしている家庭ではあまり離婚の問題は生じていないようにも感じますので、将来的には、少しでも離婚問題を減少させるために、夫（父親）のための愚痴相談室のようなものを立ち上げていければと考えています。

◆◆◆ 五　最後に

現在、行政書士の登録者数は約四万人です。ただ、実はその四万人全員が専業で活動されているわけではありません。実際、私も会員簿を見てどなたか知らない先生が結構います。そして、この「知らない」とは、ほとんど会の活動に参加されていないためです。もちろん、なかには自分の業務が忙しすぎて会の活動に参加できないという方もいらっしゃるでしょうが、それは少数で、会の活動に参加しない理由は、ほとんど行政書士としての活動をしていないためでしょう。ですから、この数に拘り、もう飽和状態だから仕事がないなどと恐れる必要はありません。インターネットで看板を掲げている行政書士が同じ地域にいても、本当の競合相手であるのかはわかりません。

ですから、これから行政書士の世界に飛び込んでみようと考えている方は、ぜひ勇気を持って飛び込んできてください。受験生のうちから、どの分野の業務をして活躍していこうかなどと考えていくと良いと思います。私などは、どちらかというとこうと決めたら突っ走るタイプの人間なので、試験が終わった日に、合格できるなと思った瞬間に一気にテキストを全部片付けてしまい、その日の夜から開業準備へと切り替えました。もちろん、これは極端な話で皆さんにそこまで真似をしてとは言いませんが、それでもせめて、合格後の業務を想像し、その業界にはどれくらいの競合相手がいるのかなどを、勉強の合間に休憩がてらインターネットで検索をしてみるくらいは良いと思います。

このような準備をしておくことは、結局、開業後いかに速やかに軌道に乗っていくかにも関係すると思います。ただ、そのように営業の感覚を磨いていくことも大切ですが、一方で何よりも行政書士にとって大事なことは「人間力」だと思います。人間力という概念自体が多義的で明確な定義はないようですが、私は、はじめてその言葉を聞いたときに「これだ」とピンときました。それ以来、私自身、この力を向上させるべく、日々の業務のなかで努力しています。

行政書士の未来は、本当にこれからだと思います。この未来を明るいものにしていくためには、より多くの行政書士が理念をもって活躍をしていかなければなりません。ただ、これは可能であると私は信じています。ぜひ、ともに皆で行政書士の明るい未来を一緒に築いていきませんか。

司法書士と行政書士のダブルライセンスだからこそ、より一層理解できる行政書士資格の魅力と活かし方

加藤　新（かとう・あらた）氏

司法書士合同新 ARATA 綜合事務所
池袋事務所：〒171-0002 東京都豊島区南池袋1-12-7 M1ビル5階
TEL:03-5958-7608
FAX:03-5958-0608

◆◆◆ 一 行政書士は身近な窓口

私は司法書士と行政書士、両方登録していますが、お客様の方で「こういった困りごとがあるが誰に相談したらいいのか」と尋ねられる場面が数多くあります。そのときにそれが司法書士の仕事なのか、それとも行政書士の仕事なのかということについては非常に難しいわけです。

行政書士と司法書士の周知度を考えると、漫画カバチタレの影響もあってか、行政書士のほうがなんとなく上のような気がします。「司法書士」は、「消防士（ショウボウシ）か？」などといわれることもあります。一般の方からすれば、何か困ったら行政書士に相談するのが最も便利、身近にいる相談できる資格者と考えている人が多いと感じます。

行政書士業務も司法書士業務も職域は法律によって決まっています。司法書士は簡裁代理権を持っているので、いわゆる法律相談を行うことができます。ところが、行政書士は法律相談権を持っていないといわれています。もちろん権利義務・事実証明に関する書面を作成する上で相談に応じることはできますが、正面から「法律相談をします」ということ自体は適法ではないわけです。もっとも、司法書士の場合でも、事物管轄の範囲でしか法律相談はできないわけですが、一般の国民にしてみれば、「一四〇万？　そんなのわからないよ」というのが普通でしょう。となると、ちょっとした法律的な相談がしたい場合は、やはり行政書士に相談する人が多いのではないでしょうか。

結局、行政書士が最も身近な法律家であるということになります。

では、法律が定めている職域は無視されているかというと、そうではありません。具体的には行政書士事務所に投げかけられた相談は、行政書士によって各士業へと振り分けられます。

なお、弁護士は法律事務に関してはすべてできますが、弁護士事務所がすべてやっているかというとそういうわけではありません。登記業務などに関しては司法書士に依頼してきますし、行政書士業務は行政書士に依頼してきます。

行政書士の資格は、いわば「法律問題解決のコーディネーター」、「水先案内人」とでもいえるのではないでしょうか。

したがって、最も身近な相談窓口として行政書士資格を持つことは非常に重要であると考えております。

もちろん、受けた相談のなかには職域が重なるような内容のものも結構あります。例えば遺産分割協議書を作成できるのはどの資格者でしょうか？　とても悩ましい問題です。けれど、行政書士事務所への相談として持ち込まれたものであるならば、職域が重なる仕事は行政書士として行って良いでしょう。

行政書士事務所に「私、こういう定款作ったんですよ。こういう書面作ったんだけど、先生見てください」とお客様が来たときに、「これで大丈夫ですよ。後は申請書を書いて登記を申請してみたらどうですか」ということはいえます。また、それについて登記書類という意味ではなく、定款作成についてのアドバイスをしました。本人の持ってきたものをチェックしました。それに対する報酬をいただくこと自体は当然問題ありません。

やれることをちゃんとやってあげてそれに対しての報酬をもらい、内容によっては、他の士業に振り分け、その際に自分にできることは自分で行うこと自体は何ら問題ありません。

◆◆◆ 二　ダブルライセンスを持つ意味

① 一般論

私の事務所では、医療法人等の設立手続を多く行います。会社は設立登記をすればそれで終わりですが、医療法人の場合は、設立にあたり認可が必要であり、東京でいえばこの認可を受けるタイミングは年に二回しかありません。そして、認可には電話帳くらいの厚さになる書類を作成して準備します。もちろん、設立の最終的な出口は登記ですが、登記の前段階が物凄い作業になります。

司法書士は登記業務はできますが、登記の前段階にある認可の申請はできません。費用のほとんどを占める行政書士報酬は私が行政書士だからもらえるのです。もし司法書士しか資格がない場合、医療法人の設立の依頼があっても、認可の部分は他の行政書士に依頼を出さなければなりません。逆に、行政書士資格しか持ってない人は、最後の登記の部分は他の司法書士にお願いしなければなりません。

ダブルライセンスをとるにあたり、どのような資格を二つ取得すればよいかを考えると、実際の業務では司法書士の資格と一番近いのは土地家屋調査士といわれています。しかし、司法書士という資格を中心においた場合に右が土地家屋調査士だとすれば、左が行政書士ではないかと、私は思います。

行政書士と土地家屋調査士のどちらかを取ろうと悩む人がいたら、数学に抵抗のない理系アタマの方は土地家屋調査士、逆に文系アタマの方は行政書士を選択してみてはどうでしょうか。土地家屋調査士の勉強は三角関数からはじまります。私は「三角関数」といわれても、昔の教科書を見ても思い出せないくらいです。

登記の世界では土地家屋調査士とのセットですべての業務を行うことができます。しかし広く法的サービスといった場合には、行政書士とのセットの方が使いやすく、実際にも役立つとのではないでしょうか。

② 実際の現場での活かし方

あまり一般論ばかり書いてもどうかと思いますので、ここから実際の現場での仕事のやり方を少し紹介しましょう。

例えば、法人の設立といったときに、医療法人であるとか、学校法人、組合、NPO、いわゆる許認可を必要とする部分については行政書士の仕事です。

一方、株式会社、持分会社も含めて各種会社の登記マターの部分はもちろん司法書士です。ただ、やはり会社の設立という手続は、法律がよくできているおかげもあり、簡単といえば簡単です。そうすると、設立の手続の報酬というのは、どこの事務所もほぼ横並びになってしまいます。今は報酬は自由化されていますが、ここの事務所の報酬は一〇万円、ここは五万円、ここの事務所は三万円といえば、簡単な手続で誰がやっても結果が同じであれば、基本的には三万円の事務所に依頼が多くなるのではないでしょうか。

ベテラン先生等は「そんな金額では私は受託しないよ」とお客さんを断る財力（?）がありますが、これから資格を取って開業する新人は料金の設定によって仕事を得るのは非常に難しく、価格競争になるのではないでしょうか。

ところが、行政書士業務と司法書士業務が混在している医療法人の設立であるとか、学校法人、組合、NPO等は、どの手続も「こんなに違うのか！」と思うくらい違います。何が言いたいのかというと、行政書士の資格を取って、一つの手続ができるようになると、その経験を踏まえて次のお客様にアドバイスができ、その手続の「プロ」になれるわけです。「プロ＝専門家」になれば、その行政書士・司法書士にしかできない仕事になっていきます。

自ずと価格設定は適正な価格を請求することができ、無駄な価格競争をする必要がなくなります。そして、ある程度名前が売れていくと、大きな会計事務所あたりが「一緒に組んでやってくれないか?」という話になっていったりします。

結局、経験値がものをいう世界になっていき、適正な報酬もどんどん高くなっていきます。単純な仕組みではないでしょうか。これから資格を〝飯の種〟にするには、この辺の当たり前のルールをしっかりと考えていかなければならないと思います。

ところで、助成金という言葉は聞いたことがあると思いますが、会社を設立すれば、必ず一つの助成金に引っかかるというイメージがあります。

ところが助成金の知識を持っている資格者は、行政書士と社会保険労務士の資格者です。会社設立の資格者は司法書士であるにもかかわらず、これに必要となる助成金の知識を司法書士は持っていないのです。先ほどは競争が激しいから会社の設立は価格競争の問題になりますということを書きましたが、会社を一つ作ることで、例えば一年間に何歳以上の人間を雇いましたなどというと年間数十万から数百万円の助成金がもらえます。

このような助成金のアドバイスをしてあげると、あの事務所に頼むと、何かプラスアルファがあるかもしれないという話になり、依頼が増えていきます。しかし司法書士であることでこれらの情報はえられず、情報ソースは行政書士であることからということになります。行政書士会、あるいは自分が入っている団体から情報が得られます。しかし、司法書士としてのアドバイスでこの情報を利用して、商売の幅を広げるのです。

企業法務の分野では、実際に行政書士として企業法務をやっていますという話は正直あまり聞きません。ただ、いわゆる総務的な部分、例えば社内文書であるとか、そういった部分については行政書士事務所がいわゆる顧問契約という形で入ってやっている仕事はあります。それを司法書士事務所もやっているかというと、これがまた不思議なものでやっていないのです。司法書士もやれないこともないのかなと思いながらも、弁護士が登記はやれるけどもやらないのと同じように、企業に入って総務的な部分で書類を作ってあげたりする部分は行政書士事務所にオファーがくるというのが現状です。このような分野もまた、工夫次第でいくらでも、仕事を獲得できる分野だと思います。

私の経験では、総務的なアドバイスをしていた会社が、今後フランチャイズ展開をしたいといったときに、弁護士ではなくまずは行政書士に相談してきます。「こういうものを作りたいんだけど、先生どうかな?」と。フランチャイズ契約の契約書など、当然作ったことはありませんから、インターネットや、本屋へ足を運び、何から何まで探して、それらでえた情報を参考にしていろいろと文章を組み合わせてその企業に提案していきます。それで提案どおりにいきましょうという話になれば、そこで当然成功報酬をいただけます。

また国際的な分野では、これだけ日本にも外国の方が増えているので外国の方の法的な手続も手掛ける必要があります。

私も、ブラジルの移民が多い地域での相続やらビザの手続を行いましたが、これらはすべて行政書士の知識によって処理を行いました。

例えば、司法書士事務所に、DV(ドメスティックバイオレンス)で殴られてしまった被害者が「どうしたらいいですか、先生」と相談を持ちかけたとき、「私は登記しかできませんから」とは言わず、「それは警察だから手続をしておきましょう」、「被害届を出しましょう」という話になれば「あそこの先生はすごいね」となるわけです。これも行政書士の知識です。

やはり、司法書士にとって毎日の業務に必要な他の資格の知識としては行政書士になるのではないでしょうか。

私の意見としては、両方の資格を取ってしっかりと正確な知識を身につけて、行政書士・司法書士の両方として登録して仕事をするということで、本当の意味のサービス提供ができるのかなと思います。そして、最初に申しあげたとおり、行政書士の資格はこの際、やはり窓口を広げるという意味でとても大きいのかなと思います。

単にクレサラ業務だけやっている司法書士、すごいキャリアの先生たちもいろいろといらっしゃいますし、そこで培うものもあるでしょう。ただ、初めて士業という世界に入っていって、世界を広げるという意味では、経験をしないでも資格を持つことで窓口を広げて、仕事につなげていくことができる行政書士業務にはとても価値があると思います。ですから、本書の読者の方にはあまりいらっしゃらないかもしれませんが、もし皆さんのなかに司法書士になりたいと考え、想定しているビジョンが司法書士の業務にとどまるものであったとしても、やはり行政書士の資格というのはぜひあったほうが良いと思います。

さらに、その他という話でいうと、農地であれば、農地法の許可がなければ所有権を移転できません。そして、農地法の許可手続は、行政書士の資格がなければやってはならない分野になっています。

例えば登記上の地目が畑である以上は、所有権移転登記に関しては農地法の許可が必要です。そこで、仮に農地の移転登記の依頼が来ました。この場合、私はまず行政書士として書面を作成し、農地法の許可申請を行います。そして、許可をもらいます。これに対しても報酬をいただけます。つまり、依頼内容は登記でしたが、登記以外の農地法許可でも行政書士資格があるからこそやることができ、また報酬がいただけるのです。このように登記業務を考えたとしても、行政書士の資格というのは重要な部分になっているといえると思います。

三　将来に向かって

ここまで司法書士と行政書士、両方の資格をぜひ取っていただきたいということをお話させてきましたが、その一方で、やはり一人でやっていく仕事なのか、あるいは複数の人間でやっていく仕事なのかという部分があると思います。

司法書士、行政書士の両方資格を取った時に「本当にそれを一人でできるのですか？」というところは疑問になると思います。

例えば、私は登記あるいは成年後見しかやりませんということで司法書士が開業したという場合、経営的にはうまくやる人もいるでしょうけど、実際にはかなり厳しいと思います。

結局、問題は最初です。最初の一年、二年をどうやって乗り越えるかです。

私の場合は、秋田の田舎から出てきて、東京に知り合いもいなかったので、まずは一人ひとりお会いして、一人ひとりから信頼をえて仕事を増やしていったのですが、その時にやはり、司法書士一本だと少なくとも私には厳しかったです。そこに行政書士というものがあったからこそ、私はその厳しい状況を乗り越えられたと思います。それでも三カ月間は厳しかったです。ただ、四カ月目に何があったかというと、まさに今うちの事務所の仕事の基幹になっている医療法人の設立があったのです。

医療法人の設立はさまざまな価格設定がありますが、簡単に言うと一件あたり五〇万～一〇〇万円です。偶然の重なり合いもあったと思いますが、経験から言えば、一本立ちして勝負しようといった時に司法書士一本でやるのは窓口が狭すぎる気がします。ただ、それまでの社会人経験があって、「こういう仕事ももらえる。ああいう仕事ももらえる」というのであれば、それはそれで十分だと思いますが。

ですが、私のように田舎者で東京に出てきて、「よし資格取ったぞ！　やるぞ！」となったときに「司法書士といったら登記だね」みたいになるわけです。いきなり登記業務をということはまずないわけです。その時に行政書士という資格を持っていることによって声がかかりやすいのです。

さすがに車庫証明については、最近では皆さん自分でやりますが、それでもたまにはいます。高齢者の方からの依頼などです。そこでは報酬をいただいていいのか悩みます。取らなくてもいいのかもしれないけども、最初のうちは自分自身が生活する上で大変なわけです。ですから、一万円でも、五〇〇〇円でもいただける行政書士資格はありがたいと思います。

少し話がずれたので話を元に戻します。これから将来的に一人でやる仕事かどうか。私は、今後は一人でやっていく仕事というようには割り切れなくなってきていると思います。

一人の人間がやるにはどの士業もあまりにも分野が広すぎます。専門に特化していき、それで割り切るという人は良いと思います。特化した分野に仕事がたくさんあるのならば、それだけでも十分満足できる生活も送れることでしょうし、良いのではないでしょうか。そういった意味では都心、東京、あるいは大阪などでは、狭い分野にも数多くのお客様がいます。つまりものすごい量の仕事があるので、専門特化でやっていくことも可能だとは思います。ただ一方で、少し離れた地方には、そこまで一つひとつの専門分野に仕事量があるわけではありません。では、特化せずに仕事を全部私一人で引き受けますといっても、これは無理です。であるならば、仕事を分担するために少なくとも二人、あるいは組織として仕事をした方が良いと思っています。

行政書士の世界はものすごく広い。これを全部自分一人の知識でやるというのは難しいでしょう。例えば、風俗営業の許可申請を得意としている人、建設業の許可を得意としている人、外国人登録を得意としている人、皆それぞれ違うわけです。

ですから、共同化、合同化、法人化という流れは進んでいくべきであろうと思います。

読者の皆さんも、資格イコール独立イコール自分一人の力で頑張る、自分がどこまでできるか試すという感覚をどこか持っているという方が多いのではないかと思います。ただ、これからの時代は、やはり共同化、合同化、法人化、どれが表現として適切なのかは微妙なところがありますが、これらを念頭に置きながらいろいろと考えていった方がよろしいのではないかと思います。

最後になりますが、本当に行政書士という資格は有望だと思います。今現在の私のこの位置、仕事のやり口、あるいはお客様、あるいは生活というものを考えたときに、行政書士の資格なしではありえなかったと思います。読者の皆さんにもぜひ、行政書士を目指し、そしてまたダブルライセンスを検討してもらえればと思います。

第3部　自分を活かせる。一生働ける。——行政書士の職域は無限大。多方面で活躍

成年後見業務を展開し、士業者として社会貢献を目指す。

金田　浩一郎（かねだ・こういちろう）氏

行政書士ベストサポート法務事務所
〒110-0003　東京都台東区根岸3-20-8
TEL:03-3871-4130
FAX:03-3873-9512

◆◆◆ 一　成年後見業務との出会いと補助者時代

私は、ＮＰＯ法人早稲田成年後見サポートセンターで理事をしております。

実は、私は弁護士を目指し司法試験を七回受験しましたが、失敗しました。受験生時代に伊藤塾で「明日の法律家講座」を受け、そのなかに悪質商法の被害者は高齢者の方が多いという話がありました。そのときに、成年後見に関わることで自分のやりたいことができるのではないかと考えるようになりました。

三〇歳までと決めていた司法試験の受験でしたので、三〇歳になったときにきっぱりと断念しました。ただ、今まで勉強してきたものが形にならないこと、法律知識はあるのに誰も評価してくれないことが心残りでしたから、行政書士試験を受けることにしました。

平成一七年度の行政書士試験を受験し、合格しました。当然、法律の知識と行政書士資格を活かしたいという思いで、行政書士事務所への就職を考えました。圧倒的に求人が少なかったですが、およそ一カ月の就職活動で何とか大手行政書士事務所に内定をいただきました。

そこでは、具体的な行政書士業務はもちろんのこと、私は社会人経験がゼロでしたので、名刺の渡し方から、電話の応対の仕方、報告・連絡・相談など社会人としての基礎を教えていただきました。

大きな事務所で補助者が二〇名以上いたので、業務管理、書類作成とそのチェック、申請、お金の管理等が分業され、連携し合いながら一つの仕事を進めていました。現在、ＮＰＯで仕事をしていますが、この事務所での経験をうまく活かせていると思います。

業務内容としては、産業廃棄物処理業の許認可をメインにしているところで、補助者としての経験は非常にためになりましたが、本当に辛かったです。日々自分の未熟さを突きつけられ、悔しかったですが、ぎりぎりのところでやったからこそ、今があると思えます。

補助者時代は、土日も行政書士の先生方が行っていた民法の勉強会に参加していました。その他、今所属しているＮＰＯ法人の活動にも参加し、月に一回、施設回りといって、相談事がないか、挨拶回りをしていました。

振り返ってみると、やはり補助者として働くということは非常に意味がありました。

二　成年後見業務の開始。苦労の連続と士業者としての気づき

その後、行政書士業務をやればやるほど後見がやりたくなり、その衝動を抑えきれなくなったため、退職して登録することにしました。最初、東京都台東区に事務所を置きました。補助者時代に参加していた勉強会の主催者が、自分の事務所に机を置いていいと言ってくださったため、その言葉に甘えさせていただきました。

さて、私は登録直後から成年後見の基本書や相続実務の手引書などを買ってきて読み込みました。それが完璧にできないと仕事ができないと思い込んでいたのです。しかし、法律のことをご存じない依頼者・関係者の方がそのような専門的な知識を聞いてくることはほとんどありませんので、将来的に少しずつやっていけば十分なことだったのです。そして、事務所を貸してくれた先生に、「そろそろ仕事とらなくていいのかな」と言われ、自分が今やるべきことに気づいたのです。

そこで、営業を始めましたが、これも全くわからなかったため、まず「開業本に書いてあることは一通り行う」ことにしました。

そして、私は成年後見がやりたかったので相談者がどこにいるのかと考えました。その結果、介護事業所や病院

を回ってみることにしました。一年で三〇〇件回りました。基本的には台東区を中心に、隣接する墨田区、荒川区、千代田区辺りを回りました。

それとは別にＮＰＯ法人にも所属していたので、月に一回、施設への挨拶回りに参加することも継続して行いました。

この当時法人活動の方は、実を結ぶことはあまりなかったのですが、私個人の方は三〇〇件くらい回ったなかで問い合わせ等があったのは三〇件くらいです。そこから、仕事になって実際に報酬をいただいたのは三件です。

結果的に開業一年目の売り上げは三〇万円でした。

開業二年目は将来も見えず収入もなく、一番辛い時期でした。周りの先生方が何件か仕事を紹介してくださいましたが、それは私の活動の結果ではなく、結果は全く出ませんでした。

ただ、初めて保佐人就任の依頼がホームページから来ました。私はホームページに正直に「何年登録」と書きました。それを見ればそんなに実務経験がないことはわかります。しかし、依頼者は福祉職の方で、そのホームページに書いておいた「業務に対する想い」のようなものを見てくださり、「この人なら大丈夫だと思ってお願いした」といってくださいました。

これを聞いたときに、業務に対する想い、そしてその想いを表現していくことは、士業者として仕事をしていくにあたっては重要なのだということを認識しました。

そうして保佐人に就任しましたが、後見業務は報酬をすぐにはもらえません。一年間やってきた結果を見て、裁判所が「いくらです」と審判を出します。そのため、報酬をもらえるのは一年後になります。また、この頃、法人としての活動に相談が来始めましたが、受任にはなかなか結びつきませんでした。

◆◆◆ 三　ＮＰＯ法人としての活動を強化

やはり、次に考えなければいけないのは、仕事が継続的に入ってくるようにするために、どういう活動をしなければならないのかということでした。

そこで、公的な機関にはたくさん相談事例があるはずだとの考えのもと、公的な機関へ挨拶に行くようになりました。しかし、個人で公的な機関に行っても相手にされないので、ＮＰＯ法人として挨拶に行くようにし、法人としての活動にこの頃から力を入れ始めました。

開業三年目には、ようやく法人として初めて後見人就任案件を受任することになります。

通常、後見人というと、私、金田が後見人になります。ただ、私たちがずっとやりたかったことは、ＮＰＯ法人自体が後見人になる法人後見です。そこでこの法人に後見人就任の案件が来たときに、法人としてできないかといろいろと手続を進めたのですが、結局、法人としての実績がないということで、東京家庭裁判所から「個人で受任するように」と言われました。

ただ、これをきっかけにして、法人の活動にさらに邁進することになりました。

続いて、千葉県の方から「法人後見でできないか」というご依頼をいただきました。そこで、手続を進めたところ、今度は法人後見を認めてもらうことができました。

また一つ前進ということで、少しずつ自信が持てるようになってきました。そして、そうやって実績が積みあがってきた頃、後見に関する講師の依頼も来るようになりました。初めての経験でしたが、一二〇人くらいの結構大きな研修会を引き受け、全力で打ち込むことで講演の依頼が継続的に来るようになりました。

売上面も、三年目に入ってようやく経費を全部賄うことができるようになり、四年目になって、お金の心配をせずに仕事をやっていけるという確信を持つに至りました。

そして、ここにきて、東京家庭裁判所で法人後見が認められるようになりました。

また、千葉県松戸市の市民後見人に関する検討会への参加を求められるということがありました。通常、後見人は親族でもなれます。それを親族後見といいます。これに対して市民後見とは、第三者の市民が後見人になるということです。自治体が市民後見人を育成して後見人不足に対応する動きが活発になっているので、その検討会に参加しました。このような打診があること自体、自治体から評価されているということですから、これも私たちの自信になりました。

そこで、今度は松戸市内に事務所を置くことになりました。行政書士個人で開業している限りは、一つしか事務所を持てません。法人化すれば複数の事務所を持つことができますが、ここでいう事務所は行政書士法人ではなくＮＰＯ法人の事務所なので、いくつでも事務所を置くことができます。このような形で少しずつ案件が増えていきました。

五年目には、まず、法人としての後見受任件数が一〇〇件になりました。現在は東京でも事務所の移転を検討するようになっています。

そして、行政書士としてやれているという自覚が生まれてきて、この五年目に伊藤塾で「明日の行政書士講座」という行政書士による講演会の講師を引き受けることになりました。

よく行政書士の世界では「三年なんとか頑張れば」という話を聞きますが、決して士業の世界は甘くありません。私が力を入れている成年後見業務のような、営利目的をもつ株式会社をお客様とする業務とは異なるジャンルを扱おうとしているのであれば、三年ではなく、五年は見ておいた方がいいかなと思います。

四　行政書士としての心構え

まずは「業務に対する想いを大切にする」ことです。開業していくなかで、辛いことがたくさん出てきますが、業務に対する想いがしっかりとしていればしているほど、頑張ることができます。この想いというのは言葉の端々に出て、依頼者に信用してもらう土台にもなります。逆に言うと、想いが持てないならやらない方がいいと私は考えています。

次に「期限を決める」ことです。私の場合は受験時代からの教訓もありましたが、やるならば徹底的にやること。ただし、期限を決める。期限を決めることで、絞って集中的にやることができるようになるため、期限を決めることは大切だと思います。

そして、「今までの社会人経験はいったん忘れること」です。これは補助者時代に所長から言われたことですが、私は社会人経験はなかったのですが、「お前が今まで勉強してきた法律知識はいったん忘れてくれ」と言われました。どの業界に入っても、その業界に通ずる基礎的な部分みたいなものがあります。行政書士の業界には行政書士のなかで、「これは絶対的にできないとまずい」というものがあります。まず、その土台を作ることに集中しなければなりません。これまでいくらすばらしい社会人経験を有していたとしても、行政書士としてやっていくためには、行政書士としての土台をしっかりと作らないと、結局、これまでのいろいろな経験も活かすことができません。

さらに、「自分自身で考え、とりあえずやってみる」ことです。行政書士になるということは、経営者、専門家になるということです。自分でフィードバックをして正しい方向に修正していくことの繰り返しでしか成功の方向へは進めません。この地道な努力をひたすら続けられるかどうかが重要になってきます。

また、「自分一人ですべてやらなければならないことの厳しさを認識する」ことです。前のものと重なるところですが、自分一人でやるということは、自分が動かなければ何も変わらないということです。動いたら、必ずその反応をキャッチして、次に自分がどうしたらいいのかを考えてまた行動する、その繰り返しです。

続いて、「目の前にある一つ一つの仕事を大切にする」ことです。初めのうちは仕事も少ないかもしれませんが、その少ない仕事に全力であたるべきです。そして、次の段階で同じような仕事が来たときに、調べ直しをしないで済むような形にまでもっていきます。例えば、チェックシートや業務のフローチャートを作るなり、次に残るような形を作っていってください。

最後に「行政書士である前に、一人の社会人、一人の人間であることを再認識すること」です。これは私の個人的な見解が入りすぎているかもしれませんので、金田個人の意見と理解していただければとも思いますが、私は行政書士でやるからには一流になりたいというようにずっと思っています。一流の行政書士になるためには、一流の知識・経験がなければならない。しかし、やはり行政書士である前に一人の社会人ですから、一流の社会人にならなければいけない。一流企業で通用するくらいの事務処理能力がやはり必要だと思います。それと同時に、先生と呼ばれるにふさわしい行動、考え方を身に着けていかないといけないのではないかと思います。

五　実践力を身に付けるには

①　専門分野を絞り込む

私からのアドバイスは、まず、専門業務（攻めの業務）を一つか二つに絞り込むということです。仕事を取るという点から考えると、業務・業界研究を徹底的にやる必要があります。そうなると、結局一つ二つの業務しかやれないのです。ですから、当然絞り込むことが必要になってきます。ただ、ここで言っているのは「攻めの業務」で、自分で積極的に取りに行く仕事ということです。

そして、専門業務の範囲を広げるのは、絞り込んだ業務が形になってからにすることです。専門業務を作るのには時間がかかりますから、それを広げるということは、また中途半端な業務が増えることになります。しっかりと一つの業務で食べられるようになってから、次に広げるということをしないとだめだと思います。

② 専門分野の見つけ方

そこで、専門業務を決めていくことについてお話します。

専門業務を決めていく一つの方法は、「一見割に合わない、ニーズがないと思われている仕事を開拓する」ことです。既存の業務には大ベテラン、第一人者などと称される先輩方がたくさんいますから、新規参入をする者は新規業務を開拓しないとなかなか活躍できるようにはなりません。

行政書士の仕事ではないと思われているような仕事を一から作り上げていくくらいの気概がなければ、第一人者にはなれません。

一方、もう一つの方法として、既存業務（会社設立等）を専門業務にするのであれば、新しい切り口で業務を見直すことです。自分自身でこれを専門業務にすると決めたのでしたら、その業務を研究し、その一歩先を自分自身が考えていかなければなりません。会社設立などの既存業務は、すでに取り扱う人がたくさんいますから、そこで不自由のない生活をできる程度の仕事量を獲得できるようになることは、とても厳しいことです。

③　開業セミナーに対する考え方

行政書士登録をして間もない人の多くは、実践力を身に付けようと、有料・無料を問わず、特に行政書士が行っている開業セミナーに参加します。もちろん、参加すること自体は否定しませんが、何でも出れば良いというわけではなく、参加を考える以上、その講師がどのような人かということを認識しておかなければなりません。行政書士会でも重きを置かれているような先生が講師をしているのであれば、それ程心配はありませんが、そうではないような場合はしっかりと見極めを行ってください。少し厳しい意見になりますが、基本的に業務を目一杯行っている方には講師はできません。もちろん、後進の指導に対しても熱心な素晴らしい先生もいらっしゃいますから一概にそうだとは言えませんが、ただ、講師をできる時間があるということは、相対的に実務にかける時間が少ない可能性はあります。このような場合当然その方は業務だけを目一杯行っている方と比較して、実務に精通していないということになりますから、その部分を認識した上で、セミナーに参加していただきたいと思います。

◆◆◆　六　成年後見業務の事例

成年後見業務のイメージを持ってもらうために、実際にあった相談事例を一緒に考えていきたいと思います。後見制度の利用が必要な女性をXさんとします。相談者はXさんの娘であるYさんです。お母さんのことを娘が相談しにやってきたということです。お母さんに私たちのような専門職後見人をつけたいという相談です。

そこで話を聞いたところ、これまでの状況として次のことを確認できたとしましょう。

①　お母さんが数年前に認知症を患い、精神病院に入院したが、その入院の際に娘さんが保証人になり、入院費はお母さんの年金から支払っていた。

② その後娘さんは精神的に追い詰められ、うつ病を患う。そのことが原因で娘さんは会社を辞めざるをえなくなってしまう。

③ 娘さんには以前から借金があったが、職を失い収入がなくなったことでその借金が膨らむ。娘さんはお母さんの年金に手をつけるようになり、お母さんの入院費が少しずつ滞納される。

④ 入院費を滞納するようになったことと、本人の状態が安定していることから、退院を迫られることになる。

⑤ 娘さんは弁護士に相談し、破産申立てをすることになったが、その手続を進めるにあたり、娘さんはお母さんの保証人を務めることができなくなってしまう。

さて、これらを踏まえた上で、まず、問題点を抽出していきましょう。娘Y、母親Xをそれぞれ別々に見ていくことにします。

まず娘Yの問題点を見ていきます。

娘Yの借金を考えると、破産手続を早く進めたいが、そのためには、母親Xの保証人をやめなければならない。そこで困るのは病院側で、他に保証人を立ててくれと言ってくるわけです。しかし、他の親族等で保証人になってくれる人もなく、破産手続を進めたくても進められません。これが問題点の一つです。また、Yは仕事を辞め、現時点で生活費がありません。しかし、新たな収入を取得する目処もたっていません。これが二つ目の問題点です。

さて、ここでどうしたか。一つの解決方法として、次のようなことを実際に行いました。

まず、成年後見人を母親Xにつけました。成年後見人がお母さんのお金を管理して入院費を払うということを病院に示します。そうなると保証人は不要になり、娘Yも保証人を辞められるため、破産手続を問題なく進められることになります。

次に、Yの生活保護申請を行いました。ところで、生活保護申請は、実際にやるとなるとそれなりに大変です。

手続自体が難しいということではなく、役所はなるべくお金を出したがりません。娘Yはうつ病を患っていますから、判断能力も減退していますし、記憶力も薬の影響で落ちているなかで、役所の方とやり取りをしなければなりません。そこで、私が立ち会って、申請の際のさまざまな点を確認して、受理されました。行政書士が行くことによって、役所の対応も若干変わります。

今度は、母親Xの問題点を見ていきましょう。

まず、Xは病院から「退院してください」と言われ、この先どうするべきかを考えなくてはいけません。一つは退院させないという選択肢があります。二つ目としては、自宅へ戻ること、三つ目は退院させて他の病院・施設へ移ることが挙げられます。

また、滞納している入院費を支払っていかなければならないという問題があります。

以上に対する解決策は？　というと、まず、自宅へ戻ることになった場合の準備をしました。自宅へ戻るのは、最悪の場合です。娘はうつ病で、自分のことで手いっぱいです。そこへ重い認知症を抱えたお母さんと一緒に生活をさせるのは、誰が考えても破綻するのは目に見えています。ただ、最悪そうなった場合の支援体制をどのように構築していくかということで準備をしつつ、最善の方法である介護老人保健施設などへの入所の申込みを行いました。しかし、今の状況では施設にすぐに入ることは難しいので、「宅老所」というシェルターのようなところを利用して時間を稼ぎました。

次に、滞納分の入院費の支払計画書を作成の上、今後支払を行っていくことにしました。これも実際には大変です。病院側とは入院費だけではなく、パジャマなどのリース代の交渉もあります。三者で話し合って支払金額・期限などを決めなければなりません。これによって指摘された問題点は解決されていくことになります。

七　成年後見業務のまとめ

後見業務とは、ご本人の生活環境を整える仕事だと考えています。そのなかにお金の管理、ご本人と対面して話を聞くことなどがあると思います。

生活環境を整えるためにどういうことをするのかというと、ご本人が生活するなかで、問題となる点を抽出し、その解決方法の検討のために大きな方針を立てて、抽出した問題点の解決にあたる。そして、この「問題点を抽出し、それに対する解決方法を検討する」という思考過程は、法律家の得意とするものと私は考えています。ですから、後見業務は法律家がやるべき仕事だと私は考えています。

八　成年後見業務とソーシャルビジネス

ソーシャルビジネスとは、社会問題の解決を目的とする収益事業です。

成年後見業務はご本人の生活環境を整える仕事で、当然、社会問題を解決していくという一面もあります。また、報酬もいただきますから、後見業務もソーシャルビジネスの一つに位置づけられると考えています。

ただ、実はビジネスという言葉と後見業務はつなげたくないというのが、私の本音です。なぜなら、ビジネスという言葉が一人歩きをし、お金儲けという面だけが強調されていく可能性があるからです。しかし、生きていくためには当然お金は必要ですし、法人後見の経営を突き詰めていったときに、やはり必ず当たるのが、社会貢献と経営の両立の問題です。

この点について、私が心がけていることは、「仕事を受任する際にはお金のことを考えない」ということです。もしかしたら、この案件は無報酬になるかもしれません。それでも、まず目の前にいる人の困っていることを聞きます。受任する際には、目の前の人を助けたいか、助けられるとしたら、どういうことがどの程度できるのかということを考えていきます。その後、実際受けるとなったときに初めて、「これくらいのお金しかないから、どうやれば効率的にできるのか」というお金のことを考えていきます。結局、社会貢献と経営の二つをどう両立するのかというと、一緒に考えないという答えです。まずは、一つのこと、業務を受任し社会貢献をしていくためには、その人が助けられるか、助けられるとすれば、どのくらいのことがやれるのか、そういったことを考えることだと思います。

◆◆◆ 九　後見業務への誤解

後見業務についてされる質問の代表的なものを挙げておきます。

①　高齢者に接することが多い後見は、若い人では難しいでしょうか？

これは全く難しくありません。もちろん、ベテランの先生方がやるというのであれば、話が合うなど、それ相応のメリットはあると思います。ただ、私は三〇代で、若いと評価されるかどうかはわかりませんが、高齢者の人たちにとっては孫世代に当たります。そのため、可愛がっていただくこともあり、ある意味やりやすいと思います。

②　後見人に就任すると二四時間いつでも呼び出されるのですか？

もちろん緊急搬送されたとき、亡くなったときなどは、お正月でも真夜中でも、朝方でも電話が鳴ります。このような場合できる限り対応はしますが、すぐには対応できない場合もありえます。そこで、そのような場合に備えて、自分がすぐにそこへ駆けつけなくても大丈夫なように事前に体制を整えておくことが大切です。

③　後見は報酬が少なくボランティア的な業務なのでしょうか？

どのくらいの報酬が十分か不十分かに関しては、価値観の違いがあると思いますが、決して少なくはないと私は思います。後見だけをやっている司法書士の方もたくさんいらっしゃいます。もし、それがボランティア的な業務だったら、生活はできないはずです。

ただし、誤解を招かぬように述べておきますが、ボランティア的な精神は当然必要です。

◆◆◆　一〇　私が考える後見業務の魅力

まず、後見業務は問題点の整理、利益衡量、法律適用の思考の連続です。後見業務こそが、法律家としてやらなければいけないこと、やるべき仕事だと私は考えています。

また、後見業務は弱者の救済、権利擁護を実現する最たる業務であり、これもまた魅力と考えています。

さらに、個々の案件を積み上げていくと、制度の矛盾や制度改革の必要性などが見えてきます。それを自治体などに提案して、後見というセーフティネットづくりに参画する公的な部分を考えても、やはり、やりがいがあると思います。

◆◆◆ 一一　最後に

ここまでいろいろと成年後見業務について述べてきましたが、読者の皆さんのなかには「厳しいなぁ」と感じられた方もいらっしゃるであろうと思います。たしかに、行政書士として生きていくためには、実際に想像以上に大変なことが多々あります。正直に申し上げますと、私も「なんで開業したのだろう?」と思ったことが何度もありました。

ただ、それを乗り越えられたのは、やはり業務への想いがあったからです。厳しい話を聞いてもなお、「やってやるぞ!」という気概を持てる人、「それでもやっていきたい!」という熱い想いを持てる人こそが、行政書士などの独立開業型の仕事には向いているのではないかと私は思います。開業をする前に考えなければいけないことは、士業の仕事に自分は何を望んでいるのか、そこに経済的価値以外の価値を見出せるのか、一度考えてみると良いでしょう。仮に経済的な余裕がえられなかったとしても、その仕事を純粋に楽しめるかどうか、その仕事に誇りをもてるかどうかということを、まず考えていただきたいと思います。そして、そういう考えに同調していただける方であれば、これから何があってもやっていけると私は思います。

私自身、これからも厳しいことがあるかと思いますが、一緒に頑張っていくことができたら嬉しく思います。

地方都市でも活躍はできる。特化をキーワードに相続業務で夢を叶える。

平松 智（ひらまつ・さとし）氏

行政書士法人相続ふれあい相談室®
〒405-0018 山梨県山梨市上神内川 61 番地 103
TEL:0120-13-7835（0553-39-8045）
FAX:0553-39-8041

◆◆◆ 一 人生を賭けた資格

山梨県で、「行政書士法人　相続ふれあい相談室」を開設している、行政書士の平松智と申します。

二〇〇九年の五月に登録し、当初は自宅兼事務所で業務を行っていました。その後、ＪＲ中央線・山梨市駅の前に事務所を移転、スタッフも、他に行政書士が一名と、補助者の一名も含めた三名となり、二〇一三年三月には「行政書士法人」へと法人化も果たしました。

こう書くと、まるで何の問題もなく成功したかのようですが、ここにたどり着くまでは、人生の進路変更、起業時の悩み、思い切った改革など、苦しみ、模索する日々を過ごしたものです。

私は伊藤塾の出身であり、当初は司法試験の受験生でした。二〇〇三年から伊藤塾「在宅生」として、司法試験の勉強を始めました。当時は、神奈川県三浦市のホテルで働きながらの、通信教育の教材による受講でした。その後、二〇〇七年に、勉強に集中するために仕事を辞め、東京に引っ越し、伊藤塾に通い、勝負に出ることにしました。

そんな折、二〇〇八年に、司法試験制度の中心が、旧司法試験から「法科大学院」へと移行。

そこで、せっかくここまで勉強したのに、法律家の夢をあきらめるのか？　それとも続けるのか？　と決断を余儀なくされたのです。

その時私はすでに三六歳、年齢はもちろんですが、六年ほどお付き合いをしていた彼女（現在は妻となった）もおり、進路について大変迷いました。

私の下した結論は、心機一転、司法試験から行政書士試験への転向。これは、司法試験との受験科目が重なっていたことや、試験日程なども考慮したからです。

そして、同年の一一月に行政書士試験を受け、無事に合格を果たし、とうとう翌年の開業へと至ったのです。

受験生時代の司法試験の学習は伊藤真塾長の講義をＤＶＤで見ていました。行政書士試験については、行政法は当時の司法試験の出題科目ではなかったので、行政書士試験独自の科目を志水先生の講義で勉強し、模試は、山田先生の解説講義を受講しました。

合格できたのは、本当に伊藤塾のおかげでした。もちろん自分でも努力しましたが、「正しい学習方法」で進むのが、やはり成功への近道だと思います。一人で参考書だけ買って、勉強していたのでは、軌道がずれてしまったときに修正が難しいと思います。

「受験指導のプロ」である伊藤塾の講師のアドバイスは、勉強を正しい方向に持っていく力になるものです。

読者の皆さんのなかにも、行政書士試験など、資格試験の受験生の方もたくさんいらっしゃると思います。また、まだ勉強を始めていなくても、始めてみようかなと興味を持ちつつある方もいらっしゃるでしょう。

そのような方々へ一つアドバイスをさせていただきますと、伊藤真塾長がよく話されるように「合格後をイメージして、ゴールからの発想をもって勉強をする」と本当に良いですよ。

合格後、つまり、将来合格して開業、独立して華々しく活躍している姿をイメージすると、勉強も頑張れると思います。

受験時代というのは良いことばかりではありません。仕事をしながら、家族を養いながら、迷いながら勉強をしている方も多いでしょう。

また、特に会社勤めをされている方のなかには、勉強しながら、「合格して行政書士の資格を取ったとしても、独立するべきであろうか？」と迷っている方もたくさんいらっしゃるかと思います。私自身もそうでした。

しかし、私は行政書士資格のみで、現在は十分に生計を立てています。また、他にも成功している先生は数えきれないくらい多くいらっしゃいます。そういった話を励みにぜひ受験時代を頑張っていただければと思います。モチベーション維持のためにも合格後の姿を具体的にイメージしていただければと思います。「合格後をイメージする」それは本当に大切なことだと思います。

◆◆◆ 二　行政書士で食べていけるのか？

そこで、私はこの「行政書士で食べていけるのか？」というテーマを中心に述べていきたいと思います。当然ですが、単に看板を掲げて事務所に座っているだけでは仕事は来ません。このテーマを語る上で、欠かすことができない「食べていくための」第一歩とは、「長期的で一貫性を持った戦略を立てる」ということです。

① 戦略と経営力なくして成功なし！

行政書士として開業し、早い段階で成功を実現するためには、しっかりとした「経営戦略」を構築して、競争に勝つ必要があります。資格業での起業は、開業資金（設備投資）があまりかからない反面、「経営力」の格差により、成功する方とそうでない方が分かれるように思います。

この「経営力」がなければ早い段階から行政書士で食べていくのは難しいでしょう。すなわち、資格業で食べていけるかどうかは、資格の「種類」ではなく、「経営力」の差に原因があると考えます。

ところで、「行政書士で食べていく」とは、「この仕事で生活ができる」ことを意味します。そこで、とりあえず年間の売上が約六〇〇万円、税金・社会保険等の諸経費で約二〇〇万円（売上の三〇％程度）、手取りで年間約四〇〇万円程度を、当面の目標としてみましょう。年間売上六〇〇万円となると月の売上は平均して五〇万円が必要です。もちろんこの数字は、扶養家族の有無など、人によって違うと思いますが。

行政書士も、まずは自営業者・経営者です。私たち自身が食べていかなくてはなりません。家族がいれば家族の分も、また将来に備えての貯金もする必要があるでしょう。

そう考えると、やはり第一に経営力が大切です。なかでも、後述するように、業務をしぼり、「一点集中・一点突破」を目指すことが成功の絶対条件です。

事務所の維持・安定なしには、どんなに高い志や理念をもって社会貢献をしようとしても、難しい気がします。

②「一点集中」で売上を増やす!(業務の絞り込み)

合格後、私は「行政書士平松法務事務所」という名前で開業しましたが、数カ月間での売上は二万円程度でした。これは、一般の方から見ると、「行政書士がどういう仕事をする資格なのかよくわからない」というのが実情だからです。つまり、事務所の看板だけを出しているだけでは、依頼を得ることは非常に困難です。

たしかに、もともとすごい人脈を持っているとか、顧客ルートを最初から持っている方であれば、行政書士という名前だけでも、ある程度の成功は可能かもしれません。

しかし私の場合は、はっきり言って資金もなく、特筆すべき技術もなく、英語もできず、運転免許の資格程度しかありませんでした。つまり、行政書士の仕事がどういうものかもわからず、お金も経験も人脈もないなかで、いきなりの開業でした。当然、すぐに集客できるはずもなく、最初は本当に苦しい時間を過ごしました。

開業当初は、ともかく仕事が欲しかったため、「業務は何でも受ける」スタイルでやっていました。相続、遺言業務以外の、会社関係、交通事故業務なども含めてです。法務書類作成全般や会社の許認可など、間口を広げておけば売上が増えるのではないかと思っていたのです。

ところが、結果的には「行政書士平松法務事務所」の売上は非常に少ないものでした。

そこで、伊藤塾で学んだ縁をきっかけに、二〇〇九年の五月に登録した後、九月から黒田塾の「相続実務研修」を受講しました。そこで、行政書士で食べていくための、「具体的な営業方法」、「報酬の考え方」を学んでから、改めて業務をスタートさせました。

「学ぶ」というのは「真似る」から始まるということです。

受験勉強にしても、実務にしても、やはり、何もノウハウのないところから裸一貫で始めても、成功のレールに乗るのはなかなか難しいものです。

黒田塾では営業方法や業務方法を覚えただけではありません。この研修をきっかけとして、事務所の名前まで「相続ふれあい相談室」に変更したのです。

すると、翌年二〇一〇年の売上は八八〇万円になり、翌一一年は売上一〇〇〇万円、一二年は一五〇〇万円、一三年は売上二〇〇〇万円を超えています。

たかが事務所の名称と思われるかもしれません。しかし、「行政書士平松法務事務所」と「相続ふれあい相談室」、この二つの何が決定的に違うかというと、「業務の絞り込み」です。

事務所名にこの「相続」という名前を付けたことで、いちいち業務の内容を伝えずとも、相手には、私が何を仕事にしているかがわかるわけです。

なお、私の名刺には、「相続ふれあい相談室」の右下に「®」というマークが付いていますが、これは商標登録のマークです。また、電話番号はフリーダイアルになっています。さらに、裏面には地図も書いてあります。そして、名刺の一番上の部分には「遺言書の専門事務所」という名前を付けました。

相続のなかでも、さらに「遺言書」の業務が専門であることをアピールしています。そして、業務を絞れば絞るほど、売上が増えています。

本書でも執筆を担当されている、ヨネツボ行政書士法人様は交通事故業務に絞って成功されています。また、私の実務での師匠である黒田・小島両先生も、相続業務に特化して成功されています。業務を絞り込むことによる成功事例は他にいくらでも存在するでしょう。単に行政書士という看板だけで収入が入ってくるほど、甘い世界ではありません。

業務の絞り込みに限らず、その絞り込んだ業務をアピールする営業方法についても、私は黒田先生と小島先生が教えてくださったとおりに、素直に真似て、結果が出ました。

私は、「黒田塾を必ず受講すべき」だとは言いません。しかし、少なくとも、黒田塾なしでは、今の行政書士としての私がなかったのは事実です。

お金も、人脈も、経験もない人間が新しい世界に入ってどうすれば早い段階から成功することができるか。

その方法は、考えてみればとても簡単なことなのですが、①尊敬することができる良き師匠を見つけ、②その師を真似ることでしょう。師が歩んできた道は、成功のレールであるわけですから、自分もまたその道を歩んでいけば良いわけです。

ただ、自分で言うのもおかしいかもしれませんが、真似るという作業は、やはり謙虚さがなければできないものとも思います。

③　私の失敗――創業時の精神的苦痛

こうして仕事は順調に伸びていきましたが、前述のとおり、相続に絞り込む以前は本当に辛い日々でした。

せっかくですから、少し横道にそれて、その頃の大変さについて、経験談を述べてみようと思います。私の失敗・体験を読むことにより、「正しいルートを歩むこと」がいかに大切であるかを理解していただければ幸いです。

私は試験に合格した段階ですでに退職していました。

始めは、行政書士では収入もないと思ったので、実家のある山梨のホテルでアルバイトをしながら、徐々に業務を始めました。当時は開業挨拶、チラシ、紹介に力を入れ、親戚・知人などへの挨拶回りや異業種交流会などに出て名刺交換をしたり、宣伝活動をしたのですが、思うような結果が出ません。

お金が全くなく、一円、一〇円を惜しむ生活。お昼は白いご飯を家で炊いて行き、一〇〇円のパックのカレーや丼ものなどを一日二回に分けてご飯にかけて食べる日々。コピー用紙も一枚でも貴重だと、裏表を使い、余ればメモ代わりに使っていました。

ホームページもとりあえず作ってもらったものの、良い反応はありません（それほど力を入れたわけではないのですが）。そもそも、私はインターネット、パソコンがあまり得意ではないため、ホームページ作成を業者の方に依頼しました。しかし、内容については自分で作る契約でしたので、慣れないパソコンとにらみ合うつらい作業も、ひとつでも依頼がくればと頑張りました。

自分ではしっかりと宣伝活動をしていると思っている、業務も選んでいない、それなのに結果が出ない。経済的にも精神的にも非常に落ち込みました。

五月に登録して最初の数カ月、「正しいルート」を見つけることができなかった間は、経済的にも、精神的にも非常に苦しい時期でした。

④ 走りながら、動きながら、考えろ

さて、次は「事業計画」についてです。

たしかに、スタートする前に、ゴールに向けた「売上目標はいくら」というのはあった方が良いだろうと思います。

だからといって、あまりそこに時間をかけすぎるのもまた良くないと思います。

私の経験から言えることですが、最初から詳細な事業計画までは立てずに、行動しながら徐々に具体化していっても良いのです。つまり、「走りながら、動きながら、考える」ということです。

実際に、私の周りで成功している経営者などの話でも、スタート当初は、誰でも実績はゼロです。社員もいない、お金もないですから、計画に時間をかけるひまがあったら、営業して業務を取ってきた方がいい。

事務所のなかにこもって計画を立てているだけではなく、計画はほどほどにして、どんどん外に出て、いろいろな人と会うことで、成功のヒントがえられるのです。

⑤ 私にとっての営業

私は、いろいろな異業種交流会に出てみました。悪口ではないのですが、そのような会には「仕事をとりたい人」が集まる傾向があります。例えば、私が行政書士として名刺を渡すと、コピー機などの販売担当者や、生命保険会社の方などが名刺を渡して来ます。お互いに「仕事をください」という姿勢で名刺を渡しているだけでは、残念ながら売上にはつながりません。苦しいからこそ、ここに来ている人もいます。参加すべきか否かは、会の趣旨というのをよく見極め、決めるべきだと思います。

現在私は、さまざまな業種の企業経営者が集まる「勉強会」にも参加しています。この勉強会は、「早朝」に実

施されます。

参加したきっかけは、夜の会合の場合、お酒を飲むなど、お金もかかり、体にも良くないのではないか？　それに比べると朝のほうが健全であろう、という考えからでした。

この朝のセミナーでは、経営者の、成功・失敗の体験談が学べるほか、政治家や医師、教員などさまざまな業界の方々が講師としてお話しします。その生の経験を、自分の事業経営にも活かすことができます。また、恥ずかしながら、私は、当初は家のことは妻に任せて、自分は事業に没頭していれば良いと考える人間だったのですが、この会の「家族を大切にする姿勢」には良い影響を受けました。

また、私の場合は開業してすぐに、商工会議所が国の補助を受けながら行っている「創業塾」というものに参加しました。参加費は数千円と比較的割安で、三日から五日程度の日程で、税理士や経営コンサルタントの方が事業計画や売上目標の立て方、商品の売り方・選び方などを教えてくれました。

そして、日本政策金融公庫（旧国民生活金融公庫）から開業資金を借りることを計画し、商工会議所の仲介で一〇〇万円の融資を受けることができました。この資金のうちの何割かを黒田塾につぎ込むことができたわけですから、結果的にこのお金は何十倍、何百倍にもなったと思います。

例えば、黒田塾では研修でチラシ配布について指導を受けましたが、そのおかげで、一回目のチラシ配布で、依頼者がつき、自筆証書遺言の執行者として家庭裁判所から選任されました。

いずれにしても、私が今こうして語ることができるのは、伊藤塾、黒田塾、そして朝の経営者勉強会のおかげです。この三つなしには、ここまで業績を上げるのは難しかったと思います。

開業時には誰もが不安になります。また、たとえ事業経営が順調でも悩みはつきものです。こういった不安を解消するためのセミナーや講座はたくさんあります。

ただし、それらを選択する際には、正しいレールに乗っているかどうかを、人の評判だけで判断するのではなく、自分で考え、しっかりと見極めてください。

そして何よりも経営者として不安になったときは、ぜひ「営業」を中心に考えてください。結局、不安の原因の多くは「売上」にあるからです。やはり売上が上がらないと、経営に行き詰まり、気分も落ち込みますから。

だからこそ、そのようなときこそ逃げずに営業すること。できれば良い師を見つけ、その師が長年かけて培ってきた営業のノウハウを素直に真似してみること。そして、真似ができるようになってはじめて、少しずつ、オリジナルな自分の個性を付けて事業をしていくのが良いと思います。

師弟関係を表現する言葉の一つとして、古くから「守破離」という言葉があるそうです。守る、破る、離れる、という意味です。有名な言葉なので、調べればすぐに意味はわかると思います。この言葉に、少し自分の経験や考え方を付け加えてみます。

①「守」、まず始めは型にはまってみること。成功している方の方法を自分も同じようにやってみる。これが万人に通用する法則かはわかりませんが、少なくとも、私に関しては、実際に通用しました。黒田・小島両先生の教え、つまり「型」を身に付けることで、飛躍的に経営を軌道に乗せることができたのです。

②「破」、始めに①の「基本の型」を身に付けた上で、自分なりの味付け、オリジナルの個性を付け足していく。例えば、自分が過去に会社でやっていた業務、地域でやっている役割だとか、趣味など。そういったもののなかには行政書士として成功する上で、必ずプラスになる面が出てきます。二番目の「破」とは、一言で言えば「自分らしさを加えていくこと」だろうと思います。

③「離」は最終目標です。型から離れること。ただし、型を身に付け、型にプラスした後でないと、「離」まではたどりつけません。とにかく一つのことに絞り、一点集中で五年～一〇年とキャリアを積んでいけば、

自然にこの境地までたどり着けるはずです。良い意味での「型やぶり」といえるでしょう。

私は今までいろいろな経験をして、失敗続きの人生だったと思います。これまでの経験で人に誇れるようなものは何もありません。ろくに親孝行もしてきませんでしたし、妻にも非常に迷惑をかけてきました。

しかし、行政書士事務所を開き、営んでいく過程で、多くの方との出会いがあり、その出会いによって成長させてもらうことができました。

そして今、ようやく、社会に貢献しようとか、少しは親孝行をしようとか、そういったことを何とか思えるようになりました。

ですから、私にとっての「営業」という言葉の意味は、単に利益を上げるための活動にとどまりません。この過程での出会いが私を人間的にも成長させてくれることを意味します。まずは外に出て人と会ってみるということが大事だと思います。

◆◆◆

三　「あなたは一体何の仕事をしているの？」——ライバルに勝とうと思ったら、業務を絞り込む！

すでにここまで読んでくだされればご理解されると思いますが、私の経験上、成功の秘訣は「業務を絞る・一点集中する」ということです。有名な、「ランチェスターの法則」でいわれる、「小さい会社・個人企業がとるべき戦略」です。小さい会社が、大きい会社や既存の事務所に勝とうと思ったら、まずは「業務を絞る」ということです。

黒田塾で何度も言われた言葉ですが、「〇〇業務のことならあいつに聞け」と行政書士会や近所の人に言われるようになったら、それはもう半分勝ったようなものなのです。

私も開業当初の名刺には、いろいろな仕事、例えば会社の許認可、内容証明、離婚、交通事故など、ズラズラと書いていました。

ただ、それでは忙しい方などは見てくれません。「あなたは一体何の仕事をしているの？」です。

それに対し、「相続」という業務を一つ名刺に書いておくことで、どんなに忙しい相手であっても、私の仕事をすぐに理解してくれます。

つまり、業務を絞り込み、そこに特化すること。ここからスタートをすることが、早い段階で成功するための絶対条件だと私は信じています。

◆◆◆ 四　携帯・パソコンは捨てて、街に出よう！

インターネットをやらないよりは、もちろんやった方が良いと思います。ホームページで実際に営業している方、会社の売上を伸ばしている方も数多くいると思います。

ただ、前述のとおり、私自身がパソコンを苦手ということもあり、ネット中心の営業というのは、私にはあまり向かないなと思いました。

現在、私どもの事務所のスタッフにパソコンが得意な者がいますので、ホームページ等は彼らに任せています。

しかし正直に言えば、今のところあまり力を入れていません。

ホームページが不要とまでは言いませんが、少なくとも私は外に出て人と会った方が、仕事やご縁をもらえました。

行政書士は、「街の法律家である」と、行政書士会でもうたっているように、法律専門職であることに変わりありません。ただし、お金が入ってこないと、生活も事務所も維持できず、結果、社会貢献も不可能です。

われわれは学者ではないのです。法律の勉強だけをしていて行政書士として成功できるかというと、私はちょっと難しいと思います。

それよりは、勉強しながら営業も行い、仕事を取ってきて、それで学んでいく。そのほうが業務の研究にも必死になります。

私もそうでしたが、読者の皆さんのなかにも、試験の直前になると必死に勉強した経験のある方がいると思います。それと同じです。仕事として捉えれば、「いついつまでにどういう結果、いくらの売上を得る」というように、締切りがあります。その上で勉強・研究したほうが、目標もしっかりしていますから、そこに向かって必死になれるのです。

また、情報の収集にあたってもインターネットに過度に頼りすぎないことです。

私の考えは古いかもしれませんが、インターネットや携帯電話、スマートフォンの「小さな画面」のなかに私の人生があるわけではないと思っています。たしかにインターネットは非常に便利で、すばらしいものだとは思います。しかし、電車のなかで一生懸命に携帯をいじっている姿というのは、行政書士として、自営業者としての成功と正反対にいっているように私には思えます。

インターネットで得た情報というのは参考程度です。ちょっとした調べものをするのにはすごく便利かもしれませんが、自分の人生を決めるのにインターネットだけに任せるというのは、違うように思います。それよりも、直接に人と会って、「五感を使って学んでいく」というのが一番良い経験になります。

五　もういちど、行政書士で食べていけるか？
——業務を絞れば成功できる!!

「行政書士で食べていけるか？」という疑問についての結論は、一言で言えば「やり方次第」ということです。正しいレールを歩むことができるか、正しい方法を選択できるかということがすべてを決めるのです。

また、私は成功するためには地域は関係ないと考えています。一般論として、東京だと特化しても良いが地方では業務を手広くやるべき、という考え方があります。

それも一理あるかもしれません。しかしあくまでも一般論であり、必ずしもあらゆる場所で妥当する考え方ではないと思います。

仮にその地域に他に法律家がいないというような特殊な場所であれば、地域の方のためには業務を幅広くやるべきかもしれません。

そのような一部の例外的な場合を除き、東京であれ、地方であれ、「業務を絞った方が勝ちやすい」と私は考えています。業務を広げれば広げるほど、売上は反比例して下がっていくと思っています。

私の専門とする「相続の業務」は、これからもどんどんニーズは増えていくでしょう。まだまだ実力のある行政書士の数は不足していると思います。

私は人生を賭けて法律を勉強していました。私には、他に誇れるものは何もありませんでした。司法試験をあきらめて、行政書士試験に合格できたので、行政書士として成功するしかなかったのです。歌がうまいとか、ものすごい商品を発明できるというような才能が他にあれば、それで事業を起こしたかもしれませんが。

私が司法試験の勉強を始めた理由は、司法試験に合格すれば、成功者になれる、自分の人生が変えられると思ったからでした。

今でも世間のイメージとしては弁護士の知名度は大きいですし、弁護士資格をとれば、それは成功に近づいたことになるでしょう。その他にも有名な資格として、司法書士、税理士などの資格もあります。

ただ、私は「どの資格を取ったから成功する」ということは言えないと考えています。

いずれの資格にしても、その資格をとってからどのように資格を活かしていくか。その資格に与えられた業務のうち、どこに焦点をあてて特化していくか。そして、自分の個性をどうやって活かして、伸ばしていくか。これこそが成功のポイントであると思います。

少なくとも、私自身は行政書士の資格だけで、十分経営が成り立っています。

ですから、あなたが、自分の人生の長期計画から「今すぐに独立したい！」と考えるのであれば、行政書士でやっていくという道は不可能ではないと思います。

ただ、自営業というものは大変な覚悟が要ります。特にサラリーマンの方は会社を辞めることも難しい決断です。そこは慎重に検討し、決断したならば、覚悟をもって進んでください。

六　夢は叶う！

最後に、私が聴いた話で、「なるほど！　いいな！」と思った話をご紹介します。

「叶う」という漢字は、左側に口（くち）、右にプラスと書きます。プラスの言葉を口にしていると運を引き寄せられる、という意味だそうです。

それに対して、「叶う」の「十」の下に横棒のマイナスを付けると、今度は「吐く」という言葉になります。この「吐く」という言葉の、横棒・マイナスを取ると夢が叶うのです。

普段口にする言葉を、マイナスの言葉をやめて、プラスの言葉にすることも成功に近づくための良い習慣です。私はこの言葉を聞いてから、なるべくポジティブな発言を心がけています。そして、ネガティブな発言をされる人と一緒にいるよりもポジティブな発言をされる人と一緒にいたほうが当然に愉快な時間を過ごすことができますから、明るく、元気よく、そして成功している方が自分の周囲にいる環境をなるべく作ることができるように努力しています。

夢は、見るためでなく、「叶えるためにある」ものなのです。

行政書士も組織の時代へ。行政書士法人という経営手法によって仕事を加速度的に広げていく。

中谷　綾乃（なかたに・あやの）氏

CTC 行政書士法人
〒273-0005 千葉県船橋市本町7-4-15 船橋本町ビル3階
TEL:047-455-3997
FAX:047-455-3998

◆◆◆ 一 自己紹介

現在、私は千葉県船橋市にあるCTC行政書士法人という法人を設立しており、そこで代表行政書士をやらせていただいています。このCTC行政書士法人のメンバー構成は、私を含めて七名のチームです。皆で協力して、業務を行っています。

簡単な私の経歴をお話ししますと、私の最終学歴は高卒です。あまり勉強していたタイプの人間ではありません。高校を卒業してからは専門学校に入ったのですが、入学式だけ出席して、辞めてしまいました。今思えば、入学金を払ってくれた両親に本当に申し訳ないことをしたと思います。それからは、何をやっても仕事が続かず、フリーターになり、フラフラした二〇代を過ごしました。あまりにも仕事が続かないので、自分のことを勤め人には向いていないタイプだなと思っていました。そしてその後、二七歳で一度結婚しましたが、三〇歳のときに離婚しました。そこから私がこの資格を目指す話が始まるのです。

◆◆◆ 二 行政書士になったきっかけ

結婚していたとき、ちょうど結婚と同じタイミングで乳がんの専門病院で働き始めました。そこで、女医さんや女性のレントゲン技師さんなど、女性が沢山働いていたこともあり、「こうした専門知識をもって、人の役に立つ仕事はいいな」と女性の専門職に憧れるようになりました。

それまでの私は、仕事が続いたこともありませんでしたし、一生懸命仕事をしたいということもあまり考えたことがなかったのですが、その病院に勤めてはじめて、「専門的な仕事をすること」、「人の役に立つ仕事をすること」に対して憧れを持ちました。

当初は、医療関係の仕事もいいかなと思っていました。私は血が苦手だったので医療関係には向いてないのかなと思ってはいたのですが、ただ「何かやりたいな」という思いで病院に勤めていました。

その後、離婚することになったのですが、離婚するときに、「私、このままじゃまずいな」、「自立しなきゃいけないな」と思うようになりました。

そこで、まず、ハローワークに行きました。離婚をしたときに、それまで勤めていた病院を辞め、実家に戻っていたので、「まず何から始めようか?」と思ってハローワークに行ったわけです。

ハローワークに行くと、そこには失業保険をもらいながら勉強できるものがありました。それを知って、「すぐ働き始めるのではなく、一旦勉強したい」と思い、そのときにパソコンでホームページを作る講座を選び、ホームページの作り方を覚えました。その後、インテリアの勉強をしているうちに不動産に興味が出てきて、宅建の資格を一度受けてみようかなと思いました。その頃に、中卒で弁護士になった大平光代さんの本を読んで、学歴なんて関係ないと背中を押されたのもありました。大平さんが、最初に受けた試験も宅建主任者試験でしたので、資格試験に挑戦することにしました。

そこで、初めて法律というものに触れ、この時点で初めて民法などの法律関係を勉強しました。自分が離婚したときに、いろいろ調べて、でもよくわからず、法律って難しい、知らないと使えないと感じていたこともあり、特に民法にすごく興味を持って勉強をしていました。

そして、宅建を受けて合格したのですが、最初に書いたとおり二〇代でたくさん転職していたので、「もう就職はしたくない」という気持ちが強く、起業を考えました。

ただ、自分で宅建業をやろうと思ったら開業資金が三〇〇万円くらい必要です。また、普通は宅建協会などに加入しますが、そこでさらに費用がかかるため、そのような資金は到底なく、宅建業者は無理だと判断しました。そこで、「何か他の資格を取ろうか」と思い、何気なくパンフレットをぱらぱら見ていると、「独立開業に最適」という形で行政書士の案内が載っていまして、そこで「行政書士ってちょっといいな」と興味が出ました。

私が受験したのは二〇〇二年ですが、当時カバチタレというドラマが話題になっていました。私が観ていたのは、深津絵里さんと常盤貴子さんが出ていたものです。漫画もあるので、おそらく読んだことがある方もいらっしゃると思いますが、私はそれで行政書士という仕事に憧れるようになり、一〇カ月くらい勉強して、行政書士の試験を受け、合格をし、開業することになりました。

三　開業から初めてのお仕事受任まで

さて、どのような職業であれ、独立開業をするときに、まずお金のことを一番心配されると思います。私も当時は貯金がゼロでした。離婚して実家に戻ったときに全部なくなってしまっていたので、アルバイトをしながら受験勉強をしていたのですが、貯金は全くない状況でした。

行政書士を開業するときは、行政書士会に二五万円くらい払って行政書士登録をしないといけないのですが、そのお金もなく、最初は母にお金を借りて行政書士登録をして開業し、まずはホームページを作りました。失業保険をもらいながら学校に行っていたことが、ここで役に立ったのです。

最初にホームページ作成に取り掛かった理由としては、受験勉強をしていたときに、インターネット上で知り合った受験生仲間がいたのですが、合格発表後にオフ会といって皆で会う機会がありました。そして、そのときに仲良くなったメンバーが五人いたのですが、彼らがすごく優秀な方たちで、彼らがホームページを立ち上げて、いきなり営業始めたりしているのを見て、私も刺激を受け、最初は真似する形で「じゃあ、私もホームページを作ってみようかな」と動き始めました。

ただ、最初に私が作ったのは行政書士の仕事のホームページではなく、ディーゼル規制に関する情報サイトでした。

実は、私の弟が車屋をやっているのですが、ちょうど私が開業したときにディーゼル規制の法律ができまして、その情報がわかりにくく中古自動車の業者が困っているという話を弟から聞き、開業して何も仕事がなくて暇だったこともありましたので、最初はそのディーゼル規制の情報を集めた情報サイトを作ってみました。サイトに国のリンク集を貼り付けて、とりあえずそこを見ればこの車を買っていいのか売っていいのかがわかるようなサイトを作ったところ、一日に一〇件くらいの問い合わせが来るようになりました。本当はディーゼル規制の補助金というのがありまして、それができたら良いと思っていたのですが、そのときはメールで車検の情報がくるものを調べて、大丈夫なのか大丈夫でないのかを答えるだけで終わってしまって、お仕事には繋がりませんでした。

ただ、そのときに、新しい法律ができると皆さんインターネットで調べるのだということがわかりました。そこで、いろいろと調べてみたところ、ちょうど確認会社という制度ができたときで、同時に新しい法律ができたため、「これはもしかしたらいけるかも」と思い、今度はその確認会社の情報サイトを作りました。

ディーゼル規制のサイトのときに、メールでお問合わせがきても、その質問について調べて返信するだけではお仕事には繋がらないということを身をもって体験したため、この失敗体験から「メールやインターネットで連絡をいただいたら、やはりすぐ会いにいかなきゃだめだな」ということを学んでいました。そこで、確認会社のサイトを作って問い合わせの電話が掛かってきたときは「すぐに会いにいきます」ということで、ファミリーレストランで待ち合わせをして電話をくださった方に会いに行きました。そして、会いに行ったことですぐその場でご依頼をいただけて、初めてしたお仕事が確認会社の申請になりました。ここから、お仕事が広がっていった感じになります。

多くの方が行政書士になっていきなり仕事が来ても経験がないと困ってしまいます。たしかに、お問い合わせがきても、知識がなくわからないと困ります。しかし、私の場合、専門サイトを作るときは、その法律や内容について徹底的に勉強して作ります。また、お問い合わせの流れも何度も何度もシミュレーションします。どういうお問い合わせがきて、どういうふうにもっていったら仕事につながるのかということをシミュレーションするのですが、その作業を何回もやることによって、初めてのお問い合わせでもある程度対応できるようになります。

会った人にいきなり「この仕事できる?」と聞かれてもなかなか難しいのですが、インターネットですとタイムラグがありますし、メールでお問い合わせいただければいろいろ調べたりした後でお返事することもできますので、サイトを作ることで、お仕事をいただくまでの練習ができた形です。

四　仕事の広がり

確認会社のサイトをきっかけに、会社設立のお仕事をするようになったのですが、会社を作るというのは、実はお仕事の宝庫で、私たち士業にとっては一番良いお客様になる方達です。

最初に会社を作ったとき、皆さん一番困るのが会計です。会社を作ったけれども、領収書はどうしたらいいか、売上はどう管理したらいいのか、経費はどうするか、また、会社は個人事業とは違い、自分が社長になるため役員報酬が発生します。そうすると役員報酬の決め方によっては税金を多くとられてしまいますし、売上もたってない状況で自分の役員報酬を決めないといけないルールになっているので、最初に会社を作るとまず皆さん、お金のことを質問されます。実は、私も最初は会計のことは全くわかりませんでした。

そこで、「じゃあ、税理士と提携すればいいな」と思い、会社設立のお客様に紹介できる税理士さんを探しました。そして、たまたま商工会議所で開催していたセミナーに行ったときに、それが縁で税理士を紹介していただいて、一緒にお仕事をすることになり、その税理士と提携して会計業務もやるようになっていきました。

ところで、最初は会社設立ばかりやっていたのですが、なぜか建設業をやりたいという理由で会社を作りたいというお客様が結構多くいらっしゃいました。私も建設業に関しては勉強していなかったので最初は全くわかりませんでしたが、そういうときは支部の研修などでお会いした、建設業が得意な先輩に連絡をして、業務を教えてもらいつつ、書類を自身で作成し、先輩行政書士にご指導いただく形をとっていました。

知らない仕事がきてもまず受ける。行政書士の方は皆さん何かしら得意分野を持っていますので、受けてからその分野の先輩を探して一緒にやってもらう。そのようにして、お仕事をいただくたびに仕事を覚えていき、仕事の幅が広がっていきました。

五　人脈の広げ方

行政書士を始めたら、あるいは始める前からでもいいのですが、どこにでも顔を出しておくといいです。この人何か紹介してくれるかなという気持ちが全くなくても、お仕事に繋がるかと思っていなくても、いろいろなところに顔を出していると意外と紹介していただけます。むしろかえって、「お仕事ください」という気持ちで行くほうがなかなか紹介してもらえなかったりします。いろいろなところに顔を出していると「私と相性が良さそうだな」

と感じた方がいろいろと動いてくれたりすることが割とよくあります。

これは私の行政書士仲間も同じで、「いろいろなところに顔出すといいよね」と皆が言っています。

◆◆◆ 六 スタッフの雇用とレンタルオフィスの契約

開業したばかりの頃、なかなか仕事が取れない現実があったので、いただいたお仕事を断るということはちょっと考えられず、お仕事をいただいた以上何でもやるという形で始めたのですが、行政書士の仕事は書類の作成ばかりする仕事ではありません。

私は最初勘違いをしてそのように思っていたのですが、実は書類作成部分というのは全体の三〇％くらいではないかと思います。私は自分で知的肉体労働者と呼んでいるのですが、行政書士の仕事は昼間外に出ていることが多いです。お客様と打ち合わせをしたり、市役所や法務局に行ったりと。

お役所関係は夕方五時に閉まってしまいますので、いろいろぐるぐる回って必要な書類を集めて、事務所に帰ってきてから書類を作り、その後またお客様のところに行くというスタイルでやり始めたところ、意外と結構ハードでした。それでも、いただいたお仕事はやりたいという気持ちがありましたので、ちょっと無理をしてしまい、ある日法務局に行って、法務局の方と話していたら、急にふら〜っとなって、ばったり倒れてしまいまして、救急車で運ばれて点滴された経験があります。

そういったこともあって、このスタイルをずっと続けていくのは厳しいと思い、スタッフ雇用に至りました。行政書士のお仕事は、やってみると意外と分業化できるところがたくさんあります。例えば、書類を取りに行ったり出しに行ったりと動く部分も多いので、そういったことは分業化し、スタッフに任せることとしました。

そして、ちょうど同じ時期に、レンタルオフィスを借りて自分の事務所を持ちました。それまでは、実家の自分の部屋を事務所にしており、事務所のサイトなどにも全部実家の住所を載せていたのですが、あるとき、母がパジャマ姿で庭で水まきとかをしているときに「あの、中谷行政書士事務所さんはここですか?」と、いきなりお客様が訪ねてこられたこともあり、これはちょっとマズイと思ったこともあります。また、事務所がないということは、毎回お客様のところに行くことになるのですが、インターネットを見てご連絡が来た場合、そのお客様のところに行って、そこで初めてお会いします。怖い思いをしたのが、一度、神奈川の方からご連絡があり、私としては、駅の近くの喫茶店かどこかお店で判子をもらって帰ろうとしたのですが、その方が駅まで車で迎えに来てくださっていて「先生、どうぞ。事務所に判子とか全部用意しています」と言われたので、そこで断るわけにもいかず、初対面のお客様の車に乗ったのです。そして、その車がどんどん山奥のほうに進んでいきまして、結局一時間近く車に乗ったままだったのですが、「私は無事に帰ってこられるのだろうか」と不安になりました。結局、このときは本当にオフィスがあって、判子もいただいて、お茶も出していただき、また帰りは駅まで送っていただいてと、とても良いお客様だったのですが、毎回毎回こうではないかもしれないとやはり心配な気持ちが出てきました。

そこで、事務所があれば、お客様に来ていただけるので、事務所を借りようと探していたところ、私の事務所がある船橋にレンタルオフィスができ、そこに入居することができました。これが、法人になる前の話になります。

◆◆◆ 七　行政書士法人の業務内容

まず、なぜ行政書士法人を作ったかということについてお話しします。わたしは、何かちゃんとした「箱」を作りたいと思っていました。しかし、会社形態では行政書士業務はできません。例えば、社会保険労務士ですと、会社のなかで働く勤務社会保険労務士という制度もありますが、行政書士は行政書士法人でなければ、法人として行政書士業務をできません。

そこで、行政書士法人を作りました。

行政書士法人は、全国で現在約二一七法人（平成二三年度）あります。東京都が一番多く、千葉県では約一〇法人です。なお、私が行政書士法人を作ろうと思ったときは、千葉県ではまだ法人が二つしかありませんでした。

行政書士法人を作ったとき、まずはホームページを立ち上げました。最初は自分で作っていましたが、そのときには少し貯金があったので、プロの方に頼んでホームページを作っていただきました。

そうしたところ、これは全然予想していなかったのですが、他の士業の法人（税理士法人など）の方から連絡をいただくようになり、それまでお付き合いをしたことがなかったような事務所からお声が掛かるようになりました。最初は私も地域密着型という形でやっていましたが、行政書士法人になってからは、都内の他の士業の法人の方ともお仕事を一緒にするようになりました。

その頃は、企業合併や組織再編が多くなっていました。合併や会社分割のときには、引き継いだ業務をするためにまた許可を取り直さなければならないのかなどの知識が必要になってきます。この知識は、税理士や司法書士ではわからないことが多く、行政書士の私に相談がくるようになりました。

実際、他の士業の事務所にお声を掛けていただいたことで、私の事務所は成長させていただいたなと思います。

現在、私がお付き合いしている司法書士法人がありますが、そこの事務所は雲の上みたいなすごい事務所で、その事務所と比べれば私たちはヒヨッコです。その事務所に必死にしがみついているような感じで、何歩も先に行っている方々を必死に追いかけているような感じです。ただ、そう一生懸命に追いかけているうちに、スタッフも含めて事務所の皆が力をつけてきたような気がします。

そして、仕事を一つやり遂げるとまたお声をかけていただけます。以前にやり遂げたものと同じような仕事だからということで、またお声かけていただけるのですが、全く同じものばかりではありません。そのようなことから、今までやったことのないような仕事を私の法人でできるようになりました。

ところで、企業再編などになると、私たち行政書士も呼ばれるのですが、司法書士や税理士、弁護士、場合によってはファンドなどの経営コンサルタントの会社も入ってきたりします。また、大きい会社だとその企業再編用にチームができていますので、そういった方たちと一緒にお仕事することになります。非常にコミュニケーションスキルが求められる仕事だと思います。

◆◆◆ 八　法人だからできたこと

さて、法人だからできたお仕事の例をあげてみたいと思います。

今までで一番大変だったお仕事が、車関係のお仕事です。運送業で、全部で五〇〇〇台の車がある会社が、とある会社と合併することになったのですが、合併ということは会社の名前が変わるので、名義変更をしなければなりません。五〇〇〇台分全部の名義変更を一度にする。これは絶対に一人ではできない仕事です。データの整理だけでも大変です。行政書士の仕事は一字一句間違えてはいけません。

五〇〇〇台もあるから一箇所くらい間違えてしまうだろうという言い訳はお客様には通用しません。何度も何度も同じデータをチェックしました。また、このくらいの量があると普通に手書きしていたら疲れてしまうので、データベースを組める方を探して、印刷の雛形を作っていただき、複写式のプリントができるものも買いました。

さらに、同業の同期の行政書士仲間にも声を掛けて、最終的にもう間に合わないというときには、短期のアルバイトの方にも来てもらって、それでデータを作って印刷しました。

この書類には判子も押してもらわないといけないのですが、さまざまな方が判子を押すことになるので、判子の押し場所を説明したり、どこに何を書くかという案内文を作ったりするという作業をずっとしていました。この登録作業がおわるまでは、土日もなくて夜も一二時くらいまでずっと仕事をしていました。

ただ、この仕事はとっても大変でしたが、終わってみたら、とっても気持ち良いのです。「ああ、一つやり遂げたな」という感じで。そして、これくらいの規模のお仕事を受けることもできるという基準にもなりました。また、次に同じようなお仕事がきたときに、どういうメンバーがいいのか、どういう時間配分がいいのかという見当がつくようになってきました。

あと、書類一つでこんなに大変なことが起きてしまうのかというお話をしておこうと思います。

建設業の許可のお仕事で、それには取締役の役員の方の身分証明書を付けないといけないのですが、担当していた行政書士が、申請の三日前に顔面蒼白で来たのです。「どうしたの？　何かあったの？」と尋ねたら、「あの……身分証明書取るのを忘れました」という答えでした。ここの会社は取締役の方も一〇人くらいいる全国規模の大きな会社だったのですが、身分証明書というのは本籍地でとるものなので、取締役の皆さんが関東圏に住んでいたとしても、関東で取得できるかはわからないのです。

そこで、取締役の方々の本籍地をリストアップしてみると、三名ほど遠方の方がいらっしゃいました。一人が大阪、一人が広島、一人が北海道でした。この時点で、郵送請求をして返送を待っている時間もないので、直接現地に取りに行ったことがありました。

今では笑い話になっていますが、こうしたドタバタ劇もたまにはあります。ただ、こういうときも法人でやっていると「みんなでやろう！」という気持ちになるので楽しいし力が湧いてきます。

九　他士業との関係

相続手続について、みなさんどの程度ご存知でしょうか。相続が発生したときに、私たちがどのようなことをするかというと、戸籍を集めたり、遺産分割協議書を作ったりして、例えば税金を払わないといけないときは税理士と一緒にやったり、不動産があるときは司法書士に一緒にやってもらい、相続で揉めてしまっているときは弁護士に一緒にやってもらいます。ご相談があったときは、まずは全部こちらでお話をお受けして、必要なときは私たちから弁護士など他の士業の先生にお話ししますというスタイルです。

一般の市民の方にとって、弁護士は慣れれば良い方ばかりですが、法律用語を使ってお話されることが多く、専門的で難しいところもあります。そこで、私たち行政書士が一般的な言葉で翻訳（?）しながら、お客様と弁護士と一緒に手続を進めていくことで、完全にお客様から手が離れるのではなく、一方で他の専門家の方の力を借りることで連携が生まれてきます。

さて、どのようにしたら他の士業の方からお声が掛かるのかという秘訣ですが、私は呼ばれたら行くようにしています。「ホイホイ営業術」と私は言っているのですが、その名のとおり、呼ばれたらホイホイ行くのです。

まだ仕事として受任していなくても、専門家の話を聞きたいときはあります。それでも、まだ仕事になるかどうかわからなくても、「呼ばれたら仕事にならなくても行きますよ」ということを言っていると、「悪いね。じゃあ、来てもらえる?」ということになります。そういうことを続けていると、実際、そのときはお仕事にならなかったとしても、次のお仕事のときに声を掛けてもらえます。ですから、声掛けてくださいと言っておくことが大事だと思います。そして、呼ばれたらホイホイ行くのです。

◆◆◆ 一〇 地域社会における行政書士の役割

お客様は困ったことがあったとき、誰に相談したいかというと、知っている人や話しやすい人です。私たちは地域密着型を目指しているのですが、そのためには地域の人たちにとって「知っている人」になることが一番なのです。

そこで、私はライオンズクラブに入っています。また、地元で女性起業家の人たちと勉強会をしたり、ランチ会や飲み会などの交流会を主催しています。

例えば、離婚相談のとき、「もっと早く相談に来てくれていたら、こんなに大変なことにはならなかったのに」という状態になってから来られる方がいらっしゃいます。

もし、それが日頃からよく会っていた関係であれば、そんな状態になる前に専門家の私たちの知識が役に立つと思います。ですから、今はいろいろな方と近くなる活動をしていて、この活動が今はとても楽しいです。エステサロンやネイルサロンを経営している女性の方たちと勉強会をするようになって、これをきっかけにみんなで繋がったことで、いろいろな方を紹介していただいて、幅広く知り合うことができるようになりました。また、女性が地元で繋がるコミュニティー「微魔女会」を船橋で立ち上げました。「微魔女会」は、ご近所で繋がるオトナ女子の井戸端会議という感です。「微魔女会」は船橋以外でも広がってまして、市川、浦安、松戸でも、開催されています。女性同士が集まると、凄いパワーで、とても楽しいです。

勉強会でもサークルでも何でもいいと思いますが、主催者が一番楽しいです。やってみようと思うと、意外と参加してくれる方が多いので、自分が主催者になるのが一番良いと思います。

一一　行政書士になって広がった世界

会社でお仕事をするときにいろいろなポジションがあるように、行政書士にもいろいろな働き方があります。①登録しないで補助者になる、②登録して開業する、③法人事務所に入社して使用人行政書士になる、④社員行政書士になって行政書士法人を自分で立ち上げる。

そして、行政書士の仕事のなかでも活躍の仕方は何通りもあります。私の法人の行政書士は皆男性ですが、彼らは非常に優秀です。しかし、営業が苦手なのです。行政書士が最初にぶつかる壁は営業です。どんなに優秀でも仕事がないと業務はできません。

ところが、私は営業が好きなのです。しかし、定款の製本とか書類をきれいに作るといった能力に自信がありません。そして、スタッフはそういうことが得意なのです。

法人は、お互いの得意なことを活かして仕事ができるのがとても良いと思っています。そして、最初は従業員として入ってきても、そのうち営業が得意になっていくのです。

私は今、うちの優秀な行政書士に営業ができるようになってもらおうと取り組んでいます。例えば、テレアポの営業ですが、最初は全く仕事が取れないのですが、一〇〇件くらい掛けると一件くらいは取れてお客様になります。ですから、「とりあえず掛けてみて」と言っています。そして、一件取れると楽しくなってきます。さらに、「自分の持っている専門知識を使ってもっと仕事をしたい！」と強く思えるようになり、次第に自分からどんどん電話を掛けるようになってきます。もちろん、自分で一生懸命営業をしてお客様を取ったということは、自信にもなります。

私も開業当初は、今のようにお仕事をしている自分を考えられなかったのですが、スタッフの成長が私の喜びになってきました。そして、今では、成長したスタッフの皆に、私が助けられています。最初、スタッフを雇用する時はドキドキでしたが、本当に行政書士法人を作って良かったなと思っています。

◆◆◆ 一二　読者の方へのメッセージ

国家資格とは、法律に基づいて国が認めてくれたものです。とても重いものだと思います。使命、責任をもって果たさなければなりません。一度お受けしたら、好きとか嫌いとかではなく、資格者としてやり遂げるのが国家資格者の使命だと思います。自分の感情に流されるのではなく、使命感のもと行動することこそがプロフェッショナルであると思います。

一方で、行政書士の資格はこれまでの人生すべての経験を活かせる仕事です。自分の人生を目一杯活用し、社会のお役に立つことのできる行政書士の資格の魅力を、私の話から皆さんに少しでも感じていただけたならば、幸いです。

編集後記

改めて人と人との絆の大切さ、有難みを実感した数カ月間でした。

本書の企画が進み、先生方と打合せをさせていただく段階で、なかにはここ数年時候の挨拶程度のことしかできなかった先生もいらっしゃいましたので、「もしご了解いただけなかったならばどうしよう」と不安を感じつつ、連絡をしたこともありました。

ところが、すべての先生が打合せ日時の調整に快く応じてくださり、また、打合せの際も、笑顔で出迎えてくださり、企画にご快諾してくださいました。

久保晶子先生との打合せでは、お子様のご成長ぶりに驚きつつ…というのも、以前最後に先生にお会いしたのがまだお子様が先生のお腹のなかにいた時でしたので。終始和やかにお話しすることができました。

渡邉知則先生との打合せでは、実はその時、先生は大きな手術を終えた直後でご入院中だったのですが福島の病院まで押しかけた私を快く受け入れてくださったばかりか、お体に差障りが出るのでは…と心配するほどに熱く語ってくださいました。なお、先生はすでに退院されて元気にお仕事をなさっています。

他の先生方もお忙しい身でありながら、私たちの急な訪問を嫌がる顔一つすることなく、打合せの時間を割いてくださいました。先生方の出会った人との絆を大切にされる姿には心を打たれました。

「どうしてここまで温かい人ばかりなのだろう」その答えは先生方が寄稿してくださった原稿のなかにあります。どの先生も、人を、本当に一人ひとりを大切にされています。

行政書士はその資格の特長ゆえに、多くの専門分野に分化していきますが、どの分野を専門にしていても、ご活躍されている方は、みなさん人を大切にしていらっしゃいます。

そして、ここに、それは実感されているか否かにかかわらず、日本国憲法の理念である「個人の尊重」があるのだろうと思います。

同じことを以前に感じたのが、本書でも取り上げさせていただいた宮城県行政書士会の先生方との懇談会でした。「大変」という言葉で形容することが適当かさえ疑われるような状況のなかでの先生方のご活躍、おそらくその時は必死で意識をすることはなかったかもしれませんが、そこには「個人の尊重」がまぎれもなく形として存在したと感じました。

こうしてみると「行政書士って本当に良い資格だな」とつくづく思います。そして、自分自身がその育成に携わっていることに幸せを感じます。

また振り返って、本書のきっかけを与えてくださるとともにより良い方向へ導いてくださった日本評論社の串崎浩社長、弊社の西肇社長、そして、直接多くのご指導をくださった反町正明部長、私とともに先生方との打合せのために駆け回ってくれました川崎貴志課長、編集に協力をしてくれました竹内千佳講師、和田一恵講師、中司水音さん、吉川由紀さん、日本評論社の椎原咲さん、そして、私たちを支えてくれました伊藤塾行政書士試験科のスタッフの皆さん、さまざまなアイディアを提供してくださった私の担当するゼミの塾生の皆さんには感謝の念に堪えません。ここにもまた、人と人との絆を実感しました。

最後に、本書をお読みいただき、まことにありがとうございました。行政書士の働く姿をより一層イメージできるようになっていただけたかと思います。また、自分もこのような仕事をしてみたい、憲法を勉強してみたいと思ってくだされば、何よりもうれしく思います。この国のかたちを、社会のかたちを創っていくのは他の誰でもない主権者である私たち一人ひとりです。私たちは統治の客体ではなく、主体であることを忘れてはなりません。そして、どうすれば自分らしく生きることができる社会とできるか、どうすれば誰もが自分の幸せを追い求めることができるようになれるか、私たちが考えるべきことの大きなヒントは日本国憲法にあります。あなたとともに、より幸せの総量を増やすことのできる社会を構築していくことを願ってやみません。

伊藤塾行政書士試験科　志水　晋介

※　行政書士という資格、行政書士試験に興味を持ってくださった方は、より詳細な試験情報などは伊藤塾行政書士試験科のホームページでも知ることができますので、ご参考にしてくだされば と思います。
URL：http://www.itojuku.co.jp/shiken/gyosei/index.html

一生《いっしょう》ものの資格《しかく》
――19人《にん》の行政書士《ぎょうせいしょし》の輝《かがや》く姿《すがた》

2013年 9月30日 第1版第1刷発行
2017年 5月20日 第1版第3刷発行

編 者――伊藤塾・法学館
発行者――串崎 浩
発行所――株式会社 日本評論社
〒170-8474 東京都豊島区南大塚3-12-4
電話 03-3987-8621(販売:FAX－8590)
03-3987-8592(編集)
http://www.nippyo.co.jp/ 振替 00100-3-16
印刷所――精文堂印刷
製本所――難波製本
装 丁――銀山宏子
データ制作――ギンゾウ工房

ISBN978-4-535-51995-4 Printed in Japan